AF878226

ABHANDLUNGEN DER AKADEMIE
DER WISSENSCHAFTEN DER DDR

Veröffentlichungen
der
Wissenschaftlichen
Räte

W 3
1987

Zur rechtlichen Verantwortlichkeit

Akademie-Verlag Berlin

ABHANDLUNGEN
DER AKADEMIE DER WISSENSCHAFTEN DER DDR

Abteilung Veröffentlichungen der Wissenschaftlichen Räte

Jahrgang 1987 · Nr. W 3

Zur rechtlichen Verantwortlichkeit

Forschungsergebnisse der interdisziplinären Arbeitsgruppe
„Verantwortung und Verantwortlichkeit"
des Rates für staats- und rechtswissenschaftliche Forschung
an der Akademie der Wissenschaften der DDR

AKADEMIE-VERLAG BERLIN 1987

Herausgegeben im Auftrage des Präsidenten
der Akademie der Wissenschaften der DDR
vom Vizepräsident Prof. Dr. Heinz Stiller

Verantwortlich für dieses Heft:

Prof. Dr. Wolfgang Weichelt
Vorsitzender des Rates für staats- und rechtswissenschaftliche Forschung
an der Akademie der Wissenschaften der DDR

Redaktionsschluß: Januar 1986
ISBN 3-05-000533-5
ISSN 0138-421 X

Erschienen im Akademie-Verlag Berlin, DDR - 1086 Berlin, Leipziger Str. 3—4
© Akademie-Verlag Berlin 1987
Lizenznummer: 202·100/373/87
Printed in the German Democratic Republic
Gesamtherstellung: VEB Druckhaus „Maxim Gorki“, 7400 Altenburg
LSV 0425
Bestellnummer: 754 779 1 (2001/87/3/W)
01350

Inhaltsverzeichnis

Traute Schönrath
Walter Schönrath

Einleitung

1. Mit der wissenschaftlichen Arbeitstagung des Rates für staats- und rechtswissenschaftliche Forschung an der Akademie der Wissenschaften der DDR im Juni 1980, die der Diskussion von Grundproblemen der rechtlichen Verantwortlichkeit gewidmet war[1], wurde eine Grundfrage des sozialistischen Rechts in das Blickfeld der Rechtswissenschaft der DDR gerückt. Anliegen dieser Tagung war es, die theoretische Bearbeitung der rechtlichen Verantwortlichkeit auf eine höhere Stufe zu heben. Bis dahin waren es vor allem Zweigdisziplinen, die sich mit Verantwortlichkeitsfragen befaßten. Sie hatten nicht nur Teilprobleme der Verantwortlichkeit untersucht, sondern für den jeweiligen Rechtszweig auch theoretisch fundierte tragfähige Konzeptionen entwickelt. Dies war wohl in erster Linie dadurch bedingt, daß die rechtliche Regelung der Verantwortlichkeit allgemein zweigspezifisch erfolgt und sich daraus ein dringendes Erfordernis für eine theoretisch-konzeptionelle Bearbeitung der Verantwortlichkeitsproblematik ergab und auch weiterhin ergibt. Die Rechtstheorie hat – auf diesen Arbeiten fußend, sie aber auch befruchtend und befördernd – zur theoretischen Aufhellung einer Reihe von bedeutsamen Einzelfragen der Verantwortlichkeit beigetragen, so zur gesellschaftlichen Funktion der Verantwortlichkeit, zu ihren Voraussetzungen, ihrer Stellung im Gewährleistungssystem, ihrer Beziehung zur Verantwortung, zu den Sanktionen, einschließlich ihres Durchsetzungsmechanismus, u. a. m.[2]
Die Arbeitstagung des Rates machte sichtbar, daß eine so komplizierte, umfangreiche Aufgabe kaum auf dem bisher beschrittenen Weg der Arbeitsteilung zwischen Zweigdisziplinen und Rechtstheorie einer Lösung zugeführt werden könnte, und so kam es im Gefolge dieser Erkenntnis zur Bildung einer zentralen rechtswissenschaftlichen interdisziplinären Arbeitsgruppe „Verantwortung und Verantwortlichkeit" des Rates für staats- und rechtswissenschaftliche Forschung, die die erste dieser Art überhaupt war und z. Z. auch noch ist. Ihr gehören Vertreter der Rechtstheorie, der Zweigwissenschaften und der Rechtspraxis an, die sich in ihrer Forschungsarbeit zur Verantwortlichkeit mit Sachkunde ausgewiesen haben.[3]
Mit der Schaffung der Arbeitsgruppe wurde ein Schritt in wissenschaftsorganisatorisches Neuland getan, und zwar sowohl im Hinblick auf ihre Einbindung in die zentrale Planung der rechtswissenschaftlichen Forschung als auch in bezug auf die Art und Weise des Zusammenwirkens einer derartigen Anzahl von Vertretern unterschiedlicher Wissenschafts- und Praxisdisziplinen, einschließlich

der sich daraus ergebenden Probleme der Urheberschaft an bestimmten Erkenntnissen. Die Arbeitsgruppe hatte zunächst den Status eines Experiments und stand als solches außerhalb des zentralen Forschungsplanes. Sie sollte, ausgehend von den bisherigen Erkenntnissen, das Terrain der rechtlichen Verantwortlichkeit weiter sondieren, nach gemeinsamen Ausgangs- und Ansatzpunkten für das Herangehen an diese Aufgabe suchen und eine entsprechende Aufgabenstellung für den nächsten zentralen Forschungsplan (1986–1990) aufbereiten.

2. Innerhalb und außerhalb der Arbeitsgruppe taucht immer wieder die Frage nach dem Wert einer allgemeinen Theorie von der rechtlichen Verantwortlichkeit auf; wobei insbesondere Zweifel an der praktischen Nützlichkeit geäußert werden.

Da nach marxistisch-leninistischer Auffassung Theorie eine Form bewußtseinsmäßiger Widerspiegelung von objektiver Realität oder Bewußtsein, Ausdruck oder Niederschlag von Erkenntnis bedeutet,[4] dient die theoretische Arbeit stets dem tieferen Eindringen in die Erscheinungen von Natur und Gesellschaft. So betrachtet hat gesellschaftswissenschaftliche und damit auch rechtswissenschaftliche Theorie stets einen doppelten Praxisbezug. Sie entsteht aus der Analyse der Praxis und ist letztlich auf das Handeln der Mitglieder der sozialistischen Gesellschaft in der Praxis ausgerichtet. Erhöhung des Theoriegehalts ist zugleich Erhöhung des Praxisnutzens der wissenschaftlichen Arbeit, die nicht die Arbeit der Praxis, sondern für diese ihren spezifischen Beitrag zu leisten hat. Je exakter die Theorie das Wesen der Praxis widerspiegelt, um so besser sind die Möglichkeiten, auf die Praxis in Übereinstimmung mit den ihr innewohnenden Gesetzmäßigkeiten zu reagieren. Insofern ist die Frage nach dem Wert einer allgemeinen Theorie der rechtlichen Verantwortlichkeit in der sozialistischen Gesellschaft eigentlich beantwortet. Es sei uns aber noch eine Bemerkung zum Verhältnis einer allgemeinen Verantwortlichkeitstheorie zu den entsprechenden zweiglichen Theorien gestattet. Die Zweigwissenschaften untersuchen jeweils nur einen begrenzten Bereich des Wirkens von Staat und Recht, wenn auch mit einem auf die Gesamtheit von Staat und Recht bezogenen Aspekt. Deshalb vermittelt auch die Summe der Ergebnisse aller Zweigwissenschaften keine vollständige theoretische Abbildung von Staat und Recht als einem ganzheitlichen System mit seinen inneren und äußeren Widersprüchen. Dazu bedarf es der Betrachtung des Ganzen und seiner Teile sowie deren Beziehung zum Ganzen. Das trifft voll und ganz auch auf die Erforschung des Phänomens der rechtlichen Verantwortlichkeit zu. Die Frage zu stellen, ob wir überhaupt eine theoretische Gesamtsicht der rechtlichen Verantwortlichkeit benötigen, ob sie nicht angesichts der differenzierten Verantwortlichkeitsregelung im geltenden Recht überflüssig sei und ob es nicht genüge, die Verantwortlichkeit in ihrer zweiglichen Spezifik weiter zu vervollkommnen und sie lediglich von anderen Problemen abzugrenzen, ist letztlich eine Absage an die Theorie und behindert ein weiteres Eindringen in das Wesen und die gesellschaftliche Funktion der rechtlichen Verantwortlichkeit.[5]

Es geht darum, mit einer allgemeinen Theorie der rechtlichen Verantwortlichkeit ein dem Entwicklungsstand der sozialistischen Gesellschaft entsprechendes differenziertes, feines Reagieren auf Störungen im Ablauf rechtlich geregelter Beziehungen zu ermöglichen. Dabei ist das Recht selbst weiter zu vervollkommnen, ist es von erkenntnisbedingten Widersprüchen zu befreien, als Instrument zur Ausnutzung objektiver Gesetze für die Gestaltung der entwickelten sozialistischen Gesellschaft zu verfeinern und zu einem in sich stimmigen System weiter auszubauen, ist die Effektivität seiner Verwirklichung durch Realisierung eines höheren Maßes an sozialer Gerechtigkeit zu verstärken und so zur Entfaltung der der sozialistischen Gesellschaft eigenen Triebkräfte beizutragen.

3. Die bisherige Tätigkeit der Arbeitsgruppe, die die sorgfältige Auswertung der in der sozialistischen Rechtswissenschaft und -praxis erzielten Erkenntnisse zur rechtlichen Verantwortlichkeit einschloß, hat die Vielschichtigkeit und Schwere der gestellten Aufgabe deutlich hervortreten lassen, und es entspräche sicher nicht der Realität, wollte man annehmen, daß bis Ende der 80er Jahre bereits ein, wenigstens von den Mitgliedern der Arbeitsgruppe, in allen Punkten gebilligter Vorschlag für eine allgemeine Theorie rechtlicher Verantwortlichkeit der Öffentlichkeit unterbreitet werden könnte.

Ein erstes Problem bestand angesichts der Vielfalt der Erscheinungen der rechtlichen Verantwortlichkeit darin, solche Knotenpunkte herauszufinden, die zunächst eine vergleichende und später verallgemeinernde Bearbeitung durch die Forschungsgruppenmitglieder ermöglichten. Zum Ausgangspunkt für das Angehen der Problematik nahm die Arbeitsgruppe die im Referat von T. Schönrath auf der wissenschaftlichen Arbeitstagung des Rates im Juni 1980 ausgewiesenen drei Ebenen, auf denen, wie dort dargelegt worden war, die für die Bestimmung der Spezifik der rechtlichen Verantwortlichkeit gegenüber anderen Elementen der Gewährleistung des sozialistischen Rechts[6] geeigneten Wesensmerkmale gesucht werden müßten.

Das war erstens die Art der nicht eingehaltenen Rechtspflicht, zweitens die Art und Weise der Nichteinhaltung bzw. Nichterfüllung der Rechtspflicht, und drittens die Art der Rechtsfolgen für das Nichteinhalten bzw. das Nichterfüllen der Rechtspflicht. In Übereinstimmung mit diesen drei Problemkomplexen wurde die Arbeitsgruppe zunächst in drei Unterarbeitsgruppen aufgegliedert und auf der Grundlage der gemeinsamen Ausgangsthese „rechtliche Verantwortlichkeit ist Reaktion auf Rechtspflichtverletzung“, diesen Problemen nachgegangen. Dabei stellte sich heraus, daß die Meinungsverschiedenheiten nicht erst bei der rechtlichen Verantwortlichkeit begannen, sondern bereits bei der Charakterisierung der Pflichtverletzung und sogar schon bei der der Rechtspflicht und deren Widerspiegelung in Begriffen. Angesichts dieser Situation hielten wir es im gegenwärtigen Stadium der Arbeiten für geboten, unter gewisser Beibehaltung der Akzente der Unterarbeitsgruppen, jedem Mitglied der Arbeitsgruppe eine allgemeine Positionierung zu diesen Problemen zu ermöglichen, die zugleich im Hinblick auf die weitere Arbeit im Rahmen der für 1986 bis 1990 angestrebten Forschungsaufgabe sichtbar macht, welche Erkenntnisse von jedem einzelnen eingebracht werden. Dabei ist anzumerken, daß entsprechend dem erreichten Stand der Arbeit keinesfalls alle rechtstheoretischen Aussagen auf gesicherten Erkenntnissen beruhen, sondern z. T. hypothetischen Charakter tragen und daß im weiteren Verlauf der Untersuchungen ihre Korrektur oder Rücknahme erfolgen kann. Als Forum für diese Positionsbestimmung wählten wir ein 1985 durchgeführtes Kolloquium. Die dort vorgetragenen Standpunkte werden mit dieser

Publikation vorgestellt und für den weiteren wissenschaftlichen Meinungsstreit angeboten. Um die verschiedenen Auffassungen besser vergleichbar zu machen, haben die Autoren ihren Beiträgen jeweils Definitionen der Begriffe Rechtspflicht, Rechtspflichtverletzung, rechtliche Verantwortlichkeit und juristische Sanktion angefügt. Damit soll zunächst erreicht werden, die Unterschiede in den Auffassungen exakter erfassen zu können. Darüber hinaus soll aber auf diese Weise eine Basis für den möglichst weitgehenden Abbau der Unterschiede geschaffen werden.

4. Mit Beginn der neuen Fünfjahrplanperiode (1986–1990) nimmt die interdisziplinäre Arbeitsgruppe ein zentrales Forschungsprojekt unter dem Thema „Rechtliche Verantwortlichkeit als wirksames Instrument zur Entfaltung der Triebkräfte des Sozialismus“ in Angriff. Sie hat sich dafür mit der in den letzten Jahren erarbeiteten Verständigungsbasis zwischen den Vertretern der verschiedenen rechtswissenschaftlichen Disziplinen ein solides Fundament geschaffen, auf dem nunmehr versucht werden soll, ein theoretisches Gebäude der rechtlichen Verantwortlichkeit zu errichten. Aber selbst wenn wir vorerst nur den Rohbau ins Auge fassen, wird das die Anspannung aller Kräfte und eine maximale Kooperationsbereitschaft von jedem einzelnen fordern. Dazu gehören u. a. das Bemühen um sachliche Darstellung des eigenen Standpunkts, die Fähigkeit, sich in die Vorstellungen der anderen eindenken zu können, und der Wille, sich von besseren Argumenten überzeugen zu lassen. In Kenntnis und in schöpferischer Verarbeitung der in der Rechtstheorie, den Zweigwissenschaften und der Rechtspraxis entwickelten Verantwortlichkeitskonzeptionen soll und will die interdisziplinäre Arbeitsgruppe Grundrisse einer allgemeinen Verantwortlichkeitstheorie erarbeiten, in der allgemeine Merkmale der rechtlichen Verantwortlichkeit sowie Kriterien für deren differenzierte Erfassung und Ausgestaltung auszuweisen sind. Das schließt die historische Aufarbeitung der Verantwortlichkeitsproblematik ebenso ein wie die Verfeinerung des juristischen Begriffsapparates. Auf diese Weise soll ein Beitrag zur Weiterentwicklung der Rechtstheorie sowie der Theorie der Zweige, der Lehre und der Rechtspraxis, d. h. der Rechtsetzung und -verwirklichung, geleistet werden.

In diesem Sinne wollen wir uns der Forderung der Partei der Arbeiterklasse an die Gesellschaftswissenschaft der DDR stellen, „die objektiven Gesetzmäßigkeiten der gesellschaftlichen Entwicklung noch genauer zu erforschen, die Dynamik ihrer Wirkungsweise unter den gegenwärtigen und zukünftig zu erwartenden Bedingungen aufzudecken und die geeigneten Formen, Mechanismen und Institutionen für die Durchsetzung und Nutzung dieser Gesetzmäßigkeiten auszuarbeiten“[7], und in Bewältigung der dialektischen Wechselbeziehung zwischen Theorie und Praxis, Wissenschaft und Politik[8] mithelfen, die Konzeption des Rechts und darüber hinaus des juristischen Überbaus der entwickelten sozialistischen Gesellschaft weiter zu vervollkommnen.[9]

Anmerkungen

1 Grundprobleme der rechtlichen Verantwortlichkeit, Abhandlungen der AdW der DDR, Veröffentlichungen der Wissenschaftlichen Räte, Berlin W 1, 1982.

2 Angesichts der Fülle in- und ausländischer Literatur zur Verantwortlichkeit ist hier eine vollständige Auflistung leider nicht möglich; es sei darum auf das Vorhaben der Arbeitsgruppe verwiesen, eine entsprechende Bibliographie zu erarbeiten, die in nächster Zeit der Öffentlichkeit zugänglich gemacht werden soll.

3 Vgl. das Autorenverzeichnis dieses Heftes.

4 Vgl. Philosophisches Wörterbuch, Band 2, VEB Bibliographisches Institut, Leipzig 1975, S. 1219 ff.

5 Vgl. T. Schönrath, Rechtliche Verantwortlichkeit für Rechtsverletzungen in der sozialistischen Gesellschaft, in: Grundprobleme der rechtlichen Verantwortlichkeit, a. a. O., S. 7 ff.

6 Ebenda, S. 12.

7 K. Hager, Gesetzmäßigkeiten unserer Epoche — Triebkräfte und Werte des Sozialismus, Berlin 1983, S. 73.

8 Ebenda.

9 E. Krenz, Staat und Recht bei der weiteren Entfaltung der Vorzüge und Triebkräfte der sozialistischen Gesellschaft, Berlin 1985.

Gotthold Bley
Gustav Lübchen

Zur Gestaltung der zivilrechtlichen Verantwortlichkeit

Aufgabe und Inhalt der zivilrechtlichen Verantwortlichkeit

Aus den Erfahrungen, die in den letzten Jahren bei der Verwirklichung des Zivilgesetzbuches (ZGB)[1] gewonnen werden konnten, lassen sich für die Bestimmung der zivilrechtlichen Verantwortlichkeit und damit verbunden für die weitere Forschungsarbeit folgende Erkenntnisse ableiten:

1. Bei allen noch strittigen Problemen besteht auch in der Zivilrechtswissenschaft der DDR Einmütigkeit darüber, daß die Verantwortung des Menschen in der sozialistischen Gesellschaft für die Gestaltung der zivilrechtlichen Verantwortlichkeit bestimmend ist. Entscheidend kommt es darauf an, die Rechte und Pflichten als Ausdruck der Verantwortung entsprechend der gesellschaftlichen Wirklichkeit zu fixieren und die Voraussetzungen für ihre Verwirklichung in allen Bereichen des gesellschaftlichen Lebens zu schaffen. Rechtsverletzungen ist mit der Kraft der Gesellschaft entgegenzuwirken.

2. Funktionen und Inhalt der zivilrechtlichen Verantwortlichkeit werden wesentlich geprägt von den sozialen Zielen des Zivilrechts, von den zu regelnden gesellschaftlichen Verhältnissen und der Rechtsstellung der Zivilrechtssubjekte. Daraus leiten sich sowohl Gemeinsamkeiten als auch Differenziertheit der einzelnen Arten der zivilrechtlchen Verantwortlichkeit ab, wie das insbesondere die Regelung der vertraglichen und außervertraglichen Verantwortlichkeit und die unterschiedliche Ausgestaltung der Verantwortlichkeitsmaßstäbe für Bürger und Betriebe zeigt.

3. Bei der Charakterisierung der zivilrechtlichen Verantwortlichkeit kann das Verhältnis von zivilrechtlicher Verantwortlichkeit für Schadenszufügung und Versicherungsschutz nicht unbeachtet bleiben. Die zivilrechtliche Verantwortlichkeit des Versicherungsnehmers bzw. des Versicherten für rechtswidrige Schadenszufügung ist Grundlage für den Eintritt der Staatlichen Versicherung bzw. der Sozialversicherung aus dem Versicherungsverhältnis. Auf dieser Grundlage erhält der Geschädigte Ersatz seines Schadens aus gesellschaftlichen Fonds. Der Ersatzanspruch gegen den Schädiger geht auf die Versicherungseinrichtung über bzw. es entstehen Regreßansprüche. Die Wiedergutmachungs- und Erziehungsfunktion des Zivilrechts gegenüber dem Schädiger wird in den letztgenannten Beziehungen verwirklicht.

4. Ähnlich ist die Situation bei Schäden, die im Zusammenhang mit der Erfüllung von Arbeitspflichten Dritten zugefügt werden. Der Betrieb ist, soweit die sonstigen Voraussetzungen vorliegen, für Schäden, die von Mitarbeiter verursacht werden, aus eigener Tätigkeit verantwortlich. Voraussetzung der Verantwortlichkeit des Betriebes für seine Mitarbeiter ist Handeln des Mitarbeiters in Erfüllung der ihm obliegenden betrieblichen Aufgaben. Der für den Mitarbeiter verantwortliche Betrieb kann wegen des vom Betrieb ersetzten Schadens gegen den Mitarbeiter aus dem zwischen Betrieb und Mitarbeiter bestehenden Rechtsverhältnis (in der Regel Arbeitsrechtsverhältnis) Regreß nehmen.

Funktion und Inhalt der zivilrechtlichen Verantwortlichkeit können nur dann exakt bestimmt werden, wenn sie in die zivilrechtliche Regelung insgesamt eingeordnet und damit zu den subjektiven Rechten und Pflichten der Zivilrechtssubjekte in Beziehung gebracht werden. Auch für die richtige Bestimmung der Funktion der zivilrechtlichen Verantwortlichkeit ist die Erkenntnis wichtig:

- Das Zivilrecht hat zweifelsohne die wichtige Funktion zu erfüllen, auf dem Gebiet der individuellen Konsumtion der Entwicklung der materiellen und geistig-kulturellen Lebensbedingungen zu dienen. Die Versorgung der Bürger mit materiellen und kulturellen Gütern und Leistungen ist aber kein Selbstzweck, sondern letztlich ausgerichtet auf die Formung der sozialistischen Persönlichkeit, die Ausprägung sozialistischer Beziehungen zwischen den Menschen und damit auf die weitere Entwicklung der sozialistischen Lebensweise.
- Das Zivilrecht hat seinen spezifischen Beitrag zu leisten, das Antlitz des sozialistischen Menschen und damit die moralischen, sittlichen und ethischen Grundwerte des Sozialismus in den Beziehungen zwischen den Menschen herauszubilden und zu entwickeln. Mit der weiteren Gestaltung der entwickelten sozialistischen Gesellschaft werden die Beziehungen der Menschen zueinander und damit die sozialistische Persönlichkeit davon bestimmt, daß Recht und Moral in zunehmendem Maße miteinander verschmelzen. Es ist die Forderung gestellt, daß in allen Bereichen die Einhaltung des Rechts und bewußte Disziplin zur persönlichen Überzeugung werden und das Handeln der Menschen bestimmen. Das schließt ein, mit der Kraft der Gesellschaft, Ursachen und Bedingungen für Rechtsverletzungen aufzudecken, auf Rechtsverletzungen unvoreingenommen – gegebenenfalls mit staatlichen Zwangsmaßnahmen – zu reagieren und in allen Bereichen eine Atmosphäre des Kampfes gegen rechts- und moralwidriges Verhalten zu schaffen.
- Das Zivilrecht insgesamt und die zivilrechtliche Verantwortlichkeit im besonderen haben zur richtigen Synthese zwischen den persönlichen Interessen der Bürger, den Interessen der Kollektive (vor allem der Versorgungsbetriebe) und den gesamtgesellschaftlichen Interessen beizutragen. Hier ist auch die Nahtstelle zwischen der ökonomischen und ideologischen Hebelwirkung des Zivilrechts.

Die Funktion der zivilrechtlichen Verantwortlichkeit ist nicht nur auf den Ausgleich materieller Nachteile gerichtet, sondern vor allem darauf, die Erfüllung des Vertrages – nach beiden Seiten: Sachleistung und ihre pünktliche Bezahlung – zu sichern, Anliegen der zivilrechtlichen Verantwortlichkeit ist es, Bürger und Betriebe zu recht- und moralgemäßem Verhalten zu erziehen, Ursachen und Bedingungen rechtswidrigen Verhaltens aufzudecken und Rechtsverletzungen vorzubeugen.

In seiner Gesamtkonzeption und somit auch bei der Verantwortlichkeitsregelung geht das ZGB nicht primär von der Regulierung bereits eingetretener Schadensereignisse aus. Es orientiert vielmehr in verbindlicher Weise auf ein aktives Handeln zur Verhütung von Schäden und bei der Abwehr von Gefahren. Das ist Anliegen des gesamten ZGB und seiner Normen über die Verantwortlichkeit, wie dies vor allem auch in den spezifischen Bestimmungen über die Schadensverhütung (§§ 323 ff. ZGB) seinen sichtbaren Ausdruck findet.

Zum Begriff der Pflicht

Die Anerkennung des unmittelbaren Zusammenhanges zwischen Verantwortung und Verantwortlichkeit ermöglicht und erfordert, die Kausalität zwischen Verantwortlichkeit und Pflicht – insbesondere im Prozeß der Rechtsverwirklichung – zu beachten. Dies um so mehr, als mit der Neuregelung des Schadensrechts im ZGB die Pflichtverletzung als Tatbestandsmerkmal für die zivilrechtliche Verantwortlichkeit aufgenommen worden ist. Diese Konzeption deckt sich mit der Verantwortlichkeit in anderen Rechtszweigen.

Rechtliche Verantwortung und rechtliche Verantwortlichkeit können nur funktionieren und zu ihrer sozialen Zielstellung beitragen, wenn die Rechte- und Pflichtenstruktur und damit die Verantwortungsbereiche eindeutig und klar bestimmt sind. Das stellt zugleich hohe Anforderungen an die Verwirklichung der Einheit von Rechten und Pflichten. So verstanden, hängt die Wirksamkeit der Verantwortlichkeit von der exakten Bestimmung der Pflichten (unter Beachtung ihrer Wechselwirkung mit den subjektiven Rechten) ab. Dabei beweist die Gesetzgebung, daß sich gesellschaftliche Verhältnisse und Erfordernisse nicht schematisch in die Form von Rechten oder Pflichten pressen lassen (die Frage nach den Kriterien, unter welchen Voraussetzungen und Bedingungen gesellschaftliche Erfordernisse in Rechte oder in Pflichten umzusetzen sind, läßt sich hier nicht erörtern.)

Auch im Zivilrecht sind die Rechte und Pflichten als notwendige Elemente des Rechts auf die gleiche Zielstellung, nämlich die Durchsetzung der objektiven Gesetze der gesellschaftlichen Entwicklung gerichtet. Diese Notwendigkeit, rechtliche Verhaltensanforderungen für die Bürger und Betriebe in Form von Rechten und Pflichten zu gestalten, ergibt sich aus den Erfordernissen staatlicher Leitungstätigkeit, die vor allem auch auf die Sicherung einer größtmöglichen Disziplin sowie auf die Entfaltung der Initiative und des Schöpfertums der Bürger gerichtet ist.

Die Pflichten im Zivilrecht stellen verbindliche Anforderungen an das Verhalten der Bürger und Betriebe dar. Sie beinhalten ein von den Rechtssubjekten unabdingbares, notwendiges Verhalten zur Gewährleistung einer straffen Disziplin bei der Entwicklung der vom Zivilrecht geregelten gesellschaftlichen Verhältnisse. Sie müssen klar definierbare Verhaltensanforderungen enthalten. Dabei ist nicht zu übersehen, daß die Pflichten differenziert gestaltet sind. Es herrscht der Grundsatz, daß alle Rechtssubjekte gleichermaßen in der Lage sein müssen, die Pflichten einzuhalten und zu verwirklichen. Das gilt insbesondere auch für die sogenannten allgemeinen Verhaltenspflichten. Das schließt in sich ein, daß durchaus unterschiedliche Anforderungen an Betriebe und Bürger oder auch an die Erfüllung vertraglicher und außervertraglicher Pflichten zu stellen sind. Fehlerhafte Maßstäbe bei der Festlegung der Pflichten und ihrer Verwirklichung können die Funktion und Wirksamkeit der zivilrechtlichen Verantwortung und Verantwortlichkeit beeinträchtigen und vor allem auch zu Hemmnissen bei ihrer Anwendung führen. Es ist in diesem Zusammenhang durchaus der in der Literatur anzutreffende Gedanke zu akzeptieren, daß die Pflichten nicht in unbestimmter Weise ausgeweitet und anonymisiert werden dürfen.[2] Es gehört zum Merkmal einer Pflicht, daß sie für den einzelnen realisierbar sein muß; eine Forderung, die für das Recht und die einzelnen Rechtsnormen insgesamt gilt. Das bedeutet aber nicht, die an die Erfüllung der Pflichten zu stellenden Anforderungen abzuschwächen. Auch die Verantwortlichkeit des Zivilrechts muß ein solches Verhalten von den Betrieben und Bürgern fordern, das zu einem hohen ökonomischen Leistungsanstieg beiträgt und sichert, daß auf Störungen im Wirtschaftsablauf wirksam reagiert wird. Sie muß so gestaltet sein, daß von Bürgern und Betrieben dann erhöhte Anstrengungen verlangt werden, wenn Störungen und Beeinträchtigungen in den Zivilrechtsbeziehungen auftreten. Diese Auffassung ergibt sich aus einer Reihe konkreter Bestimmungen des ZGB, insbesondere auch aus der Regelung der §§ 323 ff. ZGB und stimmt auch mit der Regelung auf anderen Gebieten (z. B. Wirtschaftsrecht) überein. Überlegungen, die letztlich darauf hinauslaufen, den verbindlichen Charakter der Rechtspflicht in Frage zu stellen, daß eine Rechtspflicht dann erlischt, wenn sie aus objektiven Gründen durch den Vertragspartner nicht erfüllt werden kann, sind abzulehnen. Es kann auch nicht solchen Auffassungen gefolgt werden, die z. B. von einer beweglichen Gestaltung der Instandhaltungspflicht ausgehen und je nach Planung und Bilanzierung dem Mieter bei Vorliegen eines Mangels einen Instandhaltungsanspruch oder seine Verwandlung in einen auf die Durchführung vorläufiger Maßnahmen gerichteten Anspruch zubilligen.[3] In der Endkonsequenz bedeutet das, man verletzt die im Gesetz verbindlich festgelegte Pflicht solange nicht, wie objektiv durch den einzelnen Vertragspartner keine Möglichkeit zur Pflichterfüllung besteht.

Zur Rechtspflichtverletzung

Allgemein kommt in der Rechtspflichtverletzung zum Ausdruck, daß das tatsächliche Verhalten nicht mit den rechtlich festgelegten oder vertraglich vereinbarten Verhaltensanforderungen übereinstimmt. Insoweit erweist sich die Rechtspflichtverletzung als Differenz zwischen dem rechtlich geforderten und dem tatsächlichen Verhalten. Sie ist u. E. sowohl für die vertragliche als auch für die außervertragliche Verantwortlichkeit eine tatbestandsmäßige Voraussetzung. Aber nicht auf jede zivilrechtliche Pflichtverletzung reagiert der Staat mit der zivilrechtlichen Verantwortlichkeit. Er knüpft den Eintritt der Verantwortlichkeit an weitere Voraussetzungen, so z. B. an einen durch die Pflichtverletzung verursachten Schaden.
Diese Aussagen werden in der Zivilrechtswissenschaft der DDR grundsätzlich anerkannt. Unterschiedliche Auffassungen bestehen allerdings in bezug auf die

subjektiven Anforderungen an die Rechtspflichtverletzung, genauer: Ist das Verschulden Voraussetzung für die zivilrechtliche Verantwortlichkeit? Dabei sind durchaus seit Jahren einheitliche Grundpositionen vorhanden, von denen auch in der weiteren Diskussion ausgegangen werden kann:

– Die vertragliche Verantwortlichkeit tritt gewöhnlich dann ein, wenn ein Vertragspartner seine Pflichten nicht oder nicht ordnungsgemäß erfüllt. Der andere Partner kann dann geltend machen: Garantieforderungen, Verzugszinsen, das Recht auf Abnahmeverweigerung, Rücktritt und Leistungsverweigerung sowie Schadenersatz (§ 82 ZGB). Diese Rechtsfolgen hat der Vertragspartner zu tragen, und zwar grundsätzlich unabhängig davon, ob er seine vertraglichen Pflichten schuldhaft oder nicht schuldhaft verletzt hat. Verschulden ist hier grundsätzlich keine tatbestandsmäßige Voraussetzung. Besonderheiten bestehen allerdings bei der Schadenersatzpflicht (§ 93 ZGB). Soweit nämlich die vertragliche Verantwortlichkeit als Sanktion Schadenersatz vorsieht, gelten die Vorschriften über die außervertragliche Verantwortlichkeit nach §§ 330 ff. ZGB.
– Auch die außervertragliche erweiterte Verantwortlichkeit nach §§ 343 ff. ZGB, die als Sanktion Schadenersatz vorsieht, ist an kein Verschulden gebunden. Die Voraussetzungen für die erweiterte Verantwortlichkeit unterscheiden sich von den allgemeinen Voraussetzungen der Schadenersatzpflicht nach §§ 330 ff. ZGB. Die Gründe sind aber hier andere als bei der vertraglichen Verantwortlichkeit. Zurecht wird deshalb in der Literatur hervorgehoben, daß es verfehlt sei, „vertragliche Verantwortlichkeit und außervertragliche erweiterte Verantwortlichkeit nur deshalb auf einen Nenner zu bringen, weil beide vom Verschulden unabhängig sind.“[4]

Die auch nach dem Erlaß des ZGB in der Zivilrechtswissenschaft der DDR umstrittene Frage war und ist, ob die Schadenersatzpflicht der Betriebe und Bürger nur an objektive (§ 330 ZGB) oder auch an subjektive Voraussetzungen (§§ 333 und 334 ZGB) gebunden ist.

Die Verantwortlichkeit des Bürgers bei rechtswidriger Schadenszufügung ist an die im § 330 ZGB fixierten objektiven Voraussetzungen sowie gleichzeitig an das in § 333 ZGB verankerte Verschulden gebunden. Die Ausgestaltung erfolgt als Verschuldensvermutung, d. h. zutreffenderweise ist nicht mehr dem Geschädigten die Beweislast für das Verschulden des Schädigers auferlegt, sondern der Verursacher trägt das Risiko der Beweislosigkeit.[5]

Dabei kann nicht unbeachtet bleiben, daß der zivilrechtlichen Verantwortlichkeit für einen durch betriebliches Handeln verursachten Schaden ein ähnliches Prinzip zugrunde liegt. Abgesehen davon, daß die subjektive Seite betrieblichen Handelns psychologisch-strukturell nicht zu erfassen ist,[6] besteht der wesentliche Unterschied im Vergleich zur Schadenersatzpflicht eines Bürgers in den höheren Anforderungen, die das Gesetz entsprechend den vielfältigen betrieblichen Möglichkeiten zur Schadensvorbeugung an die Gewährleistung der Achtung und des Schutzes von Leben, Gesundheit und Eigentum durch Betriebe stellt. Die Ersatzpflicht des Betriebes entfällt deshalb in Übereinstimmung mit der wirtschaftsrechtlichen Regelung gemäß § 334 ZGB nur, wenn die Umstände, die zum Schaden geführt haben, trotz Ausnutzung aller dem Betrieb durch die sozialistischen Produktionsverhältnisse gegebenen Möglichkeiten nicht abzuwenden waren.

In den letzten Jahren ist — wenn auch nur zögernd — in der Literatur festzustellen, daß die „Gegner des Verschuldensprinzips“ von ihrer Auffassung abrücken[7].

Zivilrechtliche Verantwortlichkeit

Das Zivilgesetzbuch gestaltet die einzelnen Arten der Verantwortlichkeitsregelung als eine in sich geschlossene, einheitliche Regelung aus. Damit werden jedoch nicht die notwendigen Differenziertheiten ausgeschlossen. Nach der Systematik des ZGB ist zu unterscheiden

- die Verantwortlichkeit für Pflichtverletzungen aus Verträgen (vertragliche Verantwortlichkeit) und
- die Verantwortlichkeit für Pflichtverletzungen außerhalb von Verträgen (außervertragliche Verantwortlichkeit).

Für die zivilrechtlichen Vertragsbeziehungen (Miete, Kauf, Dienstleistungen usw.), die überwiegend zwischen Betrieben und Bürgern als Ware-Geld-Beziehungen abgeschlossen werden und mit deren Hilfe die Bürger entsprechend dem Leistungsprinzip ihre materiellen und geistig-kulturellen Bedürfnisse befriedigen, ist charakteristisch, daß die Partner im beiderseitigen Einverständnis ihre gegenseitigen Rechte und Pflichten vereinbaren. Diese Beziehungen basieren auf den eigenverantwortlichen Entscheidungen der Partner über die Gestaltung ihrer materiellen und kulturellen Lebensverhältnisse. Hierbei müssen die Vertragspartner unbedingt darauf vertrauen können, daß jeder die von ihm übernommenen Verpflichtungen (Leistungen und Gegenleistungen) verantwortungsbewußt erfüllt. Für den Fall, daß einer der Partner die von ihm geschuldete Leistung nicht oder nicht ordnungsgemäß erbringt, steht für die Ausgestaltung der entsprechenden Verantwortlichkeitsregelung die reale Vertragserfüllung im Mittelpunkt.

Die in §§ 82 ff. ZGB enthaltenen Verantwortlichkeitsregelungen sind untrennbar mit den Bestimmungen über den Vertragsinhalt (§§ 45, 60 ff. ZGB) und die Erfüllung (§§ 71 ff. ZGB) verbunden. Dabei wird unterschieden zwischen

- Nichterfüllung, d. h. die Leistung wird nach dem Vertragsabschluß ganz oder teilweise unmöglich;
- nicht ordnungsgemäßer Erfüllung, d. h. die Leistung ist unter Berücksichtigung der festgelegten Positionen des Vertragsinhalts fehlerhaft;
- Verletzung sonstiger Pflichten oder Schadenszufügung bei Erfüllung vertraglicher Pflichten sowie Pflichtverletzungen im Stadium der Vertragsvorbereitung.

Eine spezielle Regelung weist die Verantwortlichkeit der Vertragspartner dann auf, wenn für Pflichtverletzungen aus Verträgen Schadenersatz zu leisten ist. Die näheren Voraussetzungen werden nicht im Rahmen der allgemeinen Bestimmungen über Vertragsbeziehungen behandelt, sondern § 93 ZGB verweist insoweit auf die Anwendung der Bestimmung über die Verantwortlichkeit für außervertraglich verursachte Schäden (§§ 330 ff. ZGB). Damit wird im Zivilgesetzbuch die Verpflichtung zur Leistung von Schadenersatz sowohl innerhalb als auch außerhalb vertraglich erfaßter Beziehungen übereinstimmend geregelt.

Die Verantwortlichkeit für Pflichtverletzungen außerhalb von Verträgen ist im Gegensatz zur vorangegangenen BGB-Regelung nicht lediglich als „Schuldverhältnisse aus unerlaubter Handlung“ geregelt, sondern stellt einen eigenständigen Teil des Gesetzes zur Förderung disziplinierten Verhaltens von Bürgern und Betrieben gegenüber dem sozialistischen Eigentum und den gesetzlich geschützten Interessen der Bürger dar. Sie orientiert und verpflichtet zu schadensvorbeugendem Handeln und gewährt einen wirksamen Schutz gegenüber Rechtspflichtverletzungen, die einen materiellen Schaden zur Folge haben.
Ein wichtiger Teil der außervertraglichen Verantwortlichkeit für Schadenszufügung ist die einheitliche Regelung der erweiterten Verantwortlichkeit (§§ 343 ff. ZGB). Eine Befreiung von der Verpflichtung zum Schadenersatz nach §§ 333 und 334 ZGB ist ausgeschlossen. Der nach diesen Bestimmungen Verantwortliche kann sich nur darauf berufen, daß der Schaden auf ein unabwendbares Ereignis zurückzuführen ist, das nicht auf einen Fehler in der Beschaffenheit der Sache oder ihrem technischen Versagen beruht.

Zivilrechtliche Sanktionen

Die zivilrechtliche Verantwortlichkeit stellt ein konkretes Rechtsverhältnis dar bzw. gestaltet bereits gegründete Rechtsverhältnisse zwischen den Beteiligten weiter aus und wird durch die Anwendung der Sanktionen realisiert. Auch in der Zivilrechtswissenschaft der DDR wird anerkannt, daß nicht jedes rechtliche Gewährungsmittel eine rechtliche Sanktion ist. Die zivilrechtlichen Sanktionen sind Bestandteil des Systems rechtlicher (speziell zivilrechtlicher) Gewährleistung. Der Begriff der Sanktionen wird in Theorie und Praxis ungenau verwendet. Nicht selten werden Sanktionen und Rechtsfolgen miteinander gleichgesetzt. Auch prozessuale Instrumentarien wie Klage, Vollstreckung etc. werden als Sanktionen bezeichnet. Problematisch dürfte auch sein, die „Nichtigkeit“ als Sanktion des Zivilrechts auszuweisen.[8] Als zivilrechtliche Sanktionen sind die in den Zivilrechtsnormen enthaltenen Rechtsfolgen zu verstehen, die für die Verletzung einer gesetzlich vorgeschriebenen Verhaltenspflicht oder vertraglich übernommener Pflichten festgelegt sind und durch ihre Androhung ordnungsgemäßes Verhalten stimulieren und die Einhaltung und Verwirklichung der sozialistischen Gesetzlichkeit sichern sollen.
Für die zivilrechtlichen Sanktionen dürften vor allem folgende Merkmale charakteristisch sein:
- Sanktionen des Zivilrechts sind untrennbar mit der zivilrechtlichen Verantwortlichkeit verbunden. Sie setzen gewissermaßen die Feststellung der zivilrechtlichen Verantwortlichkeit (Pflichtverletzung, Rechtswidrigkeit, Schaden, gegebenenfalls auch Verschulden bzw. Vorwerfbarkeit) voraus.
- Sanktionen des Zivilrechts stehen in enger Beziehung zur Rechtspflicht. Die zivilrechtliche Sanktion knüpft an (setzt voraus) die Verletzung einer Rechtspflicht und bewirkt auf diese Weise die Gewährleistung subjektiver Rechte.
- den zivilrechtlichen Sanktionen ist ihre staatliche Durchsetzbarkeit immanent.

— Die zivilrechtliche Sanktion ist wesentliches Strukturelement der Rechtsnorm (Hypothese, Disposition, Sanktion).

Zwischen zivilrechtlichen Sanktionen, Gewährleistung und rechtlichen Stimuli existieren vielfältige Wechselbeziehungen. Aus mehrfachen Gründen ist aber eine über das Zivilgesetzbuch hinausgehende Ausweitung des Begriffs der zivilrechtlichen Sanktion nicht sinnvoll. Dabei wird keineswegs in Abrede gestellt, daß die Klassifizierung und Einteilung auch der zivilrechtlichen Sanktionen unter verschiedenen Gesichtspunkten erfolgen kann. Geht man von dem untrennbaren Zusammenhang zwischen Sanktion, Verantwortlichkeit, Pflicht und Pflichtverletzung aus, so bietet sich für die zivilrechtlichen Sanktionen folgende Einteilung an:

— Sanktionen, die auf die Sicherung der im Vertrag festgelegten Leistung gerichtet sind (auch als Leistungssicherungsrechte bezeichnet). Dazu zählen vor allem die Garantie, Verzugszinsen, Abnahmeverweigerung, der Rücktritt und die Leistungsverweigerung.
  Sie zielen darauf ab, den zur Leistung verpflichteten Partner zur Vertragserfüllung anzuhalten (z. B. Garantie) oder berechtigen den anderen Vertragspartner, seine Leistung zu verweigern oder den Vertrag rückgängig zu machen.
— Sanktionen, die auf den Ausgleich der verursachten materiellen Nachteile gerichtet sind. Es handelt sich dabei um den Schadenersatz als Rechtsfolge sowohl für vertragliche als auch außervertragliche Pflichtverletzungen. Ausgleich der eingetretenen materiellen Nachteile schließt Sicherung der sich aus den vertraglichen Verpflichtungen ergebenden Äquivalenz ein. In aller Regel geht aber der Schadenersatz über die vertraglich vereinbarte Äquivalenz hinaus und führt zur Erweiterung des Vertragsverhältnisses (nicht mit Notwendigkeit zu einem neuen Rechtsverhältnis). Die Pflicht zur Schadenersatzleistung entsteht bei der Pflichtverletzung außerhalb eines Vertrages kraft Gesetzes; die Schadenersatzpflicht tritt ein, wenn alle den Tatbestand bildenden rechtserheblichen Tatsachen vorliegen.

Begriffsbestimmungen zur zivilrechtlichen Verantwortlichkeit

Rechtspflicht: Die durch das Gesetz, d. h. unmittelbar aus der Norm (allgemeine Verhaltenspflicht) oder auf Grund eines Vertrages oder einseitigen Rechtsgeschäftes (vertragliche Pflicht) begründete notwendige Verhaltensforderung für ein Rechtssubjekt (Bürger oder Betrieb), deren Einhaltung durch den sozialistischen Staat gewährleistet wird. Es handelt sich um verbindliche Anforderungen, die für Bürger und Betriebe differenziert ausgestaltet sind. Die Rechtssubjekte müssen gleichermaßen in der Lage sein, die Pflichten einzuhalten und zu verwirklichen.

Rechtspflichtverletzung: Differenz zwischen dem rechtlich geforderten und tatsächlichen Verhalten. Sie ist sowohl für die vertragliche Verantwortlichkeit als auch für die Verantwortlichkeit außerhalb der Verträge tatbestandsmäßige Voraussetzung. Der Eintritt der Verantwortlichkeit kann an weitere Voraussetzungen gebunden sein, z. B. bei der Verantwortlichkeit außerhalb von Verträgen an das Vorliegen eines durch die Pflichtverletzung verursachten Schaden und in den vom Gesetz geregelten Fällen auch an das Vorliegen eines Verschuldens bzw. einer Vorwerfbarkeit.

Rechtliche Verantwortlichkeit: Die Art und das Maß des durch Gesetz vorgesehenen Einstehenmüssens der Zivilrechtssubjekte für Verletzungen rechtlicher Pflichten und deren Folgen. Innerhalb vertraglicher Beziehungen ist sie in erster Linie darauf gerichtet, die noch mögliche reale Erfüllung zu sichern, sonst dient sie dem Ausgleich entstandener Nachteile in Form des Schadenersatzes. Sie hat eine sichernde, ausgleichende und erzieherische Funktion. Die zivilrechtliche Verantwortlichkeit begründet entweder ein neues konkretes Rechtsverhältnis zwischen den Beteiligten bzw. gestaltet ein bereits bestehendes Rechtsverhältnis weiter aus: beide werden durch die Sanktion realisiert.

Juristische Sanktion: Die gegen den Rechtspflichtverletzer gesetzlich vorgesehenen Rechtsnachteile, die als Folge seiner Verantwortlichkeit entstehen, jedoch von der Geltendmachung durch den Berechtigten abhängig sind. Es wird unterschieden zwischen Sanktionen, die auf die Sicherung der im Vertrag festgelegten Leistung gerichtet sind (Leistungssicherungsrechte, wie Garantie, Verzugszinsen, Abnahmeverweigerung, Rücktritt usw.) und Sanktionen, die den Ausgleich verursachter materieller Nachteile zum Inhalt haben (Schadenersatz).

Anmerkungen

1 Zivilgesetzbuch der Deutschen Demokratischen Republik vom 19. 6. 1975, GBl. I Nr. 27, S. 465.

2 Vgl. M. Posch, Zur Bestimmung rechtlicher Verantwortlichkeit, in: Grundprobleme der rechtlichen Verantwortlichkeit, Abhandlungen der AdW der DDR, Veröffentlichungen der Wissenschaftlichen Räte Berlin W 1, 1982, S. 68.

3 Vgl. H. Krüger, M. Hieke, Die rechtliche Verantwortung für die Erhaltung von Wohnraum, Neue Justiz 7/1979, S. 302.

4 M. Posch, Zur Bestimmung rechtlicher Verantwortlichkeit, a. a. O., S. 67.

5 Vgl. z. B. G. Bley und C. Bogan, Feststellung zivilrechtlicher Schuld im gerichtlichen Verfahren, Neue Justiz 12/1980, S. 556; sowie die Äußerungen dazu A. Marko und M. Posch, Neue Justiz 5/1981, S. 229.

6 In der Literatur wird hier bei Anerkennung der subjektiven Seite als Tatbestandsmerkmal zurecht nicht vom Verschulden, sondern von der Vorwerfbarkeit gesprochen.

7 Vgl. M. Posch, Zur Bestimmung rechtlicher Verantwortlichkeit, a. a. O., S. 67.

8 Vgl. G. Stiller, T. Schönrath, I. Gruel, Zur Wirksamkeit rechtlicher Saktionen bei der weiteren Gestaltung der entwickelten sozialistischen Gesellschaft, Berlin 1978, S. 106.

Erich Buchholz

Strafrechtliche Sanktion und strafrechtliche Verantwortlichkeit

Bei der weiteren Gestaltung der entwickelten sozialistischen Gesellschaft sind die Formen rechtlicher Verantwortlichkeit und ihrer Durchsetzung so zu präzisieren und zu entwickeln, daß sie die Entfaltung sozialer Triebkräfte, schöpferischer sozialer Aktivitäten der Werktätigen fördern. Dazu sind die gesetzlich gegebenen – bzw. auch neu zu schaffenden – juristischen Mechanismen zur Gewährleistung der sozialistischen Gesetzlichkeit in ihrer Funktionsweise und ihrem wechselseitigen Zusammenhang zu untersuchen. Auch die Zusammenhänge von strafrechtlicher Sanktion und strafrechtlicher Verantwortlichkeit bedürfen im Hinblick auf die effektive Durchsetzung dieser entsprechender Betrachtung.[1]

Strafrechtliche Verantwortlichkeit betrifft das rechtliche Einstehenmüssen für eine spezifische, im Straftatbestand objektiv und subjektiv beschriebene, schuldhafte Verletzung von Rechtspflichten, die das Strafrecht den relevanten Adressaten (möglichen Strafrechtssubjekten) durch die Strafgesetze konkret und unmittelbar auferlegt hat.[2]

Persönliche strafrechtliche Verantwortlichkeit ist ein (das) spezifische(s) Strafrechtsverhältnis, das auf der Grundlage des (objektiven) geltenden materiellen Strafrechts mit und durch die Begehung einer Straftat (als relevanter rechtserheblicher Tatsache) entsteht. Es besteht dann zwischen Staat und Straftäter (als relevanten Rechtssubjekten); kraft dieses Rechtsverhältnisses hat der Staat das Recht zu strafen (jus puniendi) und die Rechtspflicht, gerecht zu strafen bzw. zu entscheiden. Der Täter hat das Recht (Anspruch) auf gerechte Bestrafung und die Rechtspflicht, die auferlegte gerechte Strafe rechtlich zu dulden.[3]

Namentlich für den Sozialismus ist zu betonen, daß der festgestellte schuldige Täter rechtlich verpflichtet ist, die dann im Urteil festgelegten Bewährungs- und Wiedergutmachungsleistung zu erbringen bzw. dort festgelegte Eingriffe in seine Rechte und Interessen, in seine Handlungs- und Bewegungsfreiheit zu dulden, während der Staat dies rechtlich fordern und notfalls zwangsweise durchsetzen darf. Weiter hat hier der Täter das Recht, keine weitergehenden Leistungen erbringen bzw .Eingriffe dulden zu müssen, wohl aber für das Erbringen der festgelegten Bewährungs- und Wiedergutmachungsleistung die erforderlichen Möglichkeiten (bzw. Angebote) zu erhalten, was sich umgekehrt für den Staat als Rechtspflicht darstellt, (durch seine Organe sowie unter Einbeziehung von Betrieben und gesellschaftlichen Kräften) dem Verurteilten solche Möglichkeiten zu schaffen.

Es wird für außerordentlich bedeutsam gehalten, gerade im Sozialismus den Rechtscharakter dieser Beziehungen und übereinstimmendes Interesse an Bewährung und Wiedergutmachung zu betonen, um jeglichen Vorstellungen vom Strafrecht oder der Strafe lediglich als einseitiger physischer Gewaltanwendung gegen den Straftäter als bloßes Objekt der Strafgewalt des Staates zu begegnen.

Dieses besondere Strafrechtsverhältnis (der strafrechtlichen Verantwortlichkeit) vermittelt und verknüpft in spezifischer Weise gesamtgesellschaftliche Schutzinteressen und die gesellschaftlich anzuerkennenden individuellen Interessen des Täters, in dessen Rechte und Freiheiten mit Strafe (u. U. schwerwiegend) eingegriffen wird. Dieses Strafrechtsverhältnis dient der Gewährleistung der Einhaltung der sozialistischen Strafrechtsordnung und damit den gesellschaftlichen Gesamtinteressen und auch denen des Individuums „Täter", der durch das Strafrecht sowohl vor Straftaten anderer als auch vor ungerechtfertigter Bestrafung geschützt wird.

Bei der Untersuchung der juristischen Gewährleistung[4] der strafrechtlichen Verantwortlichkeit sind mindestens zwei Ebenen (Etappen) zu unterscheiden:

– in Bezug auf Begründung solcher Verantwortlichkeit;
– in Bezug auf ihre Durchsetzung und Verwirklichung, d. h. insbesondere die Inanspruchnahme der subjektiven Rechte und Erfüllung der Rechtspflichten daraus.

So sehr das Rechtsverhältnis der strafrechtlichen Verantwortlichkeit auf der Grundlage des objektiven Rechts objektiv, d. h. auch unabhängig vom Willen der Rechtssubjekte, durch den Eintritt der rechtserheblichen Tatsache – Straftat – (ex tunc) entsteht bzw. begründet wird, so bedarf es doch – auch aus Gründen der Rechtssicherheit – einer ausdrücklichen autoritativen Feststellung des Bestehens eines solchen Rechtsverhältnisses. Es bedarf namentlich der Feststellung dessen, daß eine nach dem objektiven materiellen Strafrecht strafbare Handlung vorliegt, was Prüfungen in tatsächlicher und juristischer Hinsicht voraussetzt und einschließt.

Wenn Verantwortlichkeit Voraussetzung für Rechtsfolgen, Sanktionen – darunter auch (schwere Eingriffe darstellende) Strafen – ist, ist das rechtlich präzise Feststellen des Bestehens derartiger Verantwortlichkeit, ihres Vorliegens von außerordentlicher Bedeutung. Dem dient, da strafrechtliche Verantwortlichkeit grundsätzlich nur staatlich durchsetzbar ist, ein spezifisches Verfahren mit einer besonderen Rechtsmaterie. Strafrechtliche Verantwortlichkeit kann nicht außerhalb oder ohne Strafverfahren geltend gemacht werden.

Das Strafverfahrensrecht ist deshalb ein spezifisches juristisches Gewährleistungsmittel des materiellen Strafrechts, was die Bedeutung und den Stellenwert des Strafverfahrensrechts unterstreicht. Auch im Strafverfahrensrecht – das den staatlichen Willen der Arbeiterklasse und die gesellschaftlichen Gesamtinteressen ausdrückt – wird eine spezifische Verknüpfung verschiedenartiger Interessen geregelt (nicht nur gesamtgesellschaftlicher und der des Beschuldigten/Angeklagten, sondern auch z. B. der Geschädigten, der Zeugen, der Kollektive usw.). Dabei spielen hier die historischen Erfahrungen der Menschheit, wie solche sehr differenzierten Interessenwidersprüche am besten miteinander abgewogen und vereinbart werden können, eine besondere Rolle.

Da das Bestehen strafrechtlicher Verantwortlichkeit von der rechtserheblichen Tatsache der Begehung einer Straftat abhängt, muß die Prüfung dessen, ob solche Verantwortlichkeit vorliegt, sich notwendig darauf konzentrieren, festzustellen, ob der Beschuldigte/Angeklagte eine Straftat begangen hat, die im jeweiligen Straftatbestand beschrieben ist. Die Frage, ob eine Straftat begangen wurde, ist indessen nicht lediglich eine Frage nach einem natürlichen, naturwissenschaftlich nachvollziehbaren sozialen Vorgang bzw. Handeln, sondern zugleich eine rechtliche und also politische, den Klassenwillen zum Ausdruck bringende Entscheidung. Die Frage, ob das Verhalten eines Menschen nach dem politischen Klassenwillen eine Straftat ist, ist weder durch die Klärung des Sachverhalts, noch durch das vorgegebene Gesetz abschließend beantwortet.

Die Aussage im gerichtlichen Schuldspruch bzw. in entsprechender Entscheidung gesellschaftlicher Gerichte, daß der Angeklagte schuldig, also Täter der betreffenden Straftat ist, beinhaltet die autoritative Feststellung, daß – ex tunc, seit Begehung der Straftat – zwischen ihm und dem Staat das Rechtsverhältnis der strafrechtlichen Verantwortlichkeit mit den sich daraus ergebenden o. g. Rechten und Pflichten besteht und also – grundsätzlich – verwirklicht werden kann. Dies kann als Geltendmachung der strafrechtlichen Verantwortlichkeit gekennzeichnet werden, die durch das Strafverfahren bzw. spezifisch durch Anklageerhebung eingeleitet wird.

Das Rechtsverhältnis der strafrechtlichen Verantwortlichkeit beginnt mit der Begehung der Straftat, d. h. in gesetzlich vorgesehenen Fällen nicht erst mit ihrer Vollendung, sondern bereits mit dem Versuch bzw. der Vorbereitung, wie auch gegebenenfalls mit einer Anstiftung oder Beihilfe zur Straftat. Unter Beachtung der Regelungen über die Verjährung der Strafverfolgung und andere eine solche ausschließende Umstände kann ab dem Zeitpunkt der Begehung der Straftat (s. o.) jederzeit die persönliche strafrechtliche Verantwortlichkeit durch besondere staatliche Aktivität, durch die Einleitung entsprechender Verfahren geltend gemacht werden. Die Überprüfung solcher Geltungsmachung – im Rechtsmittel-, aber auch Kassations- oder Wiederaufnahmeverfahren – stellt eine Überprüfung, gegebenenfalls auch Korrektur relevanter tatsächlicher und rechtspolitischer Erkenntnisprozesse hinsichtlich des Vorliegens strafrechtlicher Verantwortlichkeit dar. Aber weder schafft, noch verändert die strafverfolgende staatliche Tätigkeit, z. B. das Gerichtsurteil, das Rechtsverhältnis der strafrechtlichen Verantwortlichkeit. Dies ist auf der Basis des materiellen Strafrechts das Werk des Gesetzgebers und des Straftäters.

Damit zur zweiten Ebene (Etappe), zur Gewährleistung der Durchsetzung und Verwirklichung der persönlichen strafrechtlichen Verantwortlichkeit. Im Mittelpunkt steht hierbei die Anwendung von Sanktionen, namentlich von Strafen, als rechtlich geregelter Mittel zur Durchsetzung der entsprechenden rechtlichen Verantwortlichkeit. Auch im Strafrecht gilt: Juristische Sanktionen sind in Rechtsnormen (im Strafgesetz) festgelegte und vorgesehene Rechtsfolgen (straf-)rechtlicher Verantwortlichkeit für Rechtspflichtverletzungen (Straftaten) durch den Verpflichteten (Straftäter). Die Verwirklichung dieser (sanktionellen) Rechtsfolgen wird durch den Staat (durch spezifische staatliche oder andere bevollmächtigte Organe) gewährleistet, wobei unter bestimmten Voraussetzun-

gen auch Zwang, unter Umständen selbst physische Gewalt zum Einsatz kommen darf.
Im Strafrecht sind Sanktionen keine automatischen Rechtsfolgen der Straftat bzw. der strafrechtlichen Verantwortlichkeit. Auch insoweit ist eine spezifische politische rechtliche Entscheidung zu fällen (namentlich als Strafausspruch). In einer Reihe von Fällen werden aus gutem Grund im gesamtgesellschaftlich langfristigen Interesse, trotz Vorliegen einer Straftat und Bestehens strafrechtlicher Verantwortlichkeit keine Sanktionen angewandt (sog. Strafauf- oder -ausschließungsgründe)[6] so zum Teil direkt kraft des Gesetzes (Immunität, Verjährung) oder als fakultative Möglichkeit (Befugnis), im Einzelfall davon Abstand zu nehmen. In solchen Fällen wird das Vorliegen strafrechtlicher Verantwortlichkeit durch Schuldspruch festgestellt, von der Anwendung, vom Ausspruch von strafrechtlichen Sanktionen, d. h. von Maßnahmen der strafrechtlichen Verantwortlichkeit (vgl. § 23 StGB), aber abgesehen (Sanktionsverzicht).
Die strafrechtlichen Sanktionen, also die Maßnahmen strafrechtlicher Verantwortlichkeit, die im Regelfall als Rechtsfolge auf Straftaten zur Anwendung gelangen können, umschließen nicht nur Strafen (Kriminalstrafen), sondern auch andere Sanktionen, namentlich die Beratung und Entscheidung gesellschaftlicher Gerichte bzw. die von ihnen auszusprechenden gesellschaftlichen Erziehungsmaßnahmen. Mithin sind bei Bestehen strafrechtlicher Verantwortlichkeit bezüglich der Sanktionen drei Hauptfälle zu unterscheiden:
– Sanktionsverzicht;
– Ausspruch von Sanktionen, die keine Kriminalstrafen sind;
– Ausspruch von Kriminalstrafen.
Eine spezifische strafrechtliche Sanktion zur Durchsetzung der strafrechtlichen Verantwortlichkeit – also eine spezifische Maßnahme der strafrechtlichen Verantwortlichkeit (vgl. § 23 StGB) – ist die Kriminalstrafe. Sie ist gesetzlich zulässige staatlich-rechtlich verbindliche, ausschließlich durch staatliche Gerichte zu verhängende Rechtsfolge auf die Straftat, Ahndung dieser. Als solche stellt sie eine ernste moralisch-rechtliche Tatverurteilung dar, die durch differenziert spürbare Eingriffe in die Handlungs-, oft auch die Bewegungsfreiheit des Verurteilten, durch differenzierte und notfalls zwangsweise durchsetzbare Einschränkungen seiner Rechte und Interessen zum Ausdruck gebracht und differenziert nachdrücklich unterstrichen wird. Das Maß der jeweiligen Tatverurteilung, der Grad der strafrechtlichen Verantwortlichkeit wird unter Berücksichtigung aller rechtlich anerkannten Umstände im Strafmaß (Art und Höhe der Strafe, einschließlich Zusatzstrafen) ausgedrückt.
Für die Kriminalstrafe ist die durch die Straftatbegehung bedingte, moralisch abwertend-diskriminierende disziplinierende Einwirkung auf den Verurteilten und mittelbar auch andere Personen charakteristisch, die mit der gesellschaftlich-erzieherischen Einflußnahme auf ihn und der eigenen Bewährung und Wiedergutmachung zu verbinden ist (Art. 2 StGB).
Im Unterschied zur materiellen Verantwortlichkeit (z. B. des Zivil-, Arbeits-, LPG- oder Wirtschaftsrecht), bei der es wesentlich um differenzierten Schadensausgleich (compensatio) geht, kann eine Schadensersatzleistung im Strafrecht eine die strafend-disziplinierende Wirkung unterstützende Rolle spielen (vgl. §§ 24 und 33 Abs. 3 StGB). Während im Zivilrecht und anderen Rechtszweigen

bei Sanktionen zur Realisierung materieller Verantwortlichkeit grundsätzlich die Befriedigung des Berechtigten (Geschädigten), sein Anspruch auf Schadensersatz im Vordergrund steht, also die Höhe des Schadensersatzanspruchs das Maß der Sanktion bestimmt, wird im Strafrecht (oder wo sonst disziplinierende Sanktionen angewandt werden) die Sanktion bei Beachtung bestimmter persönlicher Umstände nach dem Maß der Schuld des Täters bemessen bzw. begrenzt (vgl. § 61 StGB), erweist sich das Strafrecht – obzwar vorrangig die Gesellschaft schützend – zugleich als ein Recht des Täters, das auch seinem Schutz vor überhöhten, ihn überfordernden Sanktionen dient.

Eine gewisse Nähe weist die Kriminalstrafe zur Ordnungsstrafe, zu (z. B. arbeitsrechtlichen oder militärischen) Disziplinarmaßnahmen sowie zu den Erziehungsmaßnahmen gesellschaftlcher Gerichte auf, insbesondere weil letztere Maßnahmen der strafrechtlichen Verantwortlichkeit sind (vgl. §§ 23 und 29 StGB).

Gemeinsam ist all diesen der disziplinierend-erzieherische Charakter. Von diesen Sanktionen unterscheidet sich die Kriminalstrafe als Rechtsfolge auf eine Straftat, jedoch vor allem durch die Tiefe (Schwere) des Eingriffes in Rechte und Interessen des Rechtsverletzers, einschließlich des moralisch-diskriminierend-abwertenden Charakters der Tatverurteilung. Dazu gehören auch die Folge der Vorbestraftheit (durch Eintragung ins Strafregister) sowie verschiedene weitreichende Konsequenzen im Leben des Verurteilten, so z. B. hinsichtlich seiner beruflichen Tätigkeit,[7] seines moralischen Ansehens, seines Sozialprestiges. Bestimmte Strafarten wie Strafen mit Freiheitsentzug, Verurteilung auf Bewährung und Todesstrafe können nur als Kriminalstrafe verhängt werden. Demgegenüber ist die Abgrenzung z. B. zur Ordnungsstrafe fließend, wenn z. B. eine Geldstrafe als Kriminalstrafe ausgesprochen wird.

Mit der Entscheidung über die anzuwendende Sanktion wird der konkrete Inhalt (Gegenstand) der strafrechtlichen Verantwortlichkeit als Rechtsverhältnis bestimmt, also welche konkreten Pflichten und Rechte bestehen und zu erfüllen sind bzw. wahrgenommen werden dürfen, welche Leistungen zu erbringen bzw. zu verlangen sind. Damit ist dieses Rechtsverhältnis noch nicht beendet bzw. erschöpft. Dies erfolgt erst mit der Verwirklichung der Sanktionen, namentlich der Kriminalstrafe, worin der schwerwiegende Eingriff in Rechte und Freiheiten des Täters praktisch spürbar und erlebbar wird. Es bedarf also auch juristischer Garantien für eine rechtlich einwandfreie und praktisch effektive Verwirklichung der Sanktionen, namentlich der Strafen. Auch in diesem Prozeß entstehen Rechte und Pflichten, Rechtsverhältnisse. Diese Materie könnte als „Recht der Strafenverwirklichung“ bezeichnet werden, die sich nach Ziel, Aufgabenstellung und Methode vom Strafverfahrensrecht sichtlich unterscheidet, und zwar unbeschadet dessen, daß einige Regelungen dieser Materie in der DDR in der StPO enthalten sind.

Das Strafverfahren führt zu einer justiziellen Tätigkeit, und namentlich der Rechtsprechung zugänglichen rechtlichen Entscheidung über das Vorliegen einer Straftat, einer strafrechtlichen Verantwortlichkeit und ggf. des Strafmaßes. Danach geht es um Ausführung, um „Exekution“, um die Durchsetzung bzw. Organisierung von Vorgängen, für die gem. § 339 StPO verschiedenartige Organe zuständig sind. Aus diesem Grunde wird als Endpunkt eines Strafverfahrens der

Eintritt der Rechtskraft des Urteils bzw. der abschließenden Entscheidung angesehen, die Strafenverwirklichung jedoch nicht mehr für zum Strafverfahren gehörig gehalten.[8] Gleichwohl entstehen hier andere prozedurale Beziehungen und Probleme. Auch hier hat die juristische Gewährleistung zu sichern, daß gesamtgesellschaftliche Interessen (Schutz und Durchsetzung staatlicher Entscheidungen) und individuelle Interessen (des verurteilten Täters, des Geschädigten, der Familienangehörigen usw.) miteinander sinnvoll abgestimmt sind.
Es scheint angebracht, auch im Bereich des Rechts der Strafenverwirklichung, dessen politische Bedeutung meines Erachtens wächst, zwischen materiellem und Verfahrensrecht zu unterscheiden. Zur Sicherung der Rechte und Pflichten aus diesen Rechtsverhältnissen, bedarf es weitergehender eigener prozessualer Regelungen, die sich insoweit wiederum als juristische Gewährleistungsmittel darstellen, wie z. B. hinsichtlich der Befugnisse der Kontrolle, der Mahnung (Verwarnung), der Überprüfung (mündliche Verhandlung) von Beschwerden, ja selbst der Korrektur oder Änderung von Entscheidungen (z. B. Anordnung des Vollzuges der angedrohten Freiheitsstrafe) usw.
In diesem Zusammenhang ist erneut auf den Rechtscharakter der Strafe zurückzukommen. Er besteht meines Erachtens nicht nur darin, daß sie auf der Grundlage des Rechts angewandt wird, wie ja polizeiliche oder administrative Zwangsmaßnahmen auch. Wir sollten betonen, daß der Rechtscharakter der Strafe als strafrechtliche Sanktion sich gerade auch in vom Rechtsverhältnis der strafrechtlichen Verantwortlichkeit abgeleiteten, besonderen Rechtsverhältnissen der Strafenverwirklichung zeigt. Nicht unbeachtlich ist hierbei die Erfahrung, daß die Verurteilten fast durchweg die aus der Verurteilung resultierenden Verpflichtungen, z. B. Geldstrafe, Schadensersatz zahlen, auch ihr Verhalten im Strafvollzug usw. insoweit freiwillig erfüllen, wie viele andere Verpflichtungen des Alltags auch, und sie nicht gepfändet oder durch körperliche polizeiliche Gewalt dazu gebracht werden müssen. Nur in wenigen äußersten Fällen muß der Strafzwang auch als staatliche Gewalt direkt in Erscheinung treten.
Auch wenn die gesetzlich zulässige Sanktion, die Rechtsfolge der Kriminalstrafe, verhängt wird, muß diese nicht vollständig vollzogen bzw. verwirklicht werden. Gerade dem sozialistischen Strafrecht entspricht es, den Strafzwang nur solange andauern zu lassen, als dies erforderlich ist (Ökonomie der Repression). Es kennt daher Formen des vorzeitigen Erlassens der Sanktion, so den vorzeitigen Erlaß des Restes der Bewährungszeit (§ 35 Abs. 2 StGB) und die vorzeitige Aussetzung einer zeitigen Freiheitsstrafe auf Bewährung (§ 45 StGB); auch die Aufenthaltsbeschränkung, das Tätigkeitsverbot und der Entzug verschiedener Erlaubnisse — als Zusatzstrafen — können vorfristig aufgehoben bzw. erlassen werden (vgl. §§ 52 Abs. 2, 53 Abs. 6, 54 Abs. 3, 55 Abs. 2 StGB).
Beendet ist die strafrechtliche Verantwortlichkeit mit der volltsändigen Verwirklichung der strafrechtlichen Sanktion, namentlich der Strafe, — soweit sie nicht vorzeitig erlassen worden ist — also z. B. mit dem Vollzug einer Freiheitsstrafe, mit Ablauf der Bewährungszeit, mit der Bezahlung der Geldstrafe usw. Problematisch ist, ob auch hinsichtlich der Zusatzstrafen, von denen einige unbefristet ausgesprochen werden können, eine Fortdauer der strafrechtlichen Verantwortlichkeit angenommen werden sollte. Demgegenüber berühren die besonderen Maßnahmen der Wiedereingliederung (vgl. §§ 47 und 48 StGB), die

keine Maßnahmen der strafrechtlichen Verantwortlichkeit, also keine strafrechtlichen Sanktionen sind, nicht das Ende der strafrechtlichen Verantwortlichkeit. Zwar stehen diese Wiedereingliederungsmaßnahmen mit der strafrechtlichen Verantwortlichkeit in Zusammenhang, aber sie dienen nicht ihrer Verwirklichung, sondern der Förderung der sozialen Reintegration des Verurteilten bzw. Strafentlassenen.[9]
Wir können also feststellen: zur juristischen Gewährleistung der strafrechtlichen Verantwortlichkeit stehen eine Reihe rechtlicher Mittel (Rechte und Pflichten in Rechtsverhältnissen begründende Normen) zur Verfügung, die sich auf unterschiedlichsten Ebenen bewegen und in unterschiedlicher Weise zueinander in Beziehung stehen. Es handelt sich um einen ganzen Durchsetzung- bzw. Verwirklichungsmechanismus, ein ganzes Geflecht von Rechtsbeziehungen, ein ganzes System juristischer Gewährleistungsmittel, das nicht nur überhaupt rechtlich, organisatorisch usw. funktionieren, sondern auch bei der Rechtsbildung und Rechtsverwirklichung ineinander abgestimmt und koordiniert werden muß.

Begriffsbestimmungen zur strafrechtlichen Verantwortlichkeit

Rechtspflicht: Die zum Schutze der Gesellschaft und der Individuen vor Straftaten durch das Strafgesetz dem dort definierten individuellen zurechnungsfähigen und schuldfähigen Adressatenkreis auferlegte, durch Androhung strafrechtlicher Maßnahmen für den Fall der Zuwiderhandlung spezifisch gewährleistete, konkret (gesetzlich)definierte, gegenüber dem sozialistischen Staat bestehende, verbindliche ver- bzw. gebietende Verhaltensanforderung, keine gesetzlich definierten Straftaten zu begehen.
Rechtspflichtverletzung: Sie besteht in der im Strafgesetz allgemein und speziell definierten Straftat; sie ist eine gesellschaftswidrige bzw. gesellschaftsgefährliche, unsittliche (moralisch und politisch verwerfliche), strafrechtswidrige, grundsätzlich strafbare Handlung (in Form von Tun oder pflichtwidrigem Unterlassen) eines individuellen (zurechnungs- bzw. schuldfähigen) Rechtsverletzers. Im Unterschied zu dieser Strafrechtspflicht und Strafrechtspflichtverletzung ist bei der Prüfung der strafrechtlichen Verantwortlichkeit (der Tatbestandsmäßigkeit) als eine Voraussetzung dieser das Vorliegen nichtstrafrechtlicher Rechtspflichten (vgl. § 9 StGB)und Rechtspflichtverletzungen (z. B. hinsichtlich des Arbeitsschutzes, des Verkehrswesens usw.) festzustellen.
Rechtliche Verantwortlichkeit: Die persönliche strafrechtliche Verantwortlichkeit beinhaltet als Rechtsverhältnis mit wechselseitigen Rechten und Pflichten das durch Androhung und Anwendung strafrechtlicher Maßnahmen durchsetzbare Einstehenmüssen des Straftäters für seine Straftat gegenüber dem sozialistischen Staat als Repräsentanten der sozialistischen Gesellschaft. Die persönliche strafrechtliche Verantwortlichkeit entsteht mit der Begehung der Straftat. Sie begründet außer dem Recht des Staates, zu strafen oder andere strafrechtliche Maßnahmen anzuwenden, und dem Anspruch des Täters auf eine adäquate gerechte Sanktion im Sozialismus besonders die Rechtspflicht des Staates, der Gesellschaft und ihrer Kollektive, dem Täter bei der Bewährung und Wiedergut-

machung bzw. seiner Realisierung zu helfen. Das Rechtsverhältnis der persönlichen strafrechtlichen Verantwortlichkeit endet mit der Verwirklichung der strafrechtlichen Maßnahmen. Die Begründung und Verwirklichung der strafrechtlichen Verantwortlichkeit ist darauf gerichtet, die Gesellschaft und die Individuen vor weiteren Straftaten zu schützen, ihnen vorzubeugen, den Rechtsverletzer zur Einhaltung der Strafgesetze zu erziehen, andere Personen von der Begehung von Straftaten abzuhalten und die gesellschaftlichen Kräfte zum Kampf gegen Rechtsverletzungen zu mobilisieren.
Juristische Sanktion ist die konkrete ausgesprochene Strafe bzw. andere Maßnahmen der strafrechtlichen Verantwortlichkeit als Rechtsfolge der Straftat und spezifisches Mittel zur Durchsetzung der persönlichen strafrechtlichen Verantwortlichkeit. Sie beinhaltet die der Tat- und Schuldschwere angemessene, gerechte, staatlich-gesellschaftliche und rechtlich-moralische Verurteilung der Straftat, was im Strafmaß zum Ausdruck kommt (Ahndung). Durch Entzug oder Einschränkung von Rechten, von Handlungs- bzw. Bewegungsfreiheit des Verurteilten wird auf ihn spürbar und nachhaltig eingewirkt, um die erstrebte Erziehung und Vorbeugung zu erreichen. Der darin enthaltene Strafzwang findet seine Grenze (Maß) in der Tat- und Schuldschwere. Der Verwirklichung des materiellen Strafrechts und der Durchsetzung der persönlichen strafrechtlichen Verantwortlichkeit dienen Rechtsverhältnisse des Strafverfahrensrechts und des Rechts der Strafenverwirklichung, einschließlich Strafvollzugsrecht,, mit spezifischen juristischen Gewährleistungsmitteln, auch solchen mit Sanktionscharakter. Innerhalb dieser Rechtsverhältnisse sind spezifische staatliche Organe verpflichtet und berechtigt, gegenüber dem zuverlässig festzustellenden Straftäter den konkreten strafrechtlichen Befolgungsanspruch (allgemeine Strafrechtspflicht) durch Strafverfolgung durchzusetzen; dem als Beschuldigten/Angeklagten/Verurteilten zu verfolgenden relevanten Straftäter ist durch juristische Garantien, durch spezielle ihm zustehende prozessuale Rechte, besonders das Recht auf Verteidigung, die Ausübung dieser und namentlich seines Anspruchs auf gesetzliche und gerechte Anwendung des Strafrechts zu gewährleisten.

Anmerkungen

1 Vgl. G. Stiller, T. Schönrath, I. Gruel, Zur Wirksamkeit rechtlicher Sanktionen bei der weiteren Gestaltung der entwickelten sozialistischen Gesellschaft, Berlin 1978; insbes. den von H. Weber verfaßten Abschnitt, Theoretische Aspekte strafrechtlicher Sanktionen, S. 153 ff.; sowie T. Schönrath, Zur staatlich-juristischen Gewährleistung des sozialistischen Rechts in der entwickelten sozialistischen Gesellschaft, Staat und Recht 2/1984, S. 91 ff. und die dort angeführte weitere Literatur.

2 Vgl. G. Stiller, T. Schönrath, I. Gruel, Zur Wirksamkeit rechtlicher Sanktionen bei der weiteren Gestaltung der entwickelten sozialistischen Gesellschaft, a. a. O., S. 154; und E. Buchholz, U. Dähn, H. Weber, Strafrechtliche Verantwortlichkeit und Strafe, Berlin 1982, S. 67.

3 Dabei wird unter subjektivem Recht die Möglichkeit verstanden, von anderen (vom Täter bzw. vom Staat) ein bestimmtes Verhalten (Duldung der Strafe bzw. Finden der gerechten Entscheidung) fordern zu können, und unter Rechtspflicht die Forderungen anderer verstanden, ein gebührendes, notwendiges eigenes Verhalten ver-

langen zu können; vgl. E. Buchholz, U. Dähn, H. Weber, Strafrechtliche Verantwortlichkeit und Strafe, a. a. O., S. 67 ff.

4 Juristische Gewährleistung beinhaltet die Sicherung der Verwirklichung (Gewährung) von Rechten und Erfüllung von Pflichten mit juristischen Mitteln des materiellen Rechts wie Verfahrensrechts; vgl. T. Schönrath, Zur staatlich-juristischen Gewährleistung des sozialistischen Rechts in der entwickelten sozialistischen Gesellschaft, a. a. O., S. 91.

5 Vgl. Strafverfahrensrecht, Lehrbuch, Autorenkollektiv, Berlin 1982, S. 20 ff. sowie S. 73 ff., wo bei der Behandlung der am Strafverfahren Beteiligten auf solche strafprozessualen Rechtsverhältnisse eingegangen wird.

6 Vgl. Strafrecht, Allgemeiner Teil, Lehrbuch, Autorenkollektiv, Berlin 1978, S. 520.

7 Eine fristlose Entlassung gemäß § 56 des Arbeitsgesetzbuches der Deutschen Demokratischen Republik (AGB) vom 16. 6. 1977, GBl. I Nr. 18, S. 185, wegen einer Straftat darf gemäß dem Grundsatz der Präsumtion der Unschuld Art. 4 des Strafgesetzbuches der Deutschen Demokratischen Republik — StGB — vom 12. 1. 1968, GBl. I Nr. 1, S. 1 i. d. F. des Gesetzes zur Änderung des Strafgesetzbuches vom 19. 12. 1974, GBl. I 1975, Nr. 3, S. 14 und des Gesetzes zur Änderung und Ergänzung straf- und strafverfahrensrechtlicher Bestimmungen (2. Strafrechtsergänzungsgesetz) vom 7. 4. 1977, GBl. I Nr. 10, S. 100 und § 6 der Strafprozeßordnung der Deutschen Demokratischen Republik — STPO — vom 12. 1. 1968, GBl. I Nr. 2, S. 49 i. d. F. des Gesetzes zur Änderung der Strafprozeßordnung vom 19. 12. 1974, GBl. I Nr. 64, S. 597 und des Gesetzes zur Änderung und Ergänzung straf- und strafverfahrensrechtlicher Bestimmungen (2. Strafrechtsänderungsgesetz) vom 7. 4. 1977, GBl. I Nr. 10, S. 100, erst nach rechtskräftiger Feststellung der Schuld des betreffenden Werktätigen erfolgen.

8 Das genannte Lehrbuch des Strafverfahrensrechts geht noch von einer anderen Auffassung aus. Es rechnet die Strafverwirklichung weitgehend noch zum Strafverfahren (vgl. S. 346 ff.). Demgegenüber betont auch H. Weber die Eigenständigkeit der Strafverwirklichung. Zum Inhalt der Strafverwirklichung, Neue Justiz 12/1980, S. 544; ebenso E. Buchholz, U. Dähn, H. Weber, Strafrechtliche Verantwortlichkeit und Strafe, a. a. O., S. 142 ff.

9 Vgl. E. Buchholz, U. Dähn, H. Weber, Strafrechtliche Verantwortlichkeit und Strafe, a. a. O., S. 70.

Zu grundlegenden Fragen des Inhalts der rechtlichen Verantwortlichkeit und zur Bestimmung dieses Inhalts – unter besonderer Berücksichtigung von Erkenntnissen zum Inhalt der verwaltungsrechtlichen Verantwortlichkeit

Die Auffassungen zum Inhalt der rechtlichen Verantwortlichkeit sind, ausgehend von den jeweils in den Rechtszweigen erfaßten gesellschaftlichen Verhältnissen und den sich daraus ergebenden oder vielleicht auch vermeintlich ergebenden Konsequenzen für das Einstehenmüssen, sehr vielgestaltig. Einheitliche Vorstellungen existieren lediglich zu wenigen Fragen der rechtlichen Verantwortlichkeit; die meisten werden kontrovers diskutiert.[1]

Bei dieser Vielfalt wird es erforderlich, als Voraussetzung für die Ausformung des Inhalts der rechtlichen Verantwortlichkeit, sich über das methodische Vorgehen zu einigen; es ist also notwendig, sich über die Ausgangspunkte und Wege zur Bestimmung dieses Inhalts zu verständigen.

1. Ein erster grundlegender Ansatzpunkt müßte sicher darin bestehen, daß bei der inhaltlichen Bestimmung der rechtlichen Verantwortlichkeit von dem rechtspolitischen Erfordernis der Konzipierung eines einheitlichen, für die gesamte Rechtsordnung geltenden Inhalts dieses Instituts ausgegangen werden muß. Die sich insbesondere ausgehend von den jeweils durch die Rechtszweige erfaßten unterschiedlichen gesellschaftlichen Verhältnisse ergebenden Besonderheiten in der Realisierung des Schutzes der Staats- und Rechtsordnung, wie des einzelnen Rechtssubjektes, insbesondere des Bürgers, sind dabei grundsätzlich im Komplex der in den Normen aller anderen Rechtszweige geregelten Maßnahmen des Rechts zur Gewährleistung gesetzlicher Verhältnisse und Zustände (Schutzkomplex) zu begreifen und einer Verabsolutierung der Spezifika des jeweiligen Rechtszweiges zu Lasten der Gesamtrechtsordnung ist in diesem Rahmen zu begegnen.[2]

Wir müssen davon ausgehen, daß unter dem Begriff der rechtlichen Verantwortlichkeit über einen längeren Zeitraum hin in den Rechtszweigen neue Inhalte angereichert wurden, so daß sich zwingend das Erfordernis ergibt, diesen Begriff seinem Wesen und Inhalt nach neu zu bestimmen. Das kann nun aber nicht, wie partiell angestrebt, darurch vorgenommen werden, daß man die Vorstellungen der Rechtszweige auf den kleinsten gemeinsamen Nenner hin analysiert und diesen dann zum Inhalt der rechtlichen Verantwortlichkeit proklamiert (Einstehenmüssen für Rechtspflichtverletzungen oder Auferlegung von Rechtsnachfolgen)[3], weil dadurch dieser Inhalt mit einer erdrückenden Vielfalt befrachtet, seine Spezifik praktisch nicht in der erforderlichen Weise gegeben wäre, damit für die Gesamtrechtsordnung die notwendige einheitliche Stoßrichtung nicht vorläge und schlußfolgernd die Wirksamkeit eingeschränkt sein muß.

Die Notwendigkeit, den Gestaltungswillen der Rechtszweigwissenschaften auf die Rechtsordnung in ihrer Gesamtheit und Komplexität zu richten und damit eine von den Erkenntnissen der Rechtstheorie getragene Einordnung in das gesamte Recht zu sichern, ist für die inhaltliche Bestimmung der rechtlichen Verantwortlichkeit insbesondere dadurch begründet, daß zum einen dem Demokratieerfordernis entsprochen werden muß und bedeutet, daß das sozialistische Recht übersichtlich und verständlich zu gestalten ist. Das gilt einschließlich einer einheitlichen dem Leitungsprozeß und seinen Anforderungen entsprechenden Differenzierung in den jeweiligen Schutzkomplexen und einschließlich einer einheitlichen Bestimmung und Verwendung von Inhalten und Begriffen in der Rechtsordnung. Die zur Zeit in den Rechtszweigen bestehende Vielfalt in den Zielstellungen der Maßnahmen, die unter dem Begriff der rechtlichen Verantwortlichkeit firmieren, kann diese Überschaubarkeit und Verständlichkeit nicht gewährleisten.
Des weiteren ist es erforderlich, die rechtliche Verantwortlichkeit in ihrer Komplexität zum Tragen zu bringen und damit die sinnvolle Aufgliederung in Rechtszweige nicht zu einer sinnwidrigen Aufsplitterung und Isolierung der wesensmäßig zusammengehörenden Formen der rechtlichen Verantwortlichkeit führen zu lassen. Es darf in diesem Rahmen nicht zugelassen werden, daß das komplexe Wirken der rechtlichen Verantwortung dadurch unterlaufen wird, daß die rechtliche Verantwortlichkeit bei schuldhaft oder vorwerfbar begangenen Rechtspflichtverletzungen nur in Teilbereichen realisiert, die rechtszweigübergreifende Komplexität negiert oder ignoriert wird.
Ein komplexes Vorgehen würde sicher gefördert, wenn aufeinander abgestimmte verzahnte Regelungen der rechtlichen Verantwortlichkeit unter dem Aspekt der Gesamtrechtsordnung geschaffen bzw. die bestehenden konsequent angewendet würden.[4] Weiter würde dieses Vorgehen dem Prozeß einer grundsätzlichen Annäherung der Rechtsordnungen der sozialistischen Staaten dienen. Mit der Konstituierung bzw. Anerkennung des Prinzips der rechtlichen Verantwortlichkeit für Verschulden als eines Prinzips des sozialistischen Rechts[5] in der sowjetischen Rechtswissenschaft wurde für die gesamte Rechtsordnung des sowjetischen Staates eine einheitliche Bestimmung rechtlicher Verantwortlichkeit vorgenommen, die ihre konzeptionelle Ausstrahlung auch auf andere Rechtsordnungen haben dürfte.
Dieses Erfordernis der Konzipierung eines einheitlichen, für die gesamte Rechtsordnung geltenden Inhalts der rechtlichen Verantwortlichkeit führt dabei nicht zu einem Aufgeben der notwendigen spezifischen Inhalte der rechtlichen Verantwortlichkeitskonzeptionen und -regelungen der verschiedenen Rechtszweige, sondern ist lediglich auf eine Einordnung dieser Probleme in den Komplex der Erfordernisse der Rechtsordnung gerichtet und somit im Wesen ein Prozeß der Differenzierung und inhaltlichen Schwerpunktbildung innerhalb der verschiedenen möglichen Maßnahmenkategorien im Rahmen der staatlichen Reaktion auf Rechtsverletzungen und ungesetzliche Zustände, wie sie in den Rechtszweigen erforderlich sind.
2. Die einheitliche Bestimmung des Inhalts der rechtlichen Verantwortlichkeit sollte von der Funktion, genauer gesagt der Hauptfunktion dieser Verantwortlichkeit, her vorgenommen werden, weil ein Herangehen von der Funktion her

der notwendigen Einordnung dieses Rechtsinstituts in den staatlichen Leitungsprozeß entspricht und damit die generellen Voraussetzungen für einen wirksamen Einsatz der diesem Komplex zugehörenden Maßnahmenkategorien gelegt werden.
Eine Analyse des staatlichen Leitungsprozesses macht deutlich, daß eine Bestimmung des Inhalts der rechtlichen Verantwortlichkeit, ausgehend lediglich von den Bedingungen bzw. Voraussetzungen des Handelns des Rechtspflichtverletzers, nicht den rechtspolitischen Erfordernissen gerecht werden kann. Diese Feststellung ist der Tatsache geschuldet, daß ausgehend von ungesetzlichen Zuständen in den gesellschaftlichen Verhältnissen unterschiedliche Maßnahmen mit unterschiedlichen Funktionen notwendig realisiert werden müssen. Es gibt ungesetzliche Zustände, bei denen die Fragen der Realisierung der rechtlichen Verantwortung, von Rechtspflichtverletzung und Schuld bzw. Vorwerfbarkeit bei der Verwirklichung der Zielstellung der rechtlich vorgesehenen und gesellschaftlich real notwendigen staatlichen Reaktion aus dem jeweiligen Schutzkomplex ohne Bedeutung ist und sein muß.

Es existieren im staatlichen Leitungsprozeß rechtspolitische Grundsätze, wie z. B. die Entwicklung des Vertrauensverhältnisses zwischen Staat und Bürger, wie z. B. der Schutz der Verteilungsgrundsätze des Sozialismus, wie z. B. die Durchsetzung eines erhöhten Schutzes bei Schäden aus gesellschaftlich notwendigen Prozessen, die mit erhöhten Gefahren verbunden sind und wie z. B. auch die Gewährleistung der öffentlichen Ordnung und Sicherheit, die dann partiell übergreifend wirken müssen, also im Verhältnis zu den Bedingungen und Voraussetzungen des Handelns eines Rechtspflichtverletzers im Vordergrund stehen.[6]
Diese rechtspolitischen Erfordernisse der Reaktion auf bestimmte ungesetzliche Zustände in der Gesellschaft führen notwendig zu einer Differenzierung im Schutzkomplex nach der Funktion, wodurch für die einzelnen Maßnahmenkategorien die Notwendigkeit der Fixierung von Bedingungen bzw. Voraussetzungen für den Eintritt und ihr Wirken bestehen bleibt, diese aber ihre Bedeutung lediglich im Rahmen der jeweils zu realisierenden Funktion besitzen.
Die Bedingungen bzw. Voraussetzungen des Handelns eines Rechtspflichtverletzers sind also auch nur insoweit von Bedeutung für eine staatliche Reaktion im Rahmen der rechtlichen Verantwortlichkeit, als sie für die Verwirklichung der Funktion dieser Verantwortlichkeit als Ansatzpunkte dienen können und müssen, sind also nur bedeutsam in ihrer Korrespondenz mit dem Inhalt der rechtlichen Verantwortlichkeit.
3. Die Bestimmung der Hauptfunktion der rechtlichen Verantwortlichkeit muß notwendig von zwei grundlegenden Ausgangspunkten aus vorgenommen werden.
Zum einen ist es unumgänglich am Wesen des sozialistischen Rechts anzuknüpfen, um auf diesem Wege das Problem der rechtlichen Verantwortlichkeit nicht aus dem Recht selbst zu erklären, sondern es mit den gesellschaftlichen Grundlagen zu verknüpfen. Dabei ist beachtlich, daß die rechtliche Verantwortlichkeit als Problem der Durchsetzung des sozialistischen Rechts naturgemäß unmittelbar mit der Tatsache korrespondiert, daß die Möglichkeit der zwangsweisen Durchsetzung wesensmäßig zum Recht im Sozialismus gehört, die entsprechen-

den gesetzlichen Verhältnisse also erzwungen werden können. Damit wird die rechtliche Verantwortlichkeit grundlegend in den Komplex der in den Rechtsnormen geregelten Maßnahmen zur Gewährleistung gesetzlicher Verhältnisse und Zustände in der Gesellschaft eingeordnet.
Zum anderen, zur Bestimmung des spezifischen Platzes im Schutzkomplex, ist dann an der Tatsache anzuschließen, daß das sozialistische Recht in seiner Daseinsweise als ideologisch-erzieherisch gekennzeichnet wird und werden muß, d. h. daß das Recht seine Wesensverwirklichung in einem Prozeß erfährt, der zwangsläufig erzieherische Elemente aufweist, erzieherisch wirkt.[7] Das nicht nur in einer allgemeinen kontinuierlichen Weise, sondern insbesondere auch im Konfliktfall und in spezifischer Weise. Davon ausgehend sollte die Hauptfunktion der rechtlichen Verantwortlichkeit in der über das allgemeine Maß erzieherischen Einwirkens des Rechts hinausgehenden und in seiner Art spezifischen erzieherischen Einwirkung auf den Rechtspflichtverletzer gesehen werden.[8]
Der Rechtspflichtverletzer hat durch die Verletzung der konkreten Rechtspflichten (bei Beachtung der subjektiven Seite) die kritische Bewertung, die Mißbilligung seines Verhaltens herausgefordert und diese kritische Bewertung wird mit dem Ziel der erzieherischen auf die Einhaltung des sozialistischen Rechts gerichteten Einwirkung realisiert.[9] Die Tatsache, daß das Erfordernis der Durchsetzung gesetzlicher Verhältnisse zwingend auch mit spezifischen kritisierend-erzieherischen Mitteln durchgesetzt werden muß und wird, muß zwangsnotwendig zu einem speziellen Rechtsinstitut führen, in dessen Rahmen die kritisierend-erzieherischen Einwirkungen auf den Verletzer der Rechtspflichten realisiert werden können, wenn im konkreten Ursachen-Bedingungs-Komplex das allgemeine erzieherische Wirken des Rechts nicht zum notwendigen Erfolg der Verwirklichung der obliegenden Rechtspflichten führte. Der mit der Rechtspflichtverletzung verdeutlichte Widerspruch zwischen dem gesellschaftlichen Interesse an der Verwirklichung des Rechts, wegen der darin geregelten Inhalte, und dem individuellen Interesse, muß durch die staatliche Reaktion, d. h. in diesem Fall in der Regel durch eine Sanktion, so behandelt werden, daß dieser Widerspruch in eine Bewegungsform gebracht wird, die auf die produktive Lösung abzielt.
Mit dieser Hauptfunktion würde die rechtliche Verantwortlichkeit ein dieses Institut heraushebendes Spezifikum besitzen. Die Funktion der Herstellung eines bzw. der Wiederherstellung des der Gesetzlichkeit entsprechenden Zustandes, die der rechtlichen Verantwortlichkeit in der Regel auch obliegt[10], wird von allen Maßnahmekategorien des Schutzkomplexes des sozialistischen Rechts realisiert und darin unterscheiden sich alle diese Instrumentarien nicht; im Gegenteil, das ist ein Bindeglied des gesamten Komplexes.
4. Wenn die einheitliche Bestimmung des Inhalts der rechtlichen Verantwortlichkeit nach der Funktion vorgenommen wird, so muß sich das zwangsläufig im Rahmen der allgemeinen Differenzierung nach der Funktion in den Schutzkomplexen der verschiedenen Rechtszweige, wie des gesamten Schutzkomplexes, vollziehen, um auf diesem Wege wesensmäßig verbundene Problemkreise, die für die Rechtsordnung insgesamt von Bedeutung sind, herauszuarbeiten. Bei diesem Bemühen lassen sich dabei neben der rechtlichen Verantwortlichkeit, zwei mehr oder minder umfänglich im Erscheinungsbild der Rechtszweige vor-

handene für die Rechtsordnung und ihren Schutz jedoch insgesamt wesentliche Gruppen feststellen.
Erstens existiert danach also der Komplex der rechtlichen Verantwortlichkeit. Es geht hier um Rechtspflichtverletzungen, die schuldhaft bzw. vorwerfbar begangen wurden und auf die mit Notwendigkeit mißbilligend, das Verhalten negativ wertend reagiert werden muß. So z. B. Straftaten, Ordnungswidrigkeiten, Verfehlungen, schuldhafte Verstöße gegen arbeitsrechtliche und verwaltungsrechtliche Disziplinarbestimmungen, vorwerfbar begangene Vertragsverletzungen der Betriebe und schuldhafte bzw. vorwerfbare durch das Zivilrecht erfaßte Schädigungen durch Bürger und Betriebe.
Zweitens ist der Komplex der Haftung[11] festzustellen. Hier liegen Schadenszufügungen vor, die auf rechtlicher Grundlage den Ausgleich des materiellen bzw. materialisierbaren Schadens herausfordern und das unabhängig von Schuld bzw. Vorwerfbarkeit und partiell auch unabhängig von der Rechtswidrigkeit des Handelns (z. B. Staatshaftung, der Schadenersatz des Betriebes bei Arbeitsunfall und Berufskrankheit seiner Werktätigen und auch die erweiterte Verantwortlichkeit bei Schädigungen im Zivilrecht). Dieser Komplex ist von den Grundlagen her nicht mehr zwingend mit dem Problem der Verantwortung verbunden, wenngleich das auch noch vorliegen kann, sondern hier geht es im Rahmen der Rechtsordnung nur noch darum, daß erstens ein Schaden entstanden ist, der aus bestimmten rechtspolitischen Grundsätzen heraus eines Ausgleiches bedarf und zweitens durch rechtliche Regelung ein Rechtssubjekt zum Ausgleich dieses entstandenen Schadens verpflichtet ist.[12]
Drittens sind die akuten Gefahren oder Störungen für die öffentliche Ordnung und Sicherheit, auf die unabhängig von Schuld bzw. Vorwerfbarkeit, unabhängig von der Rechtswidrigkeit des Handelns und selbst unabhängig vom Handeln selbst reagiert werden muß, festzustellen. Die Reaktion zielt darauf Zustände zu sichern, die den Ordnungs- und Sicherheitserfordernissen der sozialistischen Gesellschaft, des sozialistischen Staates entsprechen. Die Reaktionen darauf können als Schutz- und Sicherungsmaßnahmen gekennzeichnet werden.
Ein solches funktionales Bestimmen der rechtlichen Verantwortlichkeit, wie der anderen Maßnahmekategorien, als Bestandteile der Schutzkomplexe, ermöglicht dabei eine sichere Abgrenzung der unterschiedliche Inhalte verkörpernden Elemente der Schutzkomplexe.
5. Die rechtliche Verantwortlichkeit hat ihre Grundlage und ihre Begrenzung in der rechtlichen Verantwortung. Die rechtliche Verantwortlichkeit ist in ihrem Wesen ohne diese Verknüpfung mit dem Problem der rechtlichen Verantwortung nicht zu begreifen. Der Grund dafür liegt in dem grundlegenden Verhältnis von Verantwortung[13] und Recht. Das Recht wird seiner Funktion, die von der herrschenden Klasse angestrebten gesellschaftlichen Verhältnisse in der sozialistischen Gesellschaft zu organisieren, dadurch gerecht, daß in ihm bestimmte Zielstellungen der herrschenden Klasse der Gesellschaft, die eine entsprechende Bedeutung und Gewichtung für die Gesellschaft und ihre Entwicklung besitzen, in den Normen ihren Niederschlag finden; und zwar so, daß diese Zielstellungen durch den Gesetzgeber als Verhaltensanforderungen und -orientierungen vorgedacht und geregelt, über rechtliche Verantwortungsbeziehungen organisiert und gestaltet werden.

Wir gehen von der Existenz des Prinzips der Verantwortung in der sozialistischen Gesellschaft[14] aus und das hat zur Konsequenz, daß das Handeln den Menschen als eigene Leistung zugerechnet werden kann, soweit dieses Handeln real auf der Fähigkeit zur Selbstbestimmung beruhte.[15] Durch die rechtliche Verantwortung, als eine Erscheinungsform der einheitlichen gesellschaftlichen Verantwortung[16], wird somit Grundlage und Rahmen gesellschaftlicher Bewertung und Beurteilung fixiert, einschließlich und insbesondere auch der Bewertung des Verhaltens im Rahmen der rechtlichen Verantwortlichkeit. Die Verantwortlichkeit gehört dabei zu dem Teil der Beurteilung, der die negative gesellschaftliche Bewertung zum Ausdruck bringt.

Die rechtliche Verantwortung wird dabei inhaltlich einerseits durch die in Rechtsnormen fixierten Rechte und Pflichten bestimmt und erfährt andererseits ihre Ausgestaltung durch die Verbindung dieser Bestandselemente mit dem Problem der Entscheidung, d. h. der Forderung an die Rechtssubjekte, eine den gesellschaftlichen Erfordernissen am besten gerecht werdende Entscheidung aus dem Gesamtrahmen zu treffen und zu realisieren.[17] Dieses Vorgehen ist erforderlich, weil mit dieser Verbindung von Rechten und Pflichten mit dem Entscheidungsprozeß der innere Zusammenhang von Verantwortung und Freiheit im Sozialismus seinen notwendigen Ausdruck findet[18] und die Verantwortung in ihrem Prozeßcharakter erfaßt wird.[19]

Die Erfassung auch der Rechte im Rahmen der rechtlichen Verantwortung ist dabei einerseits der Tatsache geschuldet, daß auch sie vom Gesetzgeber vorgedachte Zielstellungen zur Verwirklichung objektiver gesellschaftlicher Gesetzmäßigkeiten enthalten und damit generell auch Verhaltensorientierung für die Normadressaten sind, und daß andererseits die Bestimmung des Inhalts der rechtlichen Verantwortung nicht ausgehend von den Erfordernissen der rechtlichen Verantwortlichkeit, sondern notwendig ausgehend von Wesen und Inhalt gesellschaftlicher Verantwortung vorgenommen werden muß, um damit die Einordnung in den Prozeß sozialistischer staatlicher Leitung zu sichern.[20]

Insgesamt ist zum Verhältnis von Verantwortung und Verantwortlichkeit ausdrücklich zu betonen, daß sie nicht im Verhältnis notwendiger Korrespondenz zueinander stehen[21] und die Verantwortlichkeit, da sie nur eine mögliche Konsequenz im Rahmen des gesellschaftlichen und staatlichen Leitungs- und Entwicklungsprozesses ist,[22] neben anderen Formen der Stimulierung wirkt, auch weder die negative Seite der Verantwortung, noch ihre Eigenschaft sein kann.[23]

6. Die Bestimmung der Voraussetzungen der rechtlichen Verantwortlichkeit wird durch ihre Funktion und ihren Inhalt geprägt. Die Voraussetzungen für das Entstehen dieses Rechtsverhältnisses müssen unter dieser Prämisse sowohl im objektiven wie im subjektiven Bereich liegen. Die rechtliche Verantwortlichkeit entsteht, wenn einerseits eine einem Rechtssubjekt obliegende Rechtspflicht von diesem durch sein Handeln nicht erfüllt wurde und andererseits dieses Rechtssubjekt im Rahmen seines Handelns auch subjektiv Bedingungen zur oder bei der Nichterfüllung der Rechtspflicht setzte.

Die Voraussetzungen der rechtlichen Verantwortlichkeit, soweit sie die objektive Seite betreffen, erfassen dabei zwei Probleme: Erstens das Problem des Handelns, d. h. eines Tuns oder Unterlassens eines Rechtssubjekts. Das ist bei

der hier vorgetragenen rechtlichen Verantwortlichkeitskonzeption eine unumgängliche Voraussetzung, die keiner weiteren Erläuterung bedarf.
Zweitens das Problem der Rechtspflichtverletzung, d. h. der Nichterfüllung einer dem Rechtssubjekt obliegenden Rechtspflicht. Mit der Nichterfüllung der Rechtspflicht ist die Tatsache zu verzeichnen, daß das Rechtssubjekt Anforderungen, die vom Gesetzgeber für die Existenz und die Entwicklung von Staat und Gesellschaft als unbedingt durchzusetzen für notwendig befunden wurden, nicht erfüllt hat. Damit wird dieses Verhalten zu einem Störfaktor bei der Gestaltung der von der herrschenden Klasse für notwendig erachteten und angestrebten gesellschaftlichen Verhältnisse und damit auch zum Störfaktor bei der Umsetzung der objektiven Gesetzmäßigkeiten gesellschaftlicher Entwicklung — das sicher in mehr oder minder starkem Maße — und deshalb wird eine Reaktion herausgefordert.
Damit ist auch schon gesagt, daß und warum nicht auch bei der Nichtwahrnahme von Rechten Verantwortlichkeit Raum greift. Die Rechte sind im sozialistischen Staat generell Verhaltensorientierungen für die Normadressaten, d. h. jedes in der Norm geregelte Recht (bis auf ganz wenige, dem Übergangscharakter des Sozialismus geschuldete Ausnahmen, wie z. B. das Recht auf die Ausübung religiöser Handlungen)[24], ist zugleich Verhaltensorientierung, moralische Verhaltensforderung und damit zugleich Anliegen des sozialistischen Staates, diese Rechte nicht nur zu gewähren, sondern auch ihre Verwirklichung in der gebotenen Form zu fördern. Aber der existierende Unterschied im Wesen von Rechten und Pflichten führt dann notwendig und konsequent zu einer unterschiedlichen Vorgehensweise[25], d. h. auf die Nichtwahrnahme der Rechte ist eine Reaktion in Form der rechtlichen Verantwortlichkeit nicht nur nicht notwendig, sondern sie wäre auch sinnwidrig.
Die subjektive Voraussetzung ist bei dieser Konzeption der rechtlichen Verantwortlichkeit, die ihre Funktion in einer über die Kritik, die negative Wertung des Verhaltens angestrebte erzieherische Einwirkung auf das Rechtssubjekt begreift, eine „conditio sine qua non". Wenn das Ziel in einer spezifischen erzieherischen, rechtsverletzungsvorbeugenden Einwirkung besteht und partiell auch mit Strafen bzw. strafenden Maßnahmen angestrebt wird, dann ist es eine logische und notwendige Voraussetzung, daß nicht nur objektiv eine Rechtspflicht nicht erfüllt worden sein muß, sondern daß das Rechtssubjekt auch durch sein Verhalten, also subjektiv, dazu Bedingungen setzte. Eine spezifische erzieherische Einwirkung fordert nur das schuldhaft oder vorwerfbar handelnde Rechtssubjekt heraus und nur bei ihm ist diese erzieherische Einwirkung auch gerechtfertigt.[26]
Es ist für die Bestimmung der Spezifika dieser subjektiven Seite von Bedeutung, daß sowohl Individuen als auch kollektive Träger von Rechten und Pflichten am Rechtsverkehr teilnehmen und dementsprechend auch als Verletzer von Rechtspflichten auftreten. Das hat zur Konsequenz, daß neben der Schuld eine weitere Form des subjektiven Wirkens zur Entstehung einer Rechtspflichtverletzung existieren muß, denn die Schuld ist sowohl stets Schuld des einzelnen Menschen[27] als auch eine psychische Beziehung (neben der Tatsache, ein soziales Verhältnis zu sein) zwischen dem Rechtsverletzer und der Rechtsverletzung[28] und beides kann für die kollektiven Träger von Rechten und Pflichten nicht konstatiert werden.

Die Wirtschaftsrechtswissenschaft hat dazu im Rahmen der Konzipierung des Vertragsgesetzes vom 25. 2. 1965[29] die grundlegenden Auffassungen entwickelt[30], die dann sowohl mit der Neureglung des Vertragsgesetzes[31] als auch durch die Übernahme in das Zivilrecht[32], das Arbeitsrecht[33] und das Verwaltungsrecht[34] praktisch und theoretisch als richtig bestätigt wurde.[35] Die entwickelte Form des subjektiven Wirkens bei Entstehen einer Rechtspflichtverletzung muß dabei selbstverständlich den wesensmäßigen Besonderheiten dieser kollektiven Rechtssubjekte entsprechen. Mit der Vorwerfbarkeit wird dabei ein Handeln der kollektiven Rechtssubjekte erfaßt, bei denen sie nicht alle ihnen im Rahmen der Rechtsordnung und der sozialistischen Produktionsverhältnisse möglichen Anstrengungen unternommen haben, um den Eintritt einer Rechtspflichtverletzung zu verhindern.

Begriffsbestimmungen zur verwaltungsrechtlichen Verantwortlichkeit

Rechtspflicht: Eine in Rechtsnormen geregelte, partiell auch durch einen verpflichtenden Individualakt auf den konkreten Adressaten übertragene Verhaltensanforderung, die letztlich auf die Umsetzung objektiver gesellschaftlicher Gesetzmäßigkeiten abzielt und der Art ist, daß der sozialistische Staat zur Realisierung der notwendigen gesellschaftlichen Verhältnisse, auf ihre Erfüllung nicht verzichten kann.
Rechtspflichtverletzung: Das Verhalten, das objektiv zur Nichterfüllung einer als Rechtspflicht in einer Rechtsnorm geregelten bzw. durch einen auf gesetzlicher Grundlage ergangenen verpflichtenden Individualakt auf den konkreten Adressaten übertragenen Verhaltensanforderung durch den rechtlich Verpflichteten führt. Sie stellt objektiv eine Störung gesellschaftlicher Verhältnisse dar und fordert deshalb eine staatliche Reaktion heraus.
Rechtliche Verantwortlichkeit: Das Rechtsverhältnis des Einstehenmüssens für die schuldhafte bzw. vorwerfbare Nichterfüllung einer als Rechtspflicht in einer Rechtsnorm geregelten bzw. durch verpflichtenden Individualakt auf den Adressaten übertragenen Verhaltensanforderung durch den Rechtspflichtverletzer, das potentiell bereits die kritisierende, negative Wertung des Verhaltens beinhaltet. Die rechtliche Verantwortlichkeit gehört zum Gewährleistungsmechanismus des Rechts.
Juristische Sanktion: Eine Maßnahme, die im Rahmen der Verantwortlichkeitsrechtsverhältnisse ergeht und das Einstehenmüssen des schuldhaft bzw. vorwerfbar handelnden Verletzers der in Rechtsnormen geregelten bzw. durch den verpflichtenden Individualakt auf den Adressaten übertragenen Verhaltensanforderung nach Art und Maß bestimmt. Sie zielt in der Hauptsache über die in ihr angelegte und zum Ausdruck kommende kritisierende, negative Wertung des schuldhaften bzw. vorwerfbaren rechtspflichtverletzenden Verhaltens auf eine erzieherische Einwirkung auf den Rechtspflichtverletzer und andere Bürger zur künftigen Erfüllung der Rechtspflichten.

Anmerkungen

1 Vgl. Autorenkollektiv, Marxistisch-leninistische Staats- und Rechtstheorie, Lehrbuch, Berlin 1980, S. 619 ff.; N. Frank, Zur verwaltungsrechtlichen Verantwortlichkeit, Dissertation B, Berlin 1984, S. 1–2.

2 Es ist insoweit T. Schönrath zu folgen, wenn sie eine geschlossene Theorie der rechtlichen Verantwortlichkeit fordert und dies mit dem Nutzen sowohl für das sozialistische Recht insgesamt, als auch für die einzelnen Rechtszweige begründet; Rechtliche Verantwortlichkeit für Rechtsverletzung in der sozialistischen Gesellschaft, in: Grundprobleme der rechtlichen Verantwortlichkeit, Abhandlungen der Akademie der Wissenschaften der DDR, Veröffentlichungen der Wissenschaftlichen Räte Berlin W 1 1982, S. 7.

3 Vgl. H. Oberländer, Einheitlichkeit und Differenziertheit der Verantwortlichkeit im sozialistischen Recht, Staat und Recht 1/1980, S. 4; M. Posch, Zur Bestimmung rechtlicher Verantwortlichkeit, in: Grundprobleme der rechtlichen Verantwortlichkeit, a. a. O., S. 63.

4 Gute Ansätze liegen z. B. auch in der Regelung des § 7 der Verordnung über die Staatliche Umweltinspektion vom 12. 6. 1985, GBl. I Nr. 19, S. 238, vor.

5 Vgl. Autorenkollektiv, Marxistisch-leninistische allgemeine Theorie des Staates und des Rechts, Das sozialistische Recht, Bd. 4, Berlin 1976, S. 32 ff., insbes. S. 44 ff. und S. 388 ff.

6 Als Beispiel kann eine Staatshaftungsentscheidung dienen. Dabei ist es für den Ausgleich des Schadens eines Bürgers unter der Voraussetzung, daß die Kriterien für die Durchsetzung eines Staatshaftungsanspruchs gem. § 1 des Gesetzes zur Regelung der Staatshaftung in der DDR – Staatshaftungsgesetz – vom 12. 5. 1969, GBl. I Nr. 5, S. 34, vorliegen, unerheblich, ob der Mitarbeiter oder Beauftragte des staatlichen Organs bzw. der staatlichen Einrichtung schuldhaft eine Rechtspflicht verletzte oder nicht, wenngleich bei dieser Sachlage natürlich in zweiter Linie dann auch ein Problem der rechtlichen Verantwortlichkeit existieren kann.

7 Vgl. Autorenkollektiv, Marxistisch-leninistische Staats- und Rechtstheorie, Lehrbuch, a. a. O., S. 446.

8 Diese Bestimmung der Hauptfunktion der rechtlichen Verantwortlichkeit korrespondiert eng mit dem in der sowjetischen Rechtswissenschaft bestehenden Prinzip der Verantwortlichkeit für Verschulden; vgl. Autorenkollektiv, Marxistisch-leninistische allgemeine Theorie des Staates und des Rechts, Das sozialistische Recht, Bd. 4, a. a. O., S. 32 ff. insbes. S. 44 ff. und S. 388 ff.

9 Bei dieser Funktionsbestimmung sind sicher die von T. Schönrath aufgeworfenen Fragestellungen: Was bewirkt der politisch-moralische Vorwurf bei kollektiven Rechtssubjekten? Was bewirkt die Vorwerfbarkeit der Rechtspflichtverletzungen gemäß dem Verschuldensprinzip, wenn das Tragen der Folgen auf die staatliche Versicherung delegiert wird?; Rechtliche Verantwortlichkeit für Rechtsverletzungen in der sozialistischen Gesellschaft, in: Grundprobleme der rechtlichen Verantwortlichkeit, a. a. O., S. 18, zu untersuchen, um notwendige Wirksamkeitsprobleme zu behandeln. Die Fragestellungen sind jedoch nicht geeignet, die Konzeption insgesamt in Frage zu stellen.

10 Vgl. O. E. Lejst, Die Sanktionen im sowjetischen Recht, Moskau 1972, S. 102 ff., russ.; T. Riemann, Fragen der rechtlichen Verantwortlichkeit und der Reaktion auf Rechtsverletzungen, Staat und Recht 6/1977, S. 622, insbes. S. 627 ff.

11 Dabei ist H. Richter/R. Schüsseler zu folgen, wenn sie feststellen: „Nicht dieses Rechtsinstitut als solches ist ein Relikt des bürgerlichen Rechts, wohl aber geht es darum, seine das Wesen des Kapitalismus widerspiegelnde Ausprägung zu über-

winden und überkommene vage Begriffsbestimmungen zu beseitigen", in: Zum Rechtsbegriff der Haftung, Staat und Recht 7/1973, S. 1175.

12 Vgl. H. Richter/R. Schüsseler, Zum Rechtsbegriff der Haftung, a. a. O., S. 1168; N. Frank, Zur verwaltungsrechtlichen Verantwortlichkeit, a. a. O., S. 113 ff.

13 Vgl. W. Weiler, Zur Kategorie Verantwortung, Deutsche Zeitschrift für Philosophie, 8/1965, S. 989.

14 Vgl. J. Lekschas, Verantwortung und Recht in der sozialistischen Gesellschaft, Sitzungsberichte der AdW der DDR, 12 G/1975, S. 9.

15 Vgl. J. Lekschas, D. Seidel, Verantwortung und Schuld im sozialistsichen Strafrecht der DDR, in: J. Lekschas/D. Seidel/H. Dettenborn, Studien zur Schuld, Berlin 1975, S. 19.

16 Vgl. E. Espig, Valet der Verantwortung?, Staat und Recht 9/1981, S. 830; N. Frank, Zur verwaltungsrechtlichen Verantwortlichkeit, a. a. O., S. 8; andere Auffassung dazu z. B. bei R. W. Bauer, Die stimulierende Rolle von juristischer Verantwortlichkeit und Sanktionen, in: Objektive Gesetze – Recht – Handeln, Berlin 1979, S. 153.

17 Vgl N. D. Tabunow, Zur sozialen Verantwortlichkeit des Menschen, in: Die Persönlichkeit im Sozialismus, Berlin 1972, S. 225; W. Grahn, Soziale Alternativen und sozialistische Rechtsetzung, in: Die wachsende Rolle des sozialistischen Rechts in der sozialistischen Gesetzlichkeit, Materialien einer wissenschaftlichen Arbeitsberatung der Karl-Marx-Universität, Leipzig 1974, S. 125 ff.; H. Hörz, in: Sitzungsberichte der AdW der DDR, 12 G/1975, S. 22; R. W. Bauer, Die stimulierende Rolle von juristischer Verantwortlichkeit und Sanktionen, a. a. O., S. 162.

18 Vgl. R. W. Bauer, ebenda, S. 162, der sich hier auf Ausführungen von S. F. Odujew, Freiheit, Notwendigkeit und Verantwortung in der sozialistischen Gesellschaft, Deutsche Zeitschrift für Philosophie, 4/1976, S. 408, stützt.

19 Vgl. R. W. Bauer, ebenda.

20 Eine andere Auffassung vertritt z. B. G. Duckwitz, Verantwortung und Verantwortlichkeit aus staatsrechtlicher Sicht, Staat und Recht, 3/1972, S. 448 ff.

21 Vgl. E. Espig, Valet der Verantwortung? a. a. O., S. 832/833. Nur die Verantwortlichkeit korrespondiert notwendig mit der Verantwortung.

22 Vgl. T. Schönrath, Einheit von Rechten und Pflichten in der sozialistischen Gesellschaft, Staat und Recht 10/11/1972, S. 1722.

23 Vgl. H. Oberländer, Einheitlichkeit und Differenziertheit der Verantwortlichkeit im sozialistischen Recht, a. a. O., S. 10.

24 Vgl. Art. 39 der Verfassung der Deutschen Demokratischen Republik vom 6. 4. 1968 i. d. F. des Gesetzes zur Ergänzung und Änderung der Verfassung der Deutschen Demokratischen Republik vom 7. 10. 1974, GBl. I Nr. 47, S. 432.

25 Vgl. G. Bley, Verantwortung und Verantwortlichkeit in der sozialistischen Gesellschaft, Staat und Recht 6/1972, S. 946 ff.; T. Schönrath, Einheit von Rechten und Pflichten in der sozialistischen Gesellschaft, a. a. O., S. 1717.

26 Vgl. Autorenkollektiv, Marxistisch-leninistische Staats- und Rechtstheorie, Lehrbuch, a. a. O., S. 509.

27 Vgl. J. Lekschas, Die Lehre von der Handlung unter besonderer Berücksichtigung strafrechtlicher Probleme, in: Kleine Schriftenreihe des Deutschen Instituts für Rechtswissenschaft, H. 2, Berlin 1953.

28 Vgl. J. Lekschas/D. Seidel, Verantwortung und Schuld im sozialistischen Strafrecht der DDR, a. a. O., S. 21.

29 Gesetz über das Vertragssystem in der sozialistischen Wirtschaft – Vertragsgesetz – vom 25. 2. 1965, GBl. I Nr. 7, S. 107.

30 Vgl. dazu insbesondere: W. Panzer, Verschulden ist Voraussetzung für die vertragliche Verantwortlichkeit, Vertragssystem 7/1962, S. 197; H. Such, Die wechselseitige materielle Verantwortlichkeit der sozialistischen Betriebe, Staat und Recht 4/1962,

S. 648; G. Pflicke, Zu den subjektiven Voraussetzungen der wechselseitigen materiellen Verantwortlichkeit der sozialistischen Betriebe, Vertragssystem 8/1962, S. 225; Autorenkollektiv unter Leitung von G. Pflicke, Materielle Verantwortlichkeit für die Erfüllung der Entwicklungsverträge und das Gesamtsystem der materiellen Interessiertheit, Staat und Recht, 7/1963, S. 1115; G. Pflicke, Die subjektive Voraussetzung der materiellen Verantwortlichkeit für die Verletzung der Wirtschaftsverträge und das System ökonomischer Hebel, Staat und Recht 9/1964, S. 1542.

31 Gesetz über das Vertragssystem in der sozialistischen Wirtschaft – Vertragsgesetz – vom 25. 3. 1982, GBl. I Nr. 14, S. 293.

32 Vgl. § 334 des Zivilgesetzbuches der Deutschen Demokratischen Republik vom 19. 6. 1975, GBl. I Nr. 27, S. 465.

33 Vgl. § 270 des Arbeitsgesetzbuches der Deutschen Demokratischen Republik vom 16. 6. 1977, GBl. I Nr. 18, S. 185.

34 Vgl. §§ 2 und 3 der Zweiten Durchführungsverordnung zum Wassergesetz vom 2. 7. 1982, GBl. I Nr. 26, S. 485.

35 Vgl. G. Pflicke, Der einheitliche Maßstab der Verantwortlichkeit der Betriebe im Wirtschafts-, Zivil- und Arbeitsrecht und seine Anwendung, in: Wissenschaftliche Beiträge der Friedrich-Schiller-Universität Jena, Jena 1980, S. 110 ff.

Verantwortung und Verantwortlichkeit in den landwirtschaftlichen Produktionsgenossenschaften (LPG)

Verantwortung und Verantwortlichkeit zählen zu den Instrumentarien, die in Rechtsvorschriften, so auch im LPG-Gesetz[1] und in den Musterstatuten der LPG/Pflanzenproduktion sowie der LPG/Tierproduktion[2], erfaßt und festgelegt sind. Die Begriffe „Verantwortung" und „verantwortlich" finden in den genannten Rechtsvorschriften sowohl eine unmittelbare als auch eine mittelbare Anwendung. So ist z. B. in der Präambel des LPG-Gesetzes festgelegt: „Den landwirtschaftlichen Produktionsgenossenschaften obliegt eine große Verantwortung für die stabile Versorgung der Bevölkerung mit Nahrungsgütern und der Industrie mit Rohstoffen". Desweiteren sind diese Begriffe in den §§ 10 Abs. 2, 17, 32 Abs. 3 des LPG-Gesetzes sowie in den Musterstatuten der LPG (MST) Ziff. 64 Abs. 1 und Ziff. 72 Abs. 1 fixiert worden. Außerdem hat der Gesetzgeber in den genannten Rechtsvorschriften Festlegungen getroffen, die zwar unterschiedlich bezeichnet sind, aber ebenfalls von diesen beiden Begriffen inhaltlich erfaßt werden bzw. im unmittelbaren Zusammenhang mit ihnen stehen. So ist z. B. aus den Rechtsvorschriften der MST zu entnehmen, die LPG gewährleistet Ordnung, Disziplin und Sicherheit im Produktionsprozeß sowie einen umfassenden Gesundheits-, Arbeits- und Brandschutz und organisiert den umfassenden Schutz des sozialistischen Eigentums (Ziff. 2); sie erfüllt verantwortungsbewußt die der Genossenschaft von den staatlichen Organen übertragenen Aufgaben (Ziff. 3); sie gewährleistet nach den Grundsätzen der sozialistischen Demokratie die gleichberechtigte Teilnahme der Genossenschaftsbauern und Arbeiter an der Leitung und Planung der Genossenschaft ... (Ziff. 4); die LPG ist verantwortlich für die planmäßige Entwicklung der Kader ... (Ziff. 5); die LPG ist verpflichtet, die schnelle Auswertung wissenschaftlich-technischer Ergebnisse ... (Ziff. 7) ... zu sichern.

Für die Leitungsorgane der LPG gibt es ähnliche begriffliche Festlegungen, wie z. B., als kollektives Leitungsorgan der Genossenschaft trägt der Vorstand eine besonders hohe Verantwortung für die Intensivierung der genossenschaftlichen Produktion ... (Ziff. 64 Abs. 1) oder wie es in (Ziff. 64 Abs. 3) wörtlich heißt: „Der Vorstand ist für die Durchsetzung der staatlichen Verpflichtungen der Genossenschaft dem zuständigen Staatsorgan gegenüber verantwortlich. Er trägt die Verantwortung dafür, daß die in Gesetzen und anderen Rechtsvorschriften für die Genossenschaft festgelegten Pflichten exakt eingehalten und die der Genossenschaft übertragenen staatlichen Aufgaben erfüllt werden. Er sichert eine hohe Staatsdisziplin einschließlich Plan-, Vertrags- und Arbeitsdisziplin in der Genossenschaft."

Auch für den Vorsitzenden der LPG gibt es derartige Festlegungen (Ziff. 69 Abs. 1). In den allgemein verbindlichen Rechtsnormen der Musterbetriebsordnungen der LPG (MBO)[3] sind die Begriffe „Verantwortung“ und „verantwortlich“ vor allem für die Leiter von Brigaden und anderen Kollektiven, insbesondere in den Ziff. 25–34, wiederholt festgelegt worden. Auch für einzelne Werktätige der LPG mit besonderen Funktionen, wie z. B. Hauptbuchhalter, Sicherheitsinspektor usw. gibt es derartige begriffliche Festlegungen.

Des weiteren sind im Abschn. II der MST die Rechte und Pflichten der Genossenschaftsbauern und Arbeiter in der LPG festgelegt worden, die auf verantwortungsbewußtes Handeln und Verhaltensweisen orientieren. Zur Erläuterung der rechtlichen Regelungen im Abschn. II der MST werden unter anderem die Begriffe staatsbürgerliche Verantwortung, hohe politische Verantwortung, verantwortungsvolle Aufgaben bzw. Aufgabenstellung gebraucht.[4] Mit den in den Rechtsvorschriften angewandten Begriffen der „Verantwortung“ oder „verantwortlich“, ob unmittelbar oder mittelbar ausgesprochen, werden an die LPG, die Leitungsorgane der LPG, das betreffende Arbeitskollektiv oder das einzelne Mitglied bzw. den einzelnen Werktätigen der LPG Anforderungen gestellt, die auf ein zielbewußtes Verhalten der genannten Adressaten (Rechtssubjekte) einwirken und bewirken sollen. Es geht, anders formuliert und ausgedrückt, um das in den rechtlichen Festlegungen geforderte Verhalten, verantwortungsbewußt zu reagieren und in der gesellschaftlichen Praxis umzusetzen. Der Begriff der „Verantwortung“ wird im marxistischen Sinne als ein Verhältnis der Menschen (Einzelperson, Kollektive, Gruppen, Schichten, Klassen) zur Gesellschaft und deren Entwicklung definiert.[5] Diesem Verhältnis liegen also Wechselbeziehungen – objektive Beziehungen – zwischen der sozialistischen Gesellschaft und einzelnen Personen bzw. seiner Kollektive und sozialen Gruppen zugrunde, die an diese, entsprechend ihrer Stellung und ihren Aufgaben in der Gesellschaft, Anforderungen an ihr Denken und Handeln stellt und die als konkrete politische, moralische, juristische oder ökonomische Pflichten und Rechte in ihrer Einheit in den verschiedenen Lebensbereichen der Politik, Ökonomie, Kultur, den sozialen und zwischenmenschlichen Beziehungen, der Familie usw. zu realisieren sind.[6] Daraus ergibt sich des weiteren, daß die dem generellen Verhältnis der „Verantwortung“ zugrundeliegenden Wechselbeziehungen sich stets auch als politische, moralische, juristische oder ökonomische Verantwortungsbeziehungen darstellen, theoretische so zu erfassen und bei der zielbewußten Gestaltung gesellschaftlicher Verhältnisse und Prozesse einzuordnen sind.

Wenn nun, wie in den bereits genannten Rechtsvorschriften der Begriff „Verantwortung“, „verantwortlich“ oder ähnliche im Zusammenhang mit diesen Begriffen stehende Beziehungen – eingangs wurde darauf verwiesen – fixiert worden sind, dann ist nicht immer klar ersichtlich, ob es sich dabei um rechtliche Verantwortungsbeziehungen handelt, die durch juristische Pflichten und Rechte zu realisieren sind. Und weiter, ob sie für den jeweiligen angesprochenen Adressaten (Rechtssubjekt) stets auch konkrete Rechtspflichten darstellen.

Das aufgeworfene Problem ist schon wiederholt wissenschaftlich aufgeworfen und diskutiert worden.[7] Unter den Rechtswissenschaftlern gibt es dazu noch keine abschließende sogenannte herrschende Meinung. Deshalb sind weitere

Meinungsäußerungen zur wissenschaftlichen Diskussion und Herausarbeitung eines akzeptablen Standpunktes wünschenswert und gefragt.

Bei der Beantwortung dieses Problems sollte zunächst erst einmal davon ausgegangen werden, daß mit den in Rechtsvorschriften getroffenen Festlegungen Anforderungen des Gesetzgebers an das Verhalten der entsprechenden Adressaten gestellt werden, bestimmte Aufgaben und in der Regel davon abgeleitete Pflichten zu erfüllen, die sich objektiv aus den gesellschaftlichen Verhältnissen des Sozialismus und seiner Entwicklung ergeben. Inwieweit es sich dabei im einzelnen um allgemeine oder konkrete politische, moralische, ökonomische, juristische Aufgaben und Pflichten handelt, kann sicher aber erst nach inhaltlicher Prüfung der einzelnen Aufgabe und der daraus konkret abgeleiteten Pflicht in ihrer Zielstellung sowie Verbindlichkeit vorgenommen werden. Die Tatsache, daß derartige Aufgaben und die daraus abgeleiteten Pflichten in Rechtsvorschriften aufgenommen werden, wirft doch berechtigt die Frage auf, ob es sich im konkreten Fall damit auch immer um eine Rechtspflicht handelt.

Wenn z. B. den LPG als sozialistische Landwirtschaftsbetriebe der sozialistischen Volkswirtschaft eine große Verantwortung für die stabile Versorgung der Bevölkerung mit Nahrungsgütern und der Industrie mit Rohstoffen obliegt oder wenn dem Vorstand der LPG als kollektives Leitungsorgan eine besonders hohe Verantwortung für die Intensivierung der genossenschaftlichen Produktion trägt, so stellen derartige Anforderungen an das Verhalten der Adressaten zunächst einmal gesamtgesellschaftliche bzw. ökonomische Aufgaben und Pflichten dar, die auch gesamtgesellschaftliche bzw. ökonomische Verantwortungsbeziehungen begründen. Inwieweit diese Verantwortungsbeziehungen bereits rechtliche Verantwortungsbeziehungen darstellen oder was juristisch notwendig ist, die sich daraus ergebenden Pflichten zu konkreten Rechtspflichten auszugestalten ,ist sowohl für die Praxis und Theorie eine recht bedeutsame Frage und bei weitem noch nicht klar bestimmt.

Ausgehend von der Erkenntnis, daß das sozialistische Recht an den sozialistischen Staat gebunden ist und eine Einheit bilden, so ist typisch für das sozialistische Recht, daß ganz bestimmte Verhaltensanforderungen an die jeweiligen Adressaten durch den sozialistischen Staat als Rechte und Pflichten und damit vor allem als Rechtspflichten festgelegt werden und damit Rechtsverhältnisse entstehen, die rechtliche Verantwortungsbeziehungen begründen. Geht man von der Definition aus, daß das Rechtliche an der Pflicht (Rechtspflicht) eine Eigenschaft ist, die Pflichten dann besitzen, wenn ihre Begründung und ihre Durchsetzung mit der Autorität des Staates verbunden sind[8], dann wäre z. B. eine jede in Rechtsvorschriften enthaltene gesamtgesellschaftliche, politische, moralische, ökonomische Pflicht, stets auch als eine Rechtspflicht anzusehen und begründet. Inwieweit dies vom Gesetzgeber beabsichtigt oder wissenschaftlich überhaupt begründet ist, erscheint sehr problematisch und bedarf sicher weiterer Diskussionen, wenn man diese Problematik in ihrer staatlichen Durchsetzbarkeit sowie den möglichen sehr verschiedenen Rechtspflichtverletzungen mit ihren Rechtsfolgen mit einbezieht.[9] Ergeben sich Rechtspflichten nicht vielmehr aus solchen konkret begründeten Rechtsverhältnissen, die auch mit einer staatlich-juristischen Gewährleistung und das bezieht sich nicht nur auf eine zwangsweise Durchsetzbarkeit, verbunden sind.

Dies wird generell für wichtig gehalten, speziell aber für die rechtlichen Regelungen des LPG-Gesetzes, der Musterstatuten und Musterbetriebsordnungen der LPG, da der Regelungsbereich hier sowohl die rechtlichen Regelungen der konkreten genossenschaftlichen Rechtsverhältnisse (LPG und ihre Mitglieder, oft als innere Verhältnisse der Genossenschaften bezeichnet) als auch solche Rechtspflichten mit oder zumindest zum Teil mit erfaßt werden die Rechtsverhältnisse bzw. rechtliche Verantwortungsbeziehungen betreffen, die nach unserem einheitlichen sozialistischen Rechtssystem anderen Rechtszweigen zuzuordnen sind oder zugeordnet werden, wie dies z. B. bei Rechtsgebieten der Fall ist. Die rechtlichen Regelungen in den genannten Rechtsvorschriften setzen also nicht nur unterschiedliche Verhaltensanforderungen, sondern begründen vor allem unterschiedliche rechtliche Veratwortungsbeziehungen aus dem jeweils zugrundeliegenden konkreten Rechtsverhältnis. Zugleich unterliegen diese unterschiedlichen Rechtsverhältnisse auch einer bestimmten rechtlichen Regelungsmethode, einschließlich der dazu vorgesehenen staatlich-juristischen Gewährleistung, die für die Rechte und Pflichten der Rechtssubjekte verbindlich sind. Das dies in den einzelnen Rechtszweigen zum Teil sehr unterschiedlich geregelt ist und auch bewertet wird, bedarf in diesem Rahmen keiner weiteren Erörterung und ist hinreichend bekannt.

Entscheidend für die rechtliche Beurteilung einer Rechtspflicht in den LPG-rechtlichen Bestimmungen sollte daher immer das ihr zugrundeliegende konkrete Rechtsverhältnis sein, aus dem diese Rechtspflicht abgeleitet und begründet festgelegt worden ist. Werden in dem LPG-Gesetz, den MST oder den MBO der LPG geforderte Rechtspflichten, die sich jedoch aus den verschiedensten Rechtsverhältnissen ergeben können durch die betreffenden Adressaten (Rechtssubjekte) nicht erfüllt oder dagegen verstoßen, dann lösen diese Rechtspflichtverletzungen zwar immer eine bestimmte rechtliche Verantwortlichkeit der dazu in konkreten Rechtsverhältnissen festgelegten Rechtsfolgen aus, die aber im konkreten Fall nicht immer eine LPG-rechtliche Verantwortlichkeit begründen.

So z. B., wenn die LPG ihre Rechtspflicht zum Abschluß von Wirtschaftsverträgen über ihre im Betriebsplan bestätigten staatlichen Aufgaben (§ 4 LPG-Gesetz) nicht nachkommt und dies erst durch die Tätigkeit des Staatlichen Vertragsgerichts durchgesetzt werden muß. In all den Fällen, in denen die LPG als Grundeinheit der sozialistischen Produktion (Wirtschaftseinheit) tätig wird, ist die LPG wie jeder andere sozialistische Betrieb in den volkswirtschaftlichen Reproduktionsprozeß durch die hierfür erlassenen Rechtsvorschriften in die staatlich begründeten und festgelegten Planungs- und Rechtsverhältnisse fest eingeordnet. Kommt die LPG dieser Verantwortung als Wirtschaftseinheit der sozialistischen Volkswirtschaft nicht nach und verletzt damit die sich aus diesem konkreten Planungs- und Rechtsverhältnis ergebenden Rechtspflichten, dann löst das wirtschaftsrechtliche Aspekte gegebenenfalls wirtschaftsrechtliche Verantwortlichkeit aus.

Eine ähnliche Problematik ergibt sich, wenn in der LPG Arbeiter durch den Abschluß eines Arbeitsrechtsverhältnisses mit der LPG tätig werden. Hier regeln sich die Rechte und Pflichten beider Partner nach den Rechtsvorschriften des Arbeitsgesetzbuches und anderen arbeitsrechtlichen Bestimmungen sowie den kollektivvertraglichen Regelungen, dem Statut und der Betriebsordnung der LPG (§ 35 LPG-Gesetz, Ziff. 17 MST). Die Verletzung arbeitsrechtlicher Pflichten des Arbeiters aus diesem Rechtsverhältnis begründen daher immer auch eine arbeitsrechtliche Verantwortlichkeit. Die sich aus den LPG-rechtlichen Bestimmungen ergebenden konkreten Rechtspflichten für die LPG und ihre Mitglieder, sind vor allem aus dem allumfassenden Rechtsverhältnis der Mitgliedschaf abgeleitet und begründet. Das Mitgliedschaftsverhältnis der Genossenschaftsbauern zu ihrer jeweiligen LPG stellt das grundlegende Rechtsverhältnis dar, aus dem sich alle anderen gegenseitigen Rechte und Pflichten zwischen der LPG und ihren LPG-Mitgliedern ergeben.[10] Die Verletzung bestimmter in den LPG-rechtlichen Bestimmungen festgelegten genossenschaftlichen Rechtspflichten durch Mitglieder der LPG begründen daher stets eine LPG-rechtliche Verantwortlichkeit.

Ausgehend von der umfangreichen Literatur zur rechtlichen Verantwortlichkeit wird im wesentlichen darunter verstanden und z. B. im Wörterbuch zum sozialistischen Staat von den Autoren in Kurzfassung zum Ausdruck gebracht: Die Art und das Maß des Einstehenmüssens der Rechtssubjekte für die Verletzung rechtlicher Pflichten und deren Folgen.[11] Bereits aus dieser inhaltlichen Bestimmung ergibt sich, und ich möchte besonders darauf hinweisen, daß man die rechtliche Verantwortlichkeit nicht mit den in den jeweiligen Rechtszweigen festgelegten Sanktionen selbst zu identifizieren ist.[12] Das ist deshalb von Bedeutung, weil es zur konsequenten Wahrnehmung der übertragenen rechtlichen Verantwortung vor allem darum geht, daß vom Gesetzgeber geforderte Verhalten, in der Form der Einhaltung und Erfüllung von Rechtspflichten in der Praxis durchzusetzen und zu realisieren. Dazu ist es vor allem notwendig, aus den betreffenden rechtlichen Verantwortungsbeziehungen die daraus konkret abgeleiteten Rechtspflichten klar und deutlich in den Rechtsvorschriften zu fixieren. Wie diese dann rechtlich gewährleistet werden oder welche juristischen Mechanismen zur Gewährleistung ihrer Einhaltung dazu notwendig sind, einschließlich der vorgesehenen Rechtsfolgen, zeigt den engen Zusammenhang und die Wechselwirkung von rechtlicher Verantwortung und rechtlicher Verantwortlichkeit auf.

Die LPG-rechtliche Verantwortlichkeit wird, wenn dieser Begriff im LPG-Recht überhaupt gebraucht wird[13], in der Regel als eine disziplinarische Verantwortlichkeit und als eine materielle Verantwortlichkeit des einzelnen Genossenschaftsbauern, also als eine individuelle rechtliche Verantwortlichkeit dargelegt.[14] In den Musterstatuten der LPG sind in diesem Zusammenhang rechtliche Festlegungen zur Arbeitspflichtverletzung (Ziff. 45); zur schuldhaften Verletzung der Arbeitsdisziplin (Ziff. 46); und zur Schadensersatzverpflichtung bei schuldhafter Verletzung von Pflichten des Genossenschaftsbauern (Ziff. 48) getroffen worden.

Außerdem gibt es in den Musterstatuten weitere rechtliche Festlegungen, die als weitere Form der LPG-rechtlichen Verantwortlichkeit durchaus angesehen werden können, da bestimmte Rechtspflichten bestehen, die mitgewährleisten sollen, daß die geforderten Verhaltensweisen verantwortungsbewußt und pflichtgemäß von den jeweiligen Rechtssubjekten erfüllt werden.

Zu diesen Formen könnten zählen:

- Ein Genossenschaftsbauer begeht eine schwerwiegende Verletzung von staatsbürgerlichen oder genossenschaftlichen Pflichten (Rechtspflichten), wenn er z. B. die LPG pflichtwidrig verläßt und die Mitgliedschaft einseitig durch Beschluß der Vollversammlung – Ausschluß – beendet wird (Ziff. 16 Abs. 3 MST).
- Es liegt eine schuldhafte Nichtteilnahme eines Genossenschaftsbauern an der genossenschaftlichen Arbeit vor (Ziff. 47 MST) und es wird beschlossen, daß Anteile für den eingebrachten Boden bzw. Anspruch auf Land zur persönlichen Nutzung nicht in voller Höhe gewährt werden. Es wird die Auffassung dazu vertreten, daß die Rechtsfolge eine materielle Sanktion sei, die aber weder zu den Disziplinarmaßnahmen (Ziff. 46 MST) noch zur Schadensersatzleistung nach Ziff. 48 MST zu rechnen sei.[15]
- Der gewählte Vorsitzende der LPG rechtfertigt nicht mehr das Vertrauen (Ziff. 69 Abs. 3 MST) und wird durch Beschluß der Vollversammlung vorzeitig von seiner Funktion entbunden. Die gleiche Problematik gilt für ein gewähltes Vorstandsmitglied (Ziff. 66 Abs. 4 MST).
- Die Vertreter der LPG für den Kooperationsrat, für die Organe von kooperativen Einrichtungen, für den Kooperationsverband und für die Agrar-Industrie-Vereinigung werden durch die Vollversammlung der LPG gewählt und sind ihr rechenschaftspflichtig (Ziff. 25 Abs. 3 MST). In entsprechender Weise erfolgt auch die Abberufung eines gewählten Vertreters der LPG in diese Organe, wenn er das in ihn gesetzte Vertrauen nicht rechtfertigt.[16]

Eine LPG-rechtliche Verantwortlichkeit liegt demzufolge immer dann vor, wenn eine schuldhafte Verletzung einer solchen Rechtspflicht des Genossenschaftsbauern festgestellt wird, die sich aus den rechtlichen Verantwortungsbeziehungen zwischen den Genossenschaftsbauern zu seiner LPG ergeben und für die in den Rechtsvorschriften entsprechende Rechtsfolgen (Sanktionen) festgelegt sind. Es handelt sich daher stets um eine individuelle Verantwortlichkeit, für die ein Genossenschaftsbauer einstehen und die festgelegten Rechtsfolgen auf sich nehmen muß, wenn er die geforderten Voraussetzungen der LPG-rechtlichen Verantwortlichkeit erfüllt.

Der Gesetzgeber hat die LPG-rechtliche Verantwortlichkeit an eine schuldhafte Rechtsverletzung, d. h. an eine in den Rechtsvorschriften klar definierten Verletzung von einer ganz bestimmten Rechtspflicht, aus einem konkreten Rechtsverhältnis, dem rechtliche Verantwortungsbeziehungen zwischen der LPG und dem Genossenschaftsbauern zugrunde liegen, gebunden. Damit ist auch gleichzeitig ausgesagt, daß nicht eine jede schuldhafte Verletzung einer Rechtspflicht des Genossenschaftsbauern aus den genannten rechtlichen Verantwortungsbeziehungen von der LPG-rechtlichen Verantwortlichkeit erfaßt wird. Zu einer rechtstheoretischen Aussage der rechtlichen Verantwortlichkeit sollte daher nicht nur die Art und das Maß des Einstehenmüssens der Rechtssubjekte für Verletzung rechtlicher Pflichten und deren Folgen erfassen[17], sondern die rechtliche Verantwortlichkeit setzt immer eine von den Rechtsvorschriften klar umrissene und festgelegte Rechtspflichtverletzung voraus, da nicht eine jede Verletzung einer Rechtspflichtverletzung zur rechtlichen Verantwortlichkeit führt.

Begriffsbestimmungen zur LPG-rechtlichen Verantwortlichkeit

Rechtspflicht: Als Rechtspflicht (staatlich-juristische Fixierung einer konkreten Pflicht) ist die Verhaltensanforderung an einen Adressaten anzusehen, die sich unmittelbar aus einem durch Gesetz, Rechtsnorm, Individualakt begründeten konkreten Rechtsverhältnis für das betreffende Rechtssubjekt ergibt und mit einer staatlich-juristischen Gewährleistung verbunden ist.
Rechtspflichtverletzung: Ist die Abweichung von der im LPG-Recht durch die Rechtspflicht (schuldhafte Verletzung einer Rechtspflicht) erfaßten Verhaltensanforderung zum tatsächlichen Verhalten des betreffenden Rechtssubjekts.
Rechtliche Verantwortlichkeit: Die LPG-rechtliche Verantwortlichkeit setzt eine schuldhafte Verletzung einer solchen Rechtspflicht des Genossenschaftsbauern voraus, die sich aus den rechtlichen Verantwortungsbeziehungen zwischen den Genossenschaftsbauern zu seiner landwirtschaftlichen Produktionsgenossenschaft (LPG) ergeben und für die in den Rechtsvorschriften entsprechende Rechtsfolgen (Maßnahmen bzw. Sanktionen), also Rechtsfolgen, die auf die schuldhafte Verletzung von Rechtspflichten (nicht nur der Arbeitspflicht, auch anderen genossenschaftlichen Rechtspflichten) folgen, festgelegt worden sind.
Juristische Sanktion: Die in Rechtsfolgen festgelegte Maßnahme, die gegen einen Rechtspflichtverletzer (Rechtssubjekt) geltend gemacht und mit staatlich-juristischen Mitteln auch durchgesetzt werden kann.

Anmerkungen

1 Gesetz über die landwirtschaftlichen Produktionsgenossenschaften – LPG-Gesetz – vom 2. 7. 1982, GBl. 1982 I Nr. 25, S. 443.

2 Musterstatut der LPG Pflanzenproduktion vom 28. 7. 1977, GBl. Sdr. Nr. 937, S. 2; Musterstatut der LPG Tierproduktion vom 28. 7. 1977, GBl. Sdr. Nr. 937, S. 13.

3 Musterbetriebsordnung der LPG Pflanzenproduktion vom 28. 7. 1977, GBl. Sdr. Nr. 937, S. 25;
Musterbetriebsordnung der LPG Tierproduktion vom 28. 7. 1977, GBl. Sdr. Nr. 937, S. 33.

4 Kommentar zum Musterstatut der LPG Pflanzenproduktion vom 28. 7. 1977, Autorenkollektiv, Berlin 1980, S. 40, 41, 44, 45.

5 Vgl. Kleines politisches Wörterbuch, Berlin 1985, S. 967; Im Wörterbuch der marxistisch-leninistischen Soziologie, Berlin 1983, S. 689 heißt es: „Verantwortung ist das durch die jeweilige Gesellschaftsformation geprägte Verhältnis der Menschen zur Gesellschaft und deren Entwicklung, daß sich in bestimmten politischen, ökonomischen, moralischen, juristischen und anderen Aufgaben, Pflichten und Verhaltensweisen einzelner Individuen, sozialer Gruppen bzw. Klassen äußert."

6 Vgl. Kleines politisches Wörterbuch, a. a. O., S. 731.

7 Das zeigen sehr deutlich die in der interdisziplinären Arbeitsgruppe „Verantwortung und Verantwortlichkeit" des Rates für staats- und rechtswissenschaftliche Forschung an der AdW der DDR geführten Diskussion.

8 Vgl. H. Oberländer, Rechtspflichten – ihr begrifflicher Inhalt, ihre Bewertung durch die Rechtsordnung, ihre Differenziertheit, ihre unterschiedlichen Arten.

9 Vgl. I. Wagner, Zum Begriff der (normativen) Rechtspflicht im Sozialismus, in: Wissenschaftliche Zeitschrift der Karl-Marx-Universität Leipzig, Gesellschafts- und Sprachwissenschaftliche Reihe, 3/1984, S. 321 ff.; E. Poppe, St. Poppe, Bemerkungen zur sozialistischen Rechtspflicht, in: Wissenschaftliche Zeitschrift der Karl-Marx-Universität Leipzig, Gesellschaftswissenschaftliche Reihe 4/1985, S. 384 ff.

10 Vgl. Autorenkollektiv, Kommentar zum Musterstatut der LPG Pflanzenproduktion, a. a. O., S. 47; Autorenkollektiv, Kommentar zum Musterstatut der LPG Tierproduktion vom 28. 7. 1977, Berlin 1980, S. 46.

11 Wörterbuch zum sozialistischen Staat, Berlin 1974, S. 244.

12 Vgl. H. Oberländer, Verantwortung und Verantwortlichkeit im sozialistischen Recht, in: 7. Jenaer Juristentagung 1979, Friedrich-Schiller-Universität, S. 11.

13 Vgl. Autorenkollektiv, LPG-Recht, Lehrbuch, Berlin 1984, S. 251; G. Puls, Theoretische Aspekte der LPG-rechtlichen Sanktion, in: Zur Wirksamkeit rechtlicher Sanktionen bei der weiteren Gestaltung der entwickelten sozialistischen Gesellschaft, Berlin 1978, S. 131.

14 Eine andere Auffassung wird im Lehrbuch LPG-Recht (a. a. O., S. 251) vertreten. Hiernach werden Ersatzansprüche des Genossenschaftsbauern an die LPG, bei Arbeitsunfall und Berufskrankheit oder bei Verletzung von Pflichten der LPG und Schadenseintritt des Genossenschaftsbauern auch als eine Form der LPG-rechtlichen Verantwortlichkeit angesehen.

15 Vgl. Autorenkollektiv, Kommentar zum Musterstatut LPG-Pflanzenproduktion, a. a. O., S. 146.

16 Vgl. Autorenkollektiv, Kommentar zum LPG-Gesetz vom 2. 7. 1982, Berlin 1985, S. 39.

17 Vgl. Wörterbuch zum sozialistischen Staat, a. a. O., S. 244.

Eva Hein
Frithjof Kunz

Rechte, Pflichten und Verantwortlichkeit im Arbeitsrecht

Die Arbeitsrechtstheorie erforscht die arbeitsrechtliche Verantwortlichkeit unter dem Aspekt ihrer Aufgaben bei der weiteren Gestaltung der entwickelten sozialistischen Gesellschaft in der DDR. Das Programm der Sozialistischen Einheitspartei Deutschlands charakterisiert diese als einen Prozeß tiefgreifender politischer, ökonomischer, sozialer und geistig-kultureller Wandlungen. Innerhalb dieses Prozesses sind die sozialistischen Wesenszüge des gesellschaftlichen Lebens und des individuellen Verhaltens in allen Lebensbereichen immer stärker auszuprägen. Herzstück der sozialistischen Lebensweise ist die gewissenhafte, ehrliche, gesellschaftlich nützliche Arbeit.[1] Ihrer Gewährleistung dienen alle Arbeitsrechtsinstitutionen, insbesondere die arbeitsrechtliche Verantwortung. Die Bedeutung der allseitigen Förderung und Sicherung gewissenhafter Arbeit ergibt sich nicht zuletzt aus der Tatsache, daß im Zentrum der ökonomischen Strategie steht, „die Effektivität der Arbeit entschieden zu erhöhen und gerade dafür die neuesten Errungenschaften von Wissenschaft und Technik zu nutzen“[2]. Auch bei dem Übergang zur umfassenden Intensivierung bleibt der Mensch die Hauptproduktivkraft, denn letztlich entscheiden Ausbildung der Werktätigen und ihr Verantwortungsbewußtsein sowie sozialistische Leitungstätigkeit darüber, wie es gelingt, modernste Technik in hohe Ökonomie umzusetzen.[3]
Da das Arbeitsrecht die grundlegende und wachsende Übereinstimmung der persönlichen, kollektiven und gesellschaftlichen Interessen in seinen Normen, insbesondere denen des Arbeitsgesetzbuches, verkörpert und dementsprechend verbindlich das Handeln seiner Adressaten innerhalb der Arbeitsverhältnisse der Arbeiter und Angestellten und der untrennbar damit verbundenen anderen gesellschaftlichen Verhältnisse vorzeichnet, ist es in der Lage, anleitend, stimulierend und sichernd auf das aktive Handeln der Werktätigen einzuwirken.[4]
Eine Schlüsselrolle kommt dabei dem Rechtsinstitut der arbeitsrechtlichen Verantwortung und der arbeitsrechtlichen Verantwortlichkeit der Werktätigen zu.
Ein Blick auf die wissenschaftliche Literatur zur arbeitsrechtlichen Verantwortlichkeit in unserer Republik zeigt eine ununterbrochene Kette von Aufsätzen und auch monographischen Werken, die seit den frühen 50er Jahren sowohl dem gesamten Problemkreis als auch einzelnen seiner Seiten gewidmet worden sind.[5]
Das Gebiet der arbeitsrechtlichen Verantwortlichkeit ist somit vergleichsweise intensiv bearbeitet worden. Dennoch ist es nötig, den wissenschaftlichen praktischen Gehalt der gewonnenen Erkenntnisse weiter zu vertiefen und auch noch

nicht erforschte Fragen zu beantworten. So fällt z. B. auf, daß erst nach der Ausarbeitung und Annahme des Arbeitsgesetzbuches von 1977[6] intensiver der Wechselbeziehung von arbeitsrechtlicher Verantwortung und arbeitsrechtlicher Verantwortlichkeit nachgegangen wurde. Gleiches gilt für die dabei zu beachtenden Interessen der einzelnen Werktätigen und ihrer Kollektive, damit ihre grundlegende Übereinstimmung mit den gesamtgesellschaftlichen Erfordernissen hergestellt und als Triebkraft erschlossen werden kann. Als eine wichtige Erkenntnisquelle hat sich dabei neben der soziologischen Fundierung, der Rechtsvergleichung mit anderen sozialistischen Staaten usw. die interdisziplinäre Zusammenarbeit von Vertretern verschiedener rechtswissenschaflicher Disziplin erwiesen, als deren Motor sich T. Schönrath verdient gemacht hat.[7]

Zu den arbeitsrechtlichen Pflichten (Arbeitspflichten) der Werktätigen

Die weitere Ausprägung des sozialistischen Charakters der Arbeit, die differenzierte Entwicklung der Produktivkräfte, insbesondere aber die umfassende Intensivierung, bedingen notwendig eine solche Gestaltung und Festlegung von Arbeitspflichten für die Werktätigen, die ein massenhaftes Arbeitsverhalten in Übereinstimmung mit den objektiven gesellschaftlichen Erfordernissen gewährleistet. Der grundlegende Inhalt der Pflichten der Werktätigen im Arbeitsrechtsverhältnis als auch der damit korrespondierenden Rechte muß deshalb gegenwärtig auf solche Verpflichtungen und Berechtigungen abzielen, die der Verwirklichung der zehn Schwerpunkte der ökonomischen Strategie im Arbeitsverhalten im Betrieb dienen, die sozialistischen Wesenszüge der Arbeitsverhältnisse ausprägen und die Entfaltung der Persönlichkeit der Werktätigen und ihre Arbeitskollektive fördern und sichern.[8] Die arbeitsrechtlichen Pflichten und Rechte orientieren zunächst immer gleichermaßen auf Verhaltensanforderungen, die dem historisch notwendigen massenhaften Arbeitsverhalten bei der Realisierung der gesellschaftlichen Erfordernisse entsprechen. Sowohl die arbeitsrechtlichen Pflichten als auch Rechte zielen auf ein objektiv und subjektiv „mögliches“ Verhalten; das auch insofern notwendig ist, als es den gesamtgesellschaftlichen Erfordernissen entspricht.[9] Neben diesen Gemeinsamkeiten von Arbeitsrechten und -pflichten bestehen auch eine Reihe von Spezifika. Eine grundlegende Aufgabe ist es deshalb, die Kriterien zu bestimmen, welche Verhaltensweisen im Prozeß der Arbeit notwendigerweise als Rechtspflichten und welche als subjektive Rechte für die Werktätigen auszugestalten sind. Das kann nicht willkürlich entschieden werden. Vielmehr ist von den grundsätzlich unterschiedlichen Einflußmöglichkeiten der subjektiven Rechte einerseits und der Rechtspflichten andererseits auf die Herausbildung und ständige Vervollkommnung gesellschaftlich notwendigen Verhaltens bei der Erfüllung der Arbeitsaufgaben und der Anwesenheit der Werktätigen im Betrieb auszugehen. Die nachfolgenden Ausführungen sind als Versuch zu werten, die Arbeitspflichten und subjektiven Rechte im Arbeitsrechtsverhältnis zu definieren sowie in ihrem wesentlichen Inhalt und ihren Wirkungsrichtungen zu charakterisieren.

Arbeitsrechtliche Pflichten entstehen mit der Begründung des Arbeitsrechtsverhältnisses zwischen Werktätigen und Betrieb in Realisierung des Grundrechts

auf Arbeit sowie weiterer damit untrennbar verbundener Grundrechte. Sie beinhalten verbindliche Anforderungen an das Verhalten der Werktätigen bei der Arbeit und Anwesenheit im Betrieb sowie bei der Erfüllung von Arbeitsaufgaben außerhalb des Betriebes. Als Rechtspflichten sind im Arbeitsrecht solche Verhaltensanforderungen fixiert, die für die Erfüllung der betrieblichen Aufgaben, für einen reibungslosen Arbeitsablauf, für das effektive Zusammenwirken der Werktätigen und Arbeitskollektive, für den Schutz der Arbeitsverhältnisse und ihrer ökonomischen Grundlage, des sozialistischen Eigentums, aber auch für den Schutz der Gesundheit und Arbeitskraft unabdingbar sind.[10] Charakteristisch für die Arbeitspflichten ist, daß damit nicht auf eine Verhaltensweise orientiert wird, deren Realisierung in der Entscheidung des Werktätigen liegt, sondern daß die Rechtspflicht ein den gesellschaftlichen Erfordernissen entsprechendes Arbeitsverhalten gebietet. Die Verwirklichung der durch eine Rechtspflicht gebotenen Verhaltensanforderung wird durch den sozialistischen Staat umfassend gewährleistet, unter den vom Gesetzgeber geregelten Voraussetzungen auch mittels staatlicher Zwangsanwendung.
Die rechtlich geregelten Arbeitspflichten unterliegen in ihrer konkreten Gestalt abhängig von der Intensität und dem Tempo der Durchsetzung des wissenschaftlich-technischen Fortschritts in den Kombinaten und Betrieben und der dementsprechenden Arbeitsorganisation einer starken Dynamik. Dieser Tatsache muß bei der Normierung von Arbeitspflichten auf zentraler, Zweig- und Betriebsebene umfassend Rechnung getragen werden. Nur so kann eine hohe Effektivität bei der Erfüllung der Arbeitsaufgaben im Interesse der Gesellschaft, der Betriebe als auch vermittelt über das sozialistische Leistungsprinzip für die einzelnen Werktätigen erreicht werden. Als Problem erweist sich in diesem Zusammenhang die sich aus den objektiven gesellschaftlichen Erfordernissen ergebenden Anforderungen an das Verhalten der Werktätigen im Arbeitsprozeß so stabil und zugleich flexibel verbindlich zu regeln, daß die gesellschaftlich damit verbundene Aufgabenstellung mit höchster Effektivität erfüllt wird und zugleich dem schöpferischen eigenverantwortlichen Handeln der Werktätigen immer breiterer Raum gegeben wird.
Die Arbeitspflichten der Werktätigen sind grundsätzlich immer entsprechend der unterschiedlichen Arbeitsaufgaben und der Stellung im Betrieb in ihrem konkreten Inhalt spezifisch auf die im Arbeitsvertrag vereinbarte Arbeitsaufgabe des Werktätigen bezogen. Sie halten sich immer im Rahmen der allgemeinen Regelung der Arbeitspflichten im AGB. Nur in Ausnahmefällen werden für bestimmte Werktätige darüber hinausgehend Verhaltensanforderungen in Gestalt von Arbeitspflichten ebenfalls auf der Grundlage des AGB fixiert (vgl. z. B. Werktätige in den Staatsorganen, in Betrieben des Verkehrs- und Nachrichtenwesens). Jeder Werktätige ist gehalten, seine Arbeitspflichten mit Umsicht und Initiative (vgl. § 80 Abs. 1 AGB) wahrzunehmen. Das AGB regelt verbindliche Grundanforderungen einheitlich für alle Werktätigen unabhängig von den mit ihnen vereinbarten Arbeitsaufgaben und ihrer Stellung im Betrieb. Sie ergeben sich insbesondere aus den §§ 80 und 83 AGB.
Die Arbeitspflichten werden auf der Grundlage des AGB durch die mit der Leitung der Arbeitsverhältnisse der Arbeiter und Angestellten beauftragten Staatsorgane und Leiter im Rahmen der ihnen dafür erteilten Befugnisse in Überein-

stimmung bzw. durch Vereinbarung mit den zuständigen Gewerkschaftsvorständen konkretisiert. Das erfolgt durch die rechtsetzende Tätigkeit der dazu befugten zentralen Staatsorgane unter umfassender Mitwirkung der Gewerkschaften (§§ 9 ff. AGB), durch betriebliche Regelungen (§ 12 AGB), durch Weisungen der weisungsberechtigten Leiter (§§ 82 und 83 AGB) sowie durch Vereinbarungen zwischen den Betrieben und den Werktätigen (§§ 38 ff. und 153 ff. AGB)[11]. Dabei gewinnt die betriebliche Gestaltung der Arbeitsaufgaben bzw. Verantwortungsbereiche und damit der Arbeitspflichten zunehmend an Bedeutung.
Die Betriebe sind die Bereiche, in denen die durch zentrale und zweigliche Regelungen statuierten allgemeinen arbeitsrechtlichen Grundpflichten in dem vorgegebenen Rahmen am schnellsten entsprechend den konkreten Erfordernissen, die sich aus der Durchsetzung des wissenschaftlich-technischen Fortschritts und des Übergangs zur intensiv erweiterten Reproduktion ergeben, spezifiziert und konkretisiert werden können.[12] Gleichzeitig kann dabei die Einheit von Rechten und Pflichten auf die vom AGB vorgegebene Weise entsprechend den jeweiligen konkreten Bedingungen des Kombinats und Betriebes effektiv und konkret gewährleistet werden.
Unsere Untersuchungsergebnisse zum Niveau der betrieblichen Regelungen und ihrer gegenwärtigen Wirksamkeit zeigen, daß in einigen Betrieben dem Erfordernis einer dynamischen Festlegung der Arbeitspflichten vielfach noch unzureichend Rechnung getragen wird. Das äußert sich in fehlenden betrieblichen Regelungen oder in einer formalen und schematischen Übernahme der durch zentrale und zweigliche Regelungen bereits vorgegebenen Rechtspflichten der Werktätigen, ohne sie gemäß den konkreten Bedingungen des Betriebes (Technologie, Arbeitsorganisator, Größe, Leitungsstruktur usw.) und den sich daraus ergebenden Spezifika in der Rechte- und Pflichtenlage zu spezifizieren und zu konkretisieren.

Zu den Arbeitsrechten der Werktätigen

Sowohl die Arbeitspflichten als auch die subjektiven Rechte zielen von den sachlichen Voraussetzungen und vom objektiven Recht her betrachtet, auf mögliche und den gesamtgesellschaftlichen Erfordernissen entsprechende Verhaltensweisen der Werktätigen. Beide entsprechen den allgemeinen wie den spezifischen Anforderungen an das Arbeitsverhalten der Werktätigen in ihren sozialistischen Arbeitsverhältnissen unter den Bedingungen der umfassenden Intensivierung. Dabei wird heute davon ausgegangen, daß die Arbeitspflichten auf ein solches Verhalten in der Arbeit und im Betrieb orientieren, das nicht nur möglich und objektiv erforderlich, sondern das durch den sozialistischen Staat und auf der Grundlage des von ihm gesetzten Rechts durch den dazu Berechtigten auch wirklich durchgesetzt wird, nötigenfalls auch unter Anwendung der dafür vorgesehenen Form des Zwangs (arbeitsrechtliche Verantwortlichkeit). Bei den subjektiven Rechten fehlt es an dieser spezifischen staatlichen Durchsetzbarkeit. Das bedeutet nicht, daß der Staat nicht auf andere Weise, unter Umständen außerordentlich wirksam, so z. B. durch die Verbindung mit materieller und nichtmaterieller Stimulierung, darauf Einfluß nimmt, daß auch

die durch die subjektiven Rechte ausdrücklich eingeräumten Verhaltensweisen wirklich wahrgenommen werden.
Indem der Staat bzw. die von ihm dazu Beauftragten und Befugten dem Werktätigen innerhalb seines Arbeitsrechtsverhältnisses mit dem Betrieb ein subjektives Recht gewähren, eröffnen sie ihm ein von ihnen abgesteckte verbindliches Entscheidungsfeld für aktives schöpferisches Arbeitsverhalten, innerhalb dessen der Werktätige, aber auch der Betrieb und ggf. andere Beteiligte gewiß sind, daß ein dementsprechendes Verhalten des Werktätigen nicht nur dessen subjektive Interessen, sondern auch denen der Gesellschaft und letztlich auch denen des Betriebskollektivs entspricht. Dieses Entscheidungsfeld kann unterschiedlich in Erscheinung treten, als Berechtigung zu einem Verhalten, als Befugnis, als Anspruch usw. Die Realisierung dieser Rechte wird durch den Staat und die Arbeitsrechtsordnung umfassend, wenn auch im einzelnen differenziert, gewährleistet.
Auch für das Arbeitsrecht gilt: Ist das konkrete subjektive Recht eine bestimmte staatlich garantierte Verhaltensmöglichkeit eines konkreten Rechtssubjekts auf der Grundlage und im Rahmen des in den sozialistischen Rechtsnormen enthaltenen generellen Rechts, so ist dabei die Verhaltensmöglichkeit als Entscheidungsfeld des Berechtigten zu begreifen, innerhalb dessen er eigenverantwortlich Rechtsbeziehungen ausgestaltet.[13] Dabei spielt die Einheit von Rechten und Pflichten eine große Rolle. Von Bedeutung ist einerseits das Bewußtmachen der Wichtigkeit, die Rechte aktiv wahrzunehmen, und andererseits ihre Verbindung mit materiellen und ideellen Stimuli. Das muß auf eine solche Weise erfolgen, daß das gesellschaftlich gewünschte Verhalten zugleich – und zwar ausschließlich dieses – die persönlichen Interessen verwirklicht. Als sehr wirksam erweist sich dabei, wenn die Verwirklichung subjektiver Rechte je nach der Qualität und Quantität der dabei geleisteten gesellschaftlich nützlichen Arbeit mit dem Entstehen sorgfältig bemessener Ansprüche, insbesondere von Lohnansprüchen, gekoppelt wird, da das Arbeitseinkommen der Werktätigen auf lange Sicht die wichtigste Einkommensquelle der Werktätigen bleibt.[14] Dies liegt also ganz im Sinne der Förderung der schöpferischen Initiative der Werktätigen zum Ausbau ihrer Fähigkeiten sowie zur Steigerung der Arbeitsproduktivität. Insoweit gibt es wohl Übereinstimmung in der Arbeitsrechtstheorie. Weniger wird darüber ausgesagt, welche Verhaltensweisen der Werktätigen im einzelnen als subjektive Rechte und warum auszugestalten sind.
Heuse und Pätzold konstatieren zutreffend einen Nachholebedarf an arbeitsrechtstheoretischen Arbeiten, die sich sowohl grundlegend als auch im einzelnen mit den subjektiven Rechten beschäftigen.[15] Sicherlich wird zu beachten sein, daß die Werktätigen die ihnen zustehenden subjektiven Rechte kraft des Bestehens eines Arbeitsrechtsverhältnisses besitzen. Sie realisieren ihre subjektiven Rechte prinzipiell innerhalb dieses im allgemeinen unbefristeten begründeten Dauerrechtsverhältnisses. Wesentlich hieraus resultiert das starke Wirken der Einheit von Rechten und Pflichten innerhalb des Arbeitsrechtsverhältnisses. Viele subjektive Rechte stehen dem Werktätigen gegenüber dem Betrieb zu. Dem Betrieb wiederum obliegen korrespondierende Pflichten, so wie auch umgekehrt der Fall ist.
Bei der Betrachtung der arbeitsrechtlichen Verantwortlichkeit erscheint es

zweckmäßig, ja unerläßlich, die subjektiven Rechte nicht auszusparen, weil die der arbeitsrechtlichen Verantwortlichkeit gestellten Aufgaben auch die Frage nach der Vorbeugung schuldhafter Arbeitspflichtverletzungen aufwirft. Ebenso ist jeweils zu prüfen ,ob nicht mit der Gewährung subjektiver Rechte, insbesondere unlöslich und leistungsgerecht verbunden mit Ansprüchen für ihre gute Wahrnahme, das angestrebte Ziel ebenso, eventuell sogar noch wirksamer erreicht wird, als wenn ausschließlich die arbeitsrechtliche Verantwortlichkeit zur Durchsetzung gesellschaftsgemäßen Arbeitens genutzt wird. Heuse und Pätzold ist also zuzustimmen, wenn sie die subjektiven Rechte für notwendig erachten, um die Fähigkeiten der Werktätigen zu entfalten und voll im Arbeitsprozeß zu nutzen, die sozialistische Demokratie bei der Leitung der Arbeitsverhältnisse im Betrieb zu vertiefen und die Grundrechte auf dem Gebiete der Arbeit zu realisieren. Darüber hinaus sind sie auch unter dem Aspekt effektiver Arbeitsorganisation und -disziplin unabdingbar.[16]

Die arbeitsrechtliche Verantwortlichkeit — Rechtsfolge schuldhafter Arbeitspflichtverletzungen

Die arbeitsrechtlichen Pflichten bilden wegen ihres verbindlichen und mit der Möglichkeit zwangsweiser Durchsetzung versehenen Wesens den entscheidenden Anknüpfungspunkt für den Eintritt arbeitsrechtlicher Verantwortlichkeit. Im Zuge der Neukodifizierung des Arbeitsgesetzbuches der DDR setzte sich endgültig die bis dahin theoretisch vorbereitete und praktisch fundierte Auffassung durch, daß das Arbeitsrecht der DDR prinzipiell zwischen dem Einstehenmüssen des Werktätigen und dem des Betriebes für die Nichterfüllung von Pflichten im Rahmen des Arbeitsrechtsverhältnisses unterscheidet. Konsequent regelte das AGB von 1977 beide Komplexe im Unterschied zu dem bis dahin geltenden Gesetzbuch der Arbeit von 1961 in getrennten Kapiteln. Sie wurden auch im Inhalt begrifflich klar aufgegliedert in „die arbeitsrechtliche Verantwortlichkeit der Werktätigen“ und „Schadenersatzleistungen des Betriebes“. Maßgebend dafür waren die unterschiedlichen Voraussetzungen für den Eintritt der Verantwortlichkeit bzw. der Schadenersatzleistung, die auf die differenzierte Zielfunktion beider Rechtsinstitute zurückgehen sowie die notwendige Differenzierung des Verhaltens individueller und kollektiver Rechtssubjekte. Das Arbeitsrecht der DDR kennt heute als arbeitsrechtliche Verantwortlichkeit nur das Einstehenmüssen Werktätiger (als natürlicher Personen) im Rahmen eines Arbeitsrechtsverhältnisses für schuldhaft begangene Verletzungen von Arbeitspflichten (Pflichten aus dem Arbeitsrechtsverhältnis).
Die arbeitsrechtliche Verantwortlichkeit ist die im Arbeitsgesetzbuch oder besonderen Rechtsvorschriften festgelegte Reaktion, die als Folge schuldhaft verletzter Arbeitspflichten bzw. dadurch schuldhaft verursachter Schäden am sozialistischen Eigentum eintritt; durch den Betriebsleiter bzw. einen anderen dazu befugten Leiter unter Beachtung der Gesamtheit aller Umstände einzuleiten bzw. geltend zu machen und grundsätzlich in einem rechtlich geregelten Verfahren bei umfassender Mitwirkung der Werktätigen und ihrer zuständigen gewerkschaftlichen Leitungen durchzusetzen ist.[17] In dieser Definition widerspiegeln sich die für die Verantwortlichkeit im Arbeitsrecht typischen und zugleich

spezifischen Charakteristika. Übereinstimmung besteht darin; basierend auf der allgemeinen rechtstheoretischen Auffassungen, daß die rechtliche Verantwortlichkeit immer die Folge einer begangenen Rechtspflichtverletzung ist.[18]
Nach herrschender Auffassung wird mit dem Vorliegen einer schuldhaften Arbeitspflichtverletzung bzw. eines dadurch schuldhaft verursachten Schadens des dem Betrieb anvertrauten sozialistischen Eigentums das Rechtsverhältnis der arbeitsrechtlichen Verantwortlichkeit als Bestandteil des komplexen Arbeitsrechtsverhältnisses begründet. Ob diese in jedem Fall jedoch auch real durchgesetzt wird, obliegt der verantwortungsbewußten Entscheidung des Betriebsleiters bzw. des sonst dazu befugten Leiters. Eintritt der arbeitsrechtlichen Verantwortlichkeit und ihre konkrete Durchsetzung sind also zwei unterschiedliche Phasen der einheitlich auf die Erziehung zu zukünftiger verantwortungsbewußter, freiwilliger Pflichterfüllung gerichteten staatlich-rechtlichen Reaktion auf schuldhafte Arbeitspflichtverletzungen. Selbst wenn ausnahmsweise bei eingetretener arbeitsrechtlicher Verantwortlichkeit von ihrer Durchsetzung entsprechend der Gesamtheit aller Umstände nach § 253 AGB abgesehen wird und andere Formen der erzieherischen Einflußnahme angewandt werden, wird in jedem Falle das schuldhafte arbeitspflichtverletzende Verhalten des Werktätigen einer kritisch bewertenden Einflußnahme unterzogen. Der Begriff der Arbeitspflichtverletzung ist gegenwärtig sowohl in der Gesetzgebung als auch in der Arbeitstheorie und -praxis nicht eindeutig definiert. Im Arbeitsgesetzbuch wird von Arbeitspflichtverletzungen sowohl im Sinne von objektiv rechtswidrigen Handlungen als auch von schuldhaften Verstößen gegen die sich aus dem Arbeitsrechtsverhältnis ergebenden Verpflichtungen der Werktätigen gesprochen. So heißt es im § 252 Abs. 1 AGB z. B. „Der Betrieb hat bei Arbeitspflichtverletzungen und Schäden am sozialistischen Eigentum unverzüglich die Ursachen und begünstigenden Bedingungen unter Mitwirkung der Werktätigen aufzudecken und zu beseitigen sowie Maßnahmen festzulegen, um weitere Arbeitspflichtverletzungen und Schäden zu vermeiden.“ Während hier also der Begriff der Arbeitspflichtverletzung zur Charakterisierung eines objektiv rechtswidrigen Handelns verwandt wird, wird im § 260 Abs. 1 AGB ebenfalls von Arbeitspflichtverletzung gesprochen, dabei jedoch im Sinne schuldhaften Handelns (der Werktätige ist dem Betrieb zum Ersatz des Schadens verpflichtet, wenn er durch Verletzung seiner Arbeitspflicht schuldhaft einen Schaden verursacht). Ebenso wird in der Arbeitsrechtstheorie das Problem, ob mit der Arbeitspflichtverletzung in jedem Fall auch bestimmte subjektive Aspekte verbunden sind, nicht immer scharf abgegrenzt. Baumgart und Kaiser beziehen hierbei eine eindeutige Position und führen dazu aus: „Unter einer Arbeitspflichtverletzung ist die Nichterfüllung oder nicht ordnungsgemäße Erfüllung einer dem Werktätigen obliegenden Arbeitspflicht, bezogen auf einen bestimmten Sachverhalt oder eine bestimmte Situation zu verstehen. Sie kann in einem pflichtwidrigen Handeln oder Unterlassen bestehen. Das Handeln bzw. das Unterlassen muß objektiv eine Pflichtverletzung darstellen. Der Werktätige muß objektiv rechtlich zu einem dementsprechenden Handeln oder Unterlassen verpflichtet und zur Erfüllung dieser Pflichten objektiv und subjektiv in der Lage gewesen sein.“[19] Diese Auffassung stützt sich auch auf Erkenntnisse der sowjetischen Arbeitsrechtswissenschaft, wonach die Arbeitspflichtverletzung als be-

sondere Art der Rechtsverletzung charakterisiert wird; als eine Einheit von subjektiven und objektiven Zügen eines bestimmten Verhaltens, das die in einem Betrieb (einer Einrichtung) bestehende Ordnung der Arbeit verletzt.[20] Die sowjetische Arbeitsrechtstheorie, die den Begriff der Arbeitspflichtverletzung synonym mit dem des Disziplinverstoßes verwendet, geht davon aus, daß Element der Arbeitspflichtverletzung das Objekt, die objektive Seite, das Subjekt und die subjektive Seite ist.[21] Dies anerkennend, kann die Arbeitspflichtverletzung definiert werden als schuldhafter Verstoß (Tun oder Unterlassen) des Werktätigen gegen eine ihm aus dem Arbeitsrechtsverhältnis obliegende Pflicht zum Verhalten des Werktätigen während des Arbeitsprozesses und der Anwesenheit im Betrieb bzw. der Erfüllung von Arbeitspflichten außerhalb des Betriebes. Der Vorwurf der Arbeitspflichtverletzung beinhaltet für den Werktätigen immer die negativ wertende gesellschaftliche Beurteilung seines Verhaltens. Diese kann und darf nicht erfolgen, wenn der Werktätige durch sein Tun oder Unterlassen zwar objektiv eine rechtswidrige Handlung begeht, ihm aber nicht vorgeworfen werden kann, trotz vorhandener objektiver Möglichkeiten und subjektiven Voraussetzungen seine Arbeitspflichten nicht erfüllt zu haben. Es wäre unverständlich, wenn ein wegen Krankheit ärztlich von der Arbeit befreiter Werktätiger zwar nicht subjektiv vorwerfbar, aber objektiv seine gem. § 80 Abs. 1 AGB obliegende arbeitsrechtliche Pflicht zur vollen Nutzung der Arbeitszeit verletzt. Zu prüfen wäre, ob ein Begriff wie etwa der nicht möglichen Erfüllung von Arbeitspflichten diesen Sachverhalt treffender widerspiegelt.
In der Arbeitsrechtstheorie gab es aber nie Zweifel daran, daß die arbeitsrechtliche Verantwortlichkeit nur eintritt, wenn ein Werktätiger ihm obliegende Arbeitspflichten durch rechtswidriges Tun oder Unterlassen fahrlässig oder vorsätzlich verletzt hat bzw. dadurch schuldhaft einen Schaden am sozialistischen Eigentum verursacht. Probleme treten in der Praxis in dem Zusammenhang dadurch auf, daß in zahlreichen Fällen in Folge einer unexakten Pflichtenbestimmung, insbesondere auf betrieblicher Ebene, Werktätigen schuldhafte konkrete Rechtspflichtverletzungen nicht zweifelsfrei nachgewiesen und damit die arbeitsrechtliche Verantwortlichkeit nicht durchgesetzt werden kann. Eine Ursache dafür ist u. a. auch darin zu sehen, daß die arbeitsrechtliche Verantwortlichkeit in den Betrieben zu oft nur als Möglichkeit gesehen wird, den konkreten einzelnen Disziplinverstoß zu ahnden bzw. auf die schuldhafte Schadensherbeiführung zu reagieren, daß ihre enge Wechselbeziehung zur klaren Gestaltung der Verantwortungsbereiche nicht beachtet wird. In der Regel bleibt dann die arbeitsrechtliche Verantwortlichkeit auf den Einzelfall begrenzt. Schlußfolgerungen zur Veränderung arbeitsorganisatorischer Abläufe, der betrieblichen Leitungstätigkeit, der betrieblichen Dokumente, in denen die Pflichten für die Werktätigen festgelegt sind usw., die in vielen Fällen im Ergebnis der Durchsetzung der arbeitsrechtlichen Verantwortlichkeit, aber auch des fehlgeschlagenen Versuchs dazu erarbeitet werden müßten, werden noch nicht immer in genügendem Maße gezogen. Eine weitere aktuelle Aufgabe besteht darin, daß es in den Betrieben noch besser gelingen muß, die vom AGB bzw. besonderen Rechtsvorschriften vorgegebenen arbeitsrechtlichen Sanktionen nach der Gesamtheit aller Umstände so auf den konkreten Einzelfall anzuwenden, daß eine gerechte, angemessene im gesellschaftlichen wie individuellen Interesse notwendige Entschei-

dung getroffen wird, die maßgeblich die Wirksamkeit der arbeitsrechtlichen Verantwortlichkeit im Sinne der zukünftigen Verhinderung von Arbeitspflichtverletzungen und der freiwilligen Wahrnahme der Verantwortung durch jeden Werktätigen mitbestimmt.

Dabei schließen wir uns der Auffassung an, daß die juristischen Sanktionen Wesenselement der rechtlichen Verantwortlichkeit sind. Wir betrachten die arbeitsrechtlichen Sanktionen als durch Rechtsnormen festgelegte Nachteile, die in Durchsetzung der arbeitsrechtlichen Verantwortlichkeit dem Pflichtverletzer unter Beachtung der Gesamtheit der Umstände auferlegt werden. Die Sanktion wird immer als Nachteil für einen Werktätigen verstanden, den zu tragen er vorübergehend verpflichtet ist, weil für ihn die arbeitsrechtliche Verantwortlichkeit eingetreten ist. Die Frage, was bei der Durchsetzung der arbeitsrechtlichen Verantwortlichkeit als Nachteil und damit als Sanktion erfaßt wird, hängt unserer Meinung nach eng damit zusammen, was als Rechtsgut im Rahmen des Arbeitsrechtsverhältnisses geschützt wird.[22] In der sowjetischen Arbeitsrechtswissenschaft wurde bereits vor Jahren begründet nachgewiesen, daß die Stellung und das Ansehen des Werktätigen im Betrieb, seine Arbeitsehre insgesamt durch die Durchsetzung der arbeitsrechtlichen Verantwortlichkeit in Gestalt der Anwendung einer Sanktion zeitweise beeinträchtigt wird.[23]

Begriffsbestimmungen zur arbeitsrechtlichen Verantwortlichkeit

Rechtspflicht: Mit der Begründung eines Arbeitsrechtsverhältnisses zwischen Werktätigen und Betrieb entstehende verbindliche Anforderung an das Verhalten der Werktätigen bei der Arbeit und Anwesenheit im Betrieb sowie bei der Erfüllung von Arbeitspflichten außerhalb des Betriebes, deren Einhaltung durch den sozialistischen Staat umfassend gewährleistet wird, unter der vom Gesetzgeber geregelten Voraussetzungen auch mittels staatlicher Zwangsanwendung.

Rechtspflichtverletzung: Ein schuldhafter Verstoß (Tun oder Unterlassen) des Werktätigen gegen eine als Arbeitspflicht verbindlich ausgestaltete und ihm obliegende Verhaltensanforderung bei der Erfüllung seiner Arbeitsaufgaben und der Anwesenheit im Betrieb bzw. bei der Erfüllung von Arbeitspflichten außerhalb des Betriebes.

Rechtliche Verantwortlichkeit: Die im Arbeitsgesetzbuch oder in besonderen Rechtsvorschriften festgelegte Reaktion, die als Folge schuldhaft verletzter Arbeitspflichten bzw. dadurch schuldhaft verursachter Schaden am sozialistischen Eigentum durch den Werktätigen eintritt; durch den Betriebsleiter bzw. einen anderen dazu befugten Leiter unter Beachtung der Gesamtheit der Umstände einzuleiten bzw. geltend zu machen und grundsätzlich in einem rechtlich geregelten Verfahren bei umfassender Mitwirkung der Werktätigen und ihrer zuständigen betrieblichen Gewerkschaftsleitungen durchzusetzen ist.

Juristische Sanktion: Durch Rechtsnormen festgelegter Nachteil, der in Durchsetzung der arbeitsrechtlichen Verantwortlichkeit dem Pflichtverletzer unter Beachtung der Gesamtheit der Umstände auferlegt wird.

Anmerkungen

1 Vgl. Programm der Sozialistischen Einheitspartei Deutschlands, Berlin 1976, S. 19 und S. 53 ff.

2 Bericht des Zentralkomitees der Sozialistischen Einheitspartei Deutschlands an den X. Parteitag der SED, Berichterstatter: Genosse Erich Honecker, Berlin 1981, S. 55.

3 Vgl. 10. Tagung des Zentralkomitees der SED, Zur Vorbereitung des XI. Parteitages der SED, Aus der Rede des Genossen E. Honecker, Generalsekretär des ZK der SED, Berlin 1985, S. 34 ff.

4 Vgl. H. Steeger/W. Weichelt, Anspruchsvolle Aufgaben auf dem Wege zum XI. Parteitag, Einheit 8/1985, S. 705 ff.

5 Vgl. E. Hein/F. Kunz, Zur engen Verbindung der arbeitsrechtlichen Verantwortung und Verantwortlichkeit, in: Grundprobleme der rechtlichen Verantwortlichkeit, Abhandlungen der AdW der DDR, Veröffentlichungen der Wissenschaftlichen Räte, Berlin W 1/1982, S. 47 ff. und die dort unter Fußnote 5. ausgewählte Literatur.

6 Arbeitsgesetzbuch der Deutschen Demokratischen Republik (AGB) vom 16. 6. 1977, GBl. I Nr. 18, S. 185.

7 Vgl. T. Schönrath, Rechtliche Verantwortlichkeit für Rechtsverletzungen in der sozialistischen Gesellschaft, in: Grundprobleme der rechtlichen Verantwortlichkeit, a. a. O., S. 7 ff.

8 Wir stützen uns bei den Aussagen zu den Arbeitspflichten und -rechten der Werktätigen u. a. auf eine vom Lehrstuhl Arbeitsrecht der ASR 1985 erarbeitete Studie zu den „Aufgaben des Arbeitsrechts bei der Durchsetzung der Einheit von Rechten und Pflichten im Arbeitsrechtsverhältnis unter den Bedingungen der umfassenden Intensivierung“ (unveröffentlicht).

9 So bezeichnet W. Thiel zutreffend die objektiv gegebene Möglichkeit, pflichtgemäß zu handeln und subjektive Rechte wahrzunehmen, als ein Charakteristikum der Arbeit im Sozialismus, W. Thiel, Sozialistische Arbeitsdisziplin wesentliches Kriterium der Intensivierung der Arbeit, in: Wissenschaftliche Zeitschrift der Humboldt-Universität zu Berlin, Gesellschaftswissenschaftliche Reihe XXXI/1982, Heft 6, S. 676. Die Eigenschaft der Orientierung auf ein „Mögliches Verhalten“ scheint deshalb nicht geeignet, Rechte und Pflichten voneinander zu unterscheiden. Anders jedoch z. B. A. A. Abramowa, Die Einheit von Rechten und Pflichten der Bürger der UdSSR in den vom Arbeitsrecht geregelten Verhältnissen, in: Wissenschaftliche Zeitschrift der Humboldt-Universität zu Berlin, Gesellschaftswissenschaftliche Reihe 6/1982, S. 659. Sie betrachtet die arbeitsrechtlichen Rechte „als von dem durch den sozialistischen Staat garantierten Maß und des Möglichen“ und die Arbeitspflichten als Art und ... Maß des erforderlichen Verhaltens.“

10 Autorenkollektiv, Sozialistisches Arbeitsrecht-Instrument zur Verwirklichung der Einheit von gesellschaftlichen, kollektiven und persönlichen Interessen, Berlin 1980, S. 163.

11 Vgl. ebenda, S. 170.

12 Vgl. F. Kunz/E. Pätzold, Überschaubares Arbeitsrecht — wirksames Mittel zur Lösung der Hauptaufgabe, Staat und Recht 10/11 1973, S. 1765; Autorenkollektiv, Arbeitsrecht, Lehrbuch, Berlin 1984, S. 75 ff.

13 Autorenkollektiv, Objektive Gesetze, Recht, Handeln, Berlin 1979, S. 115; Vgl. Autorenkollektiv, Marxistisch-leninistische Staats- und Rechtstheorie, Lehrbuch, Berlin 1980, S. 575.

14 Vgl. Programm der Sozialistischen Einheitspartei Deutschlands, a. a. O., S. 24.

15 Vgl. R. Heuse/E. Pätzold, Die subjektiven Rechte im Arbeitsrecht der DDR, Wissenschaftliche Zeitschrift der Karl-Marx-Universität Leipzig, Gesellschafts- und sprachwissenschaftliche Reihe, 30/1981, S. 237 ff.; Ihrer Bilanz kann man als zutreffend

erachten, obwohl sie übersehen, daß bereits 1966 ein Beitrag zu den Aussprachen der Diskussion zu diesem Problemkreis von F. Kaiser/F. Kunz, Zur Rolle des arbeitsrechtlichen Anspruchs im neuen ökonomischen System der Planung und Leitung, Arbeit und Arbeitsrecht, 7/1966, S. 163 ff. vorliegt.

16 Vgl. dazu die ausführliche Untersuchung der Bedeutung subjektiver Rechte für die betriebliche Arbeitsorganisation und für hohe Arbeitsdisziplin, in: W. N. Smirnow, Arbeitsdisziplin in der UdSSR — Soziale und rechtliche Probleme, Leningrad 1972 (russ.) sowie die Rezension von F. Kunz dazu, Staat und Recht, 3/1972, S. 507.

17 Vgl. Autorenkollektiv, Arbeitsrecht, Lehrbuch, a. a. O., S. 326.

18 Autorenkollektiv, Marxistisch-leninistische Staats- und Rechtstheorie, Lehrbuch, a. a. O., S. 618.

19 A. Baumgart/Ch. Kaiser, Arbeitsrechtliche Verantwortlichkeit der Werktätigen, Berlin 1984, S. 16.

20 Autorenkollektiv, Sowjetisches Arbeitsrecht, Berlin 1974, S. 251.

21 Vgl. Ebenda.

22 Im Lehrbuch Arbeitsrecht werden beispielsweise im Zusammenhang mit der disziplinarischen Verantwortlichkeit nur die ausgesprochenen Disziplinarmaßnahmen als Sanktionen bezeichnet, a. a. O., S. 343; ebenso stellte das 9. Plenum des Obersten Gerichts der DDR fest, daß nach gegenwärtiger Rechtsauffassung Einsprüche gegen durchgeführte Disziplinarverfahren, die ohne Ausspruch einer Disziplinarmaßnahme endeten nicht zulässig sind (vgl. Bericht des Präsidiums an das Plenum des Obersten Gerichts über den Beitrag der Arbeitsrechtsprechung zur Verwirklichung der ökonomischen Strategie der 80er Jahre (unveröffentlicht).

23 Vgl. W. N. Smirnow, Arbeitsdisziplin in der UdSSR — Soziale und rechtliche Probleme, Leningrad 1972 (russ.) und dazu die Rezension von F. Kunz, Staat und Recht, Heft 3/1974, S. 507 ff.

Zum Wesen des Zwangsgeldes im Verwaltungsrecht der DDR

Die Wirksamkeit des Verwaltungsrechts in der entwickelten sozialistischen Gesellschaft zu erhöhen, schließt die Vervollkommnung und Effektivierung der juristischen Mittel seiner Gewährleistung[1] ein. Die vollziehend-verfügenden Organe des Staatsapparates – vor allem örtliche Räte, Organe der Deutschen Volkspolizei, Ministerien und andere Organe des Ministerrates – können und müssen entsprechend ihrer Verantwortung auf der Grundlage der Rechtsvorschriften mit vielfältigen Mitteln in unterschiedlicher Weise und Wirkungsrichtung bei Rechtsverletzungen, bei Gefahren und Störungen des sozialistischen Zusammenlebens, bei unzureichender Realisierung ihrer Entscheidungen u. a. reagieren. Ziel ist hierbei immer, die sozialistische Gesetzlichkeit zu sichern durch die Entwicklung und Stärkung der bewußten, selbständigen Verwirklichung des Verwaltungsrechts durch die Bürger, Betriebe und andere Rechtssubjekte; ihre Bewußtheit des Handelns als wesentliche Triebkraft des Sozialismus[2] weiter zu entfalten, ist ein grundlegendes Anliegen.

Das erfordert u. a. über ihre Kategorisierung hinaus tiefer das Wesen einzelner verwaltungsrechtlicher Mittel zur Gewährleistung des Rechts und ihre Potenzen für die Verwirklichung dieser Ziele zu erfassen. Die sich andeutende Entwicklung im sozialistischen Verwaltungsrecht läßt das hinsichtlich des Zwangsgeldes besonders geboten sein.[3]

Das verwaltungsrechtliche Zwangsgeld besteht in der in Rechtsvorschriften vorgesehenen Möglichkeit, Bürger zur Zahlung bis zu 5 000 Mark, Betriebe bis zu 50 000 M – vereinzelt bis 100 000 Mark – zu verpflichten, wenn sie ihnen auferlegte Rechtspflichten nicht in der festgelegten Frist erfüllen. Bei diesen Rechtspflichten handelt es sich um unabdingbare Verhaltensforderungen an Bürger oder Betriebe, die als Gebot oder Verbot in einer Rechtsvorschrift allgemeinverbindlich, in der Mehrzahl in einem Akt der Rechtsanwendung (Einzelentscheidung) auf der Grundlage von Rechtsvorschriften durch hierzu ermächtigte Organe des Staatsapparates individuell-verbindlich bestimmt sind.

Mit dem Zwangsgeld soll erreicht werden, daß Bürger und Betriebe ihre Rechtspflichten (z. B. Bauarbeiten einzustellen, um volkswirtschaftliche Schäden zu vermeiden) in der hierfür bestimmten Frist erfüllen. Das Zwangsgeld wird zunächst durch das zuständige Organ angedroht – meist in der die verwaltungsrechtliche Pflicht begründenden Einzelentscheidung – und nach erfolglosem Fristablauf festgesetzt und vollstreckt.[4] Seine Zahlung oder seine festgesetzte, aber noch nicht durchgeführte Vollstreckung entfällt in dem Augenblick, in dem die geforderte Rechtspflicht nachträglich erfüllt wird. Das Zwangsgeld kann für die wiederholte Verletzung derselben Pflicht jeweils erneut gegenüber demselben Pflichtverletzer angewandt d. h. festgesetzt und vollstreckt werden. Die Anwendung, Adressaten, maximale Höhe und Verfahren einschließlich der Rechtsmittel gegen die Androhung bzw. Festsetzung sind in den einzelnen Rechtsvorschriften ausdrücklich festgelegt. In keinem Fall ist in Rechtsvorschriften der Nachweis der Schuld (Vorwerfbarkeit) als Voraussetzung der Anwendung des Zwangsgeldes gefordert.[5]

Die allgemeinste Funktion des Zwangsgeldes im Verwaltungsrecht wird meist darin gesehen, die Erfüllung einer Rechtspflicht von einem hierzu Verpflichteten durch den Staat zu erzwingen; es wird deshalb auch als eine Art der verwaltungsrechtlichen Zwangsmittel bezeichnet.[6] In dieser Bestimmung besteht in Funktion und Erscheinung weitgehende Übereinstimmung des verwaltungsrechtlichen Zwangsgeldes mit dem in zivilprozeßrechtlichen Regelungen vorgesehenen Zwangsgeld (z. B. § 79 ZPO)[7], das als „Erfüllungszwang" im Rahmen der Vollstreckung von zivilrechtlichen Urteilen charakterisiert wird.[8]

Die Anwendung des Zwangsgeldes durch ein Organ des Staatsapparates bei Verletzung verwaltungsrechtlicher Pflichten ist jedoch nicht wesensgleich mit seiner Festsetzung durch das Gericht zur Vollstreckung seines Urteils auf Vornahme, Duldung oder Unterlassung einer Handlung des Schuldners. Einmal geht es im Verwaltungsrecht um prinzipiell andere Arten gesellschaftlicher Verhältnisse, die auch mittels des Zwangsgeldes realisiert werden. Zum anderen besteht damit in engem Zusammenhang ein spezifisches Beziehungsgefüge zwischen der verwaltungsrechtlichen Pflichtverletzung, den hierdurch beeinträchtigten gesellschaftlichen Interessen und der Wirkungsrichtung und dem Charakter des Zwangsgeldes. Das soll näher untersucht werden. Mittels des Zwangsgeldes im Verwaltungsrecht wirkt der sozialistische Staat nachdrücklich auf die Erfüllung solcher Rechtspflichten ein, die über die einzelne im konkreten Verwaltungsrechtsverhältnis gestaltete gesellschaftliche Beziehung hinaus von gesamtgesellschaftlichem Interesse sind; allen diese Rechtspflichten auf dem Gebiet des Bau-, Wohnungs-, Verkehrs-, Gesundheits- und Energiewesens sowie der Wasserwirtschaft ist einmal gemeinsam der Schutz von Leben und Gesundheit von Menschen sowie die Vermeidung von direkten oder potentiellen Schäden der Umwelt und der Volkswirtschaft. Im einzelnen sind sie gerichtet z. B. auf den Schutz vor Hochwassergefahren, auf die Reinhaltung der Gewässer, auf die Sicherung entsprechender Schutzgebiete und -zwecke (Deiche, Küsten, Trinkwassergewinnung u. ä.), auf die Einhaltung bauwirtschaftlicher, sicherheitstechnischer und wohnungspolitischer Anforderungen sowie der Staats- und Plandisziplin in Transport-, Umschlags- und Beförderungsprozessen und beim Energieverbrauch in der Volkswirtschaft.

Damit ist verbunden, daß diese Pflichtverletzungen einerseits wesentliche und weitreichende Folgen für das Leben und die Gesundheit von Menschen, für die Umweltbedingungen sowie für das Funktionieren volkswirtschaftlicher und staatlicher Leitungsprozesse nach sich ziehen, andererseits für den Pflichtverletzer unmittelbare Vorteile bedeuten können. Z. B. kann die Nichterfüllung von Verboten und Nutzungsbeschränkungen für wasserwirtschaftliche Vorbehaltsgebiete (§ 39 Wassergesetz)[9] zu jahrelang andauernden Verunreinigungen des Trinkwassers und damit zu erheblichen volkswirtschaftlichen Aufwendungen führen; sie kann für den pflichtwidrig handelnden Betrieb möglicherweise zugleich ökonomisch vorteilhaft sein (Einsparung von Transportkapazität, Treibstoff, Arbeitszeit und -kräfte). Das um so mehr als diese Pflichtverletzungen meist fortgesetzt bzw. wiederholt verwirklicht werden. Die staatliche Reaktion zielt immer auf die Realisierung derselben verletzten Pflicht, deshalb ist die wiederholte, gleiche Reaktion mittels Zwangsgeld auf weitere fortgesetzte Pflichtverletzungen notwendig. Daraus folgt, daß es bei der Überwindung dieser Pflichtverletzungen darum geht, sie möglichst unverzüglich zu beenden, d. h. die Erfüllung der Rechtspflicht durch den Verantwortlichen zu erreichen. Des weiteren sind — wenn das nicht sofort möglich ist — die durch weitere Pflichtverletzungen entstehenden Schäden bzw. volkswirtschaftliche Aufwendungen wenigstens zu einem Teil auszugleichen und schließlich sind die aus der Pflichtverletzung für den Verpflichteten erzielten materiellen Vorteile einzuschränken oder aufzuheben und insgesamt dadurch erzieherisch auf den Verantwortlichen einzuwirken.

Das Zwangsgeld entspricht diesen Zielen: Es wirkt primär und ausdrücklich mit materiellen (finanziellen) Mitteln auf den Verpflichteten ein, seine bisher verletzte Pflicht zu erfüllen. Es geht vorrangig um die Beseitigung des durch die Pflichtverletzung verursachten rechtswidrigen Zustandes, d. h. um die Herstellung des rechtlich geforderten Zustandes. Mit dem Zwangsgeld wird die selbständige Entscheidung der Verantwortlichen stimuliert: Mit der Erfüllung ihrer Rechtspflicht können sie die Festsetzung bzw. die Vollstreckung des Zwangsgeldes aufheben. Bei der Anwendung des Zwangsgeldes im sozialistischen Verwaltungsrecht geht es also nicht schlechthin um staatlichen Zwang zur Durchsetzung von Rechtspflichten zur Erreichung des sozialen Zieles des Gesetzes.[10] Sein Wesen ist vielmehr geprägt durch die Entwicklung und Stärkung der Verantwortung und Selbständigkeit der Bürger und Betriebe für die bewußte Erfüllung ihrer Rechtspflichten. Mit dem Zwangsgeld wird in gewissem Umfange ein Ausgleich der durch die Pflichtverletzung entstandenen Schäden, staatlichen Aufwendungen sowie die Beseitigung von ökonomischen Vorteilen vor allem für Betriebe erreicht. Das drückt einmal die der unterschiedlichen ökonomischen Lage, Möglichkeiten und Interessen entsprechende Differenzierung der Höchstgrenze des Zwangsgeldes zwischen Bürgern und Betrieben aus — für Bürger beträgt sie 5 000 Mark, für Betriebe überwiegend 50 000 Mark —, zum anderen zwischen verschiedenen Pflichtverletzungen der Betriebe: bei Verletzung von Auflagen der Staatlichen Bauaufsicht bis zu 50 000 Mark und bei Verletzung von Auflagen der Verkehrsinspektion bis zu 100 000 Mark.

Dieses komplexe Ziel widerspiegelt den neuen gesellschaftlichen Inhalt des Zwangsgeldes im sozialistischen Verwaltungsrecht. Es unterscheidet sich damit prinzipiell von dem Zwangsgeld des bürgerlichen Verwaltungsrechts als eines allgemeinen staatlichen „Beugemittels“ zur Durchsetzung jeder Forderung des bürgerlichen Polizeiapparates bzw. der Verwaltungsorgane. Gemäß § 35 des Preußischen Polizeiverwaltungsgesetzes vom 1. Juni 1931 sind die Polizeibehörden befugt, „die Befolgung einer polizeilichen Verfügung ... durch Festsetzung von Zwangsgeld oder unmittelbaren Zwang durchzusetzen“. Ersatzweise ist

Zwangshaft möglich. Nur zu deutlich haftet dem Zwangsgeld hier seine Herkunft aus einer Geldstrafe, der Zwangsstrafe an, die im Preußischen Landesverwaltungsgesetz vom 30. Juli 1883 (§ 132 insbes. Ziff. 2) festgelegt war. Auch heute hat es im bürgerlichen Verwaltungsrecht zum Inhalt die bedingungslose Unterwerfung des Bürgers unter den bürgerlichen Staatsapparat innerhalb der Verwaltungsrechtsverhältnisse, die als „allgemeine Gewaltverhältnisse" bezeichnet werden.[11] „Der Verwaltungsakt, der auf die Herausgabe einer Sache oder die Vornahme einer Handlung oder auf Duldung oder Unterlassung gerichtet ist, kann mit Zwangsmitteln nach § 9 durchgesetzt werden", und zwar von jedem Verwaltungsorgan. In § 9 ist vorgesehen a) Ersatzvornahme, b) Zwangsgeld von 3—2 000 Mark, c) unmittelbarer Zwang.[12] Das bekräftigt das Bundesverwaltungsgericht in seinem Urteil vom 28. 9. 1967: „Aus der Überordnung der Verwaltung über die Rechtsgenossen folgt es, daß überall dort, wo die Verwaltung verfügen darf, ihr auch die hoheitlichen Mittel zur Durchführung zustehen."[13]

Die Charakterisierung des Zwangsgeldes — in einer Reihe mit der Ersatzvornahme und dem physischen Zwang — im Verwaltungsrecht der DDR als „Verwaltungszwangsmittel" bringt offensichtlich seine Funktion im sozialistischen Recht nicht genügend klar zum Ausdruck.

Das Zwangsgeld ist seinem Wesen nach eine verwaltungsrechtliche Sanktion, mit der durch die bevollmächtigten Organe des Staatsapparates die verwaltungsrechtliche Verantwortlichkeit des Bürgers oder Betriebes realisiert wird, d. h. das Einstehenmüssen des Pflichtverletzers gegenüber dem sozialistischen Staat innerhalb eines Verantwortlichkeitsverhältnisses; das umfaßt die Pflicht des Rechtsverletzers, die in der Regel festgelegte Sanktion auf sich zu nehmen sowie — oder auch allein die ursprüngliche (verletzte) Rechtspflicht zu erfüllen — soweit das möglich ist. Ziel ist, daß der Rechtspflichtverletzer selbst den rechtlich geforderten Zustand herstellt durch die (nachträgliche) Realisierung seiner verletzten Pflicht bzw. daß er — zumindest teilweise — die durch die Pflichtverletzung verursachten Folgen beseitigt oder ausgleicht und künftig seine Pflichten gewissenhaft wahrnimmt. Das Zwangsgeld vereinigt in sich rechtsherstellende, erzieherische Elemente mit Zügen der Vollstreckung.[14]

Darauf beruht wesentlich seine erzieherische Wirkung. So wirkt z. B. die Androhung gegebenenfalls die Festsetzung und Vollstreckung des Zwangsgeldes bei Nichterfüllung von Auflagen zum Abriß eines widerrechtlich errichteten Bauwerkes wesentlich nachhaltiger auf den Rechtsverletzer sowie vorbeugend auf andere Bürger als der Ausspruch einer Ordnungsstrafe, mit der auf diese Pflichtverletzung reagiert werden kann; die Ordnungsstrafe ist oft bereits im voraus in die Bausumme einberechnet. Eine theoretische Differenzierung zwischen einer „sekundären" Erziehungsfunktion rechtsherstellender Sanktionen — wozu das Zwangsgeld gehört — und der „primären" Erziehungsfunktion strafender Sanktionen insbesondere der Ordnungsstrafe[15] hat offensichtlich keine Grundlage.

Dieser wesensbestimmende rechtsherstellende Charakter des Zwangsgeldes bedingt sein Verhältnis zur Ordnungsstrafe. Das Zwangsgeld zielt auf ein genau bestimmtes, in unmittelbarer Zukunft vom Verantwortlichen zu realisierendes Handeln. Im Unterschied dazu geht es bei der Ordnungsstrafe immer um die staatliche Reaktion auf in der Vergangenheit liegendes schuldhaftes rechtswidriges Handeln und mittelbar um die zukünftige Einhaltung des sozialistischen Rechts. Das bedeutet, daß mit dem Ausspruch einer Ordnungsstrafe gegenüber einem Bürger, der der Auflage zum Abriß eines widerrechtlich errichteten Bauwerkes nicht in der festgelegten Frist nachkommt und damit eine Ordnungswidrigkeit verwirklicht hat, diese Pflichtverletzung ausdrücklich verurteilt wird. Der mit der Pflichtverletzung bestehende rechtswidrige Zustand wird damit jedoch nicht rechtmäßig. Er kann vielmehr nur durch den Abriß hergestellt werden. Da dies gesellschaftlich erforderlich ist, ist dies durch Androhung und gegebenenfalls Festsetzung von Zwangsgeld für den Fall der Verletzung dieser Pflicht zu gewährleisten. Ordnungsstrafe und Zwangsgeld sind auf Grund ihrer unterschiedlichen Wirkungsrichtung als strafende und als rechtsherstellende Sanktion nebeneinander bei derselben Pflichtverletzung anwendbar. Dem entsprechen bisher die rechtlichen Regelungen wie z. B. im Wassergesetz, in der VO über die Staatliche Umweltinspektion u. a. Das wird unterstrichen durch ausdrücklich parallele Regelungen in anderen Bereichen. So ist in § 17 Abs. 1 der VO über die Pflichten die Rechte und die Verantwortlichkeit der Mitarbeiter in den Staatsorganen vom 19. 2. 1969 (GBl. II Nr. 26, S. 163) bestimmt: „Die disziplinarische und materielle Verantwortlichkeit schließen einander nicht aus". Auch hier geht es einmal um die staatlich-rechtliche Verurteilung einer schuldhaften Pflichtverletzung als solcher und zum anderen um die Beseitigung des hierdurch verursachten rechtswidrigen Zustandes — d. h. Ersatz des schuldhaft mit der Pflichtverletzung verursachten Schadens — durch den Verantwortlichen. Diese unterschiedliche Wirkungsrichtung von Ordnungsstrafe und Zwangsgeld wird jedoch negiert, wenn es in § 14 der Verordnung über Bevölkerungsbauwerke vom 8. 11. 1984 (GBl. I Nr. 36 S. 433) heißt: Ordnungsstrafmaßnahmen und Zwangsgeld können nicht nebeneinander für dieselbe Pflichtverletzung angewandt werden. Gleichlautend enthält dies auch § 35 der Verordnung über die Lenkung des Wohnraumes — WLVO — vom 16. 10. 1985 (GBl. I Nr. 27 S. 301). Hierdurch werden die Wirkungsmöglichkeiten der in ihrer Zielrichtung unterschiedlichen verwaltungsrechtlichen Sanktionen und damit die Wirksamkeit der verwaltungsrechtlichen Verantwortlichkeit von vornherein eingeschränkt. Das Wesen des Zwangsgeldes als verwaltungsrechtliche Sanktion wird untermauert durch seinen Platz und sein Wirken innerhalb der verwaltungsrechtlichen Verantwortlichkeitsbeziehung.

Wie festgestellt, ist die Verletzung bestimmter verwaltungsrechtlicher Rechtspflichten durch einen Bürger/Betrieb die erste unabdingbare Voraussetzung, um ein Zwangsgeld in den rechtlich festgelegten Beziehungen anwenden zu können. Überwiegend wird diese Rechtspflicht im Prozeß der Rechtsanwendung in einer verwaltungsrechtlichen Einzelentscheidung (z. B. über die Erfassung von Wohnraum) oder in einer Auflage bestimmt.[16] Mit dieser Pflichtverletzung wird ein verwaltungsrechtliches Verantwortlichkeitsverhältnis begründet; es umfaßt die Pflicht des Verantwortlichen, die bereits bestehende verletzte primäre oder Grundpflicht in der nunmehr ausdrücklich bestimmten Frist zu erfüllen. Weiter wird seine (neue) Pflicht festgelegt zur Zahlung des Zwangsgeldes in vorher genau bestimmter Höhe bei Nichterfüllung innerhalb dieser Frist. Das Verantwortlichkeitsverhältnis bildet im Verwaltungsrecht mit den häufig bereits bestehenden (primären) Verwaltungsrechtsverhältnis eine Einheit.

Dies trifft offensichtlich nicht zu für die Auflagen der Energieinspektion, mit denen Betriebe verpflichtet werden, bei schwerwiegender Verletzung energiewirtschaftlicher Pflichten in einer bestimmten Frist Veränderungen herbeizuführen. Auch hier ist rechtlich ein „Zwangsgeld" vorgesehen, wenn innerhalb dieser Frist keine Veränderungen durch den Betrieb erfolgen. Jedoch wird dieses „Zwangsgeld", das vorher als exakt begrenzte Summe (bis zu 100 000 Mark) angedroht werden muß, nach der Pflichtverletzung „fällig"; es erfolgt also keine Festsetzung nach Fristablauf. Das bedeutet, daß der Betrieb keine Möglichkeit der nachträglichen Pflichterfüllung (zwischen Festsetzung und Vollstreckung) hat. Offenkundig handelt es sich bei diesem „Zwangsgeld" um eine Reaktion mit Strafcharakter mit der Spezifik, daß die exakte Strafhöhe vorher bestimmt und angedroht wird. In der Energieverordnung vom 9. 9. 1976 (GBl. I Nr. 38 S. 441) war diese Reaktion richtigerweise als „Sanktion" charakterisiert. Wenn K. Bönninger auf Grund der wiederholt möglichen Anwendung dieser Sanktion auf ein Zwangsgeld schließt[17], so wird der Zusammenhang zwischen Pflichtverletzung und staatlicher Reaktion verkannt. Es wird hier die bis dahin existente Pflichtverletzung geahndet. Danach können weitere, erneute gleichartige Rechtsverletzungen auftreten.
Das Verantwortlichkeitsverhältnis wird durch die freiwillige Verwirklichung der Sanktion durch den Verantwortlichen oder durch deren staatliche Vollstreckung beendet. Die Vollstreckung ist ein untrennbarer Bestandteil der Verantwortlichkeitsbeziehung, deren Wirksamwerden an die Voraussetzung geknüpft ist, daß die Sanktion nicht freiwillig erfüllt wird. Dieser Zusammenhang wird auch nicht durch die Besonderheit im Verwaltungsrecht ausgeräumt, daß das zuständige Organ des Staatsapparates sowohl Subjekt des primären Verwaltungsrechtsverhältnisses als auch der Verantwortlichkeitsbeziehung und — meist auch der Vollstreckung ist.[18] Das Zwangsgeld ausschließlich als Mittel der Durchsetzung von Rechtspflichten d. h. als deren Vollstreckung zu charakterisieren bedeutet, die Vollstreckung von verbindlichen Rechtspflichten unabhängig und außerhalb der verwaltungsrechtlichen Verantwortlichkeit zuzulassen, obgleich die Verletzung der Rechtspflicht festgestellt wurde oder sie als Rechtsfolge einer Pflichtverletzung dem Verantwortlichen durch den Staat auferlegt wurde als Art und Maß seines Einstehenmüssens für die Pflichtverletzung. Damit wird die Vollstreckung von Sanktionen als Rechtsfolge einer Pflichtverletzung aus der Verantwortlichkeitsbeziehung unzulässig herausgelöst und verselbständigt.
Im weiteren deuten diese Überlegungen zur Funktion, zum Wesen und zum Platz des verwaltungsrechtlichen Zwangsgeldes im Verantwortlichkeitsverhältnis darauf hin, sich eingehender mit der prozeßrechtlichen Pflichtverletzung und Verantwortlichkeit zu befassen, was im Rahmen dieses Beitrages nicht vorgesehen ist.
Die Tatsache, daß für die Anwendung des Zwangsgeldes der Nachweis der Schuld (bei Bürgern) bzw. der Vorwerfbarkeit (bei Betrieben)[19] keine rechtliche Voraussetzung ist, macht die Frage danach nicht gegenstandslos. Neben der objektiven gesellschaftlichen Rolle der Pflichtverletzung spielt auch der subjektive Faktor eine Rolle. Darauf weist die in allen entsprechenden Rechtsvorschriften, die in den letzten Jahren erlassen wurden, enthaltene Orientierung hin: Die Höhe des Zwangsgeldes ist unter Berücksichtigung der Bedeutung der Auflagen-

erfüllung und der Schwere der Pflichtverletzung (bei Betrieben auch die Wirkungen auf die Fonds) festzusetzen. Damit ist auch zu würdigen, ob die Pflichtverletzung vorsätzlich oder fahrlässig bzw. vorwerfbar, aus Gewinnstreben u. ä. begangen wurde.
Diese Berücksichtigung auch der Schuld/Vorwerfbarkeit für die Anwendung des Zwangsgeldes bedeutet nicht schon seine Bindung an deren Nachweis. Diese Frage bedarf weiterer umfassenderer Untersuchungen. Hierin ist auch ein solcher Aspekt einzubeziehen wie z. B. einer Anerkennung der Verantwortlichkeit von Betrieben für erhöhte Gefahren, die mit ihren betrieblichen Prozessen verbunden sind auch im Verwaltungsrecht (ähnlich dem Zivilrecht). Das steht in Verbindung mit der immer schwieriger zu treffenden Bestimmung vor allem von Pflichtverletzungen auf dem Gebiete des Umweltschutzes, die „nicht alle dem Gesetz der klassischen Kausalität unterliegen.“[20] Es betrifft weiter die Notwendigkeit und den Umfang einer Ausgleichsfunktion der verwaltungsrechtlichen Verantwortlichkeit, faktisch der materiellen verwaltungsrechtlichen Verantwortlichkeit. Weiter sind verfahrensökonomische Erfordernisse der Arbeit der Organe des Staatsapparates stärker in die Betrachtung einzubeziehen; denn die Aufdeckung von Pflichtverletzungen und die Geltendmachung der verwaltungsrechtlichen Verantwortlichkeit ist diesen Organen immer als ein Teil der Leitung der ökonomischen, politischen und geistig-kulturellen Entwicklung im Territorium im Auftrage ihrer Volksvertretung bzw. der Leitung eines gesellschaftlichen Bereiches übertragen worden.

Begriffsbestimmungen zur verwaltungsrechtlichen Verantwortlichkeit

Rechtspflicht: Konkrete für die Erfüllung gesellschaftlich staatlicher Aufgaben unabdingbare Verhaltensforderung an einen bestimmten Adressaten(kreis) von Einzel- oder Kollektivsubjekten — Bürger, Staatsfunktionäre, Betriebe, gesellschaftliche Organisationen, Staatsorgane, Einrichtungen u. a. Institutionen —, die als Gebot oder Verbot in einer Rechtsvorschrift allgemein-verbindlich oder auf der Grundlage einer Rechtsvorschrift in einem Akt der verwaltungsrechtlichen Rechtsanwendung individuell-verbindlich bestimmt ist.
Rechtspflichtverletzung: Nicht oder nicht pflichtgemäße Erfüllung (Tun, Unterlassen, Dulden) einer oben genannten Rechtspflicht durch das verwaltungsrechtlich verpflichtete Einzel- oder Kollektivsubjekt (unabhängig von der Feststellung der Rechtspflichtverletzung und Reaktion darauf). Der Schuldnachweis ist ein notwendiges Element nur für Ordnungswidrigkeiten und Disziplinarvergehen.
Rechtliche Verantwortlichkeit: Sie besteht in dem unmittelbar durch die Rechtspflichtverletzung ausgelösten Recht des kompetenten Verwaltungsorgans (bzw. eines rechtlich befugten gesellschaftlichen oder betrieblichen Organs/Funktionärs) die Rechtspflichtverletzung zu werten sowie auf den Rechtspflichtverletzer mit rechtlich festgelegten juristischen, ökonomischen oder moralischen Maßnahmen einzuwirken und in der Pflicht des Rechtspflichtverletzers, diese Maßnahmen auf sich zu nehmen, insbesondere die ursprüngliche (jedoch verletzte) Rechtspflicht sowie evtl. die weiteren als Folge der Verletzung festgelegten Rechtspflichten zu erfüllen.

Die rechtliche Verantwortlichkeit ist ein unmittelbar durch die Rechtspflichtverletzung begründetes Verwaltungsrechtsverhältnis, das mit dem im Wege der Rechtsanwendung begründeten ursprünglichen Verwaltungsrechtsverhältnis in der Regel eine Einheit bildet; das ordnungsrechtliche und disziplinarische Verantwortlichkeitsverhältnis weist dagegen eine größere Eigenständigkeit im Verhältnis zu dem – hier nur evtl. – bestehenden ursprünglichen Verwaltungsrechtsverhältnis auf.

Juristische Sanktion: Ist die staatlich-rechtliche Reaktion (Rechtsfolgen) eines kompetenten Verwaltungsorgans oder eines befugten gesellschaftlichen oder betrieblichen Organs/Funktionärs auf eine Rechtspflichtverletzung im Rahmen eines Verantwortlichkeitsverhältnisses, die gegenüber dem Rechtsverletzer die Rechtspflichtverletzung politisch-moralisch werten, seine verletzte, nichterfüllte Pflicht bestätigen (wenn sie nachträglich erfüllbar ist) und neue Pflichten auferlegen mit dem Ziel, in Abhängigkeit von der Art und Bedeutung der Rechtspflichtverletzung moralisch-erzieherisch, strafend, rechtsherstellend, schadensausgleichend sowie künftigen gleichartigen Rechtspflichtverletzungen ausschließend zu wirken. Keine Sanktionen sind staatlich-rechtliche Reaktionen, die der Vorbeugung und Beseitigung von Gefahren, Störungen und Schäden dienen, die durch Naturgewalten verursacht wurden oder durch menschliches Handeln (Havarie, Brand, Verkehrsunfall u. ä.), hier jedoch unabhängig von einer möglichen Rechtspflichtverletzung und deshalb gegenüber geeigneten (anwesenden usw.) Einzel- und Kollektivsubjekten (also nicht gegenüber dem Rechtspflichtverletzer) erfolgen. Es handelt sich hierbei um Schutz- und Sicherungsmaßnahmen verwaltungsrechtlicher Art.

Anmerkungen

1 Mittel der juristischen Gewährleistung sind hier verwaltungsrechtliche Instrumentarien (Mittel und Formen), die teils den Adressaten von Rechtsvorschriften (Bürgern, Betrieben u. a.) teils den zuständigen staatlichen Organen zustehen, um die Wahrnehmung ihrer Rechte bzw. die Erfüllung der Pflichten zu sichern unter Voraussetzungen und in Verfahren, die rechtlich bestimmt sind. Zu den verwaltungsrechtlichen Mitteln der Gewährleistung gehören sowohl Eingaben und Rechtsmittel, die Staatshaftung als auch die verwaltungsrechtliche Verantwortlichkeit einschließlich der verwaltungsrechtlichen Sanktionen, die Schutz- und Sicherungsmaßnahmen, das Recht der Räte, ungesetzliche Beschlüsse und Entscheidungen unterstellte Organe aufzuheben u. a.

2 K. Hager, Gestzmäßigkeiten unserer Epoche – Triebkräfte und Werte des Sozialismus, Berlin 1983, S. 34.

3 Seit Jahren ist die Anwendung von Zwangsgeld rechtlich vorgesehen auf den Gebieten des Bau- und des Gesundheitswesens sowie der Wasserwirtschaft. Seit 1980 wurden weitere Anwendungsmöglichkeiten rechtlich bestimmt: Verordnung über die Energiewirtschaft in der DDR – Energieverordnung – vom 30. 10. 1980, GBl. I Nr. 33, S. 321 (§ 27); Verordnung über die Staatliche Bauaufsicht vom 30. 7. 1981, GBl. I Nr. 26, S. 313 (§ 29); Verordnung über die Staatliche Verkehrsinspektion vom 17. 9. 1981, GBl. I Nr. 32, S. 373 (§ 7); Gesetz zur Verhütung und Bekämpfung übertragbarer Krankheiten beim Menschen vom 3. 12. 1982, GBl. I Nr. 40, S. 631 (§ 36); Wassergesetz vom 2. 7. 1982, GBl. I Nr. 26, S. 467 (§ 44); Verordnung über die Ver-

antwortung der Räte der Gemeinden, Stadtbezirke und Städte bei der Errichtung und Veränderung von Bauwerken durch die Bevölkerung — Verordnung über Bevölkerungsbauwerke — vom 8. 11. 1984, GBl. I Nr. 36, S. 433 (§ 13); Verordnung über die Staatliche Umweltinspektion vom 12. 6. 1985, GBl. I Nr. 19, S. 238 (§ 6); Verordnung über die Lenkung des Wohnraumes — WLVO — vom 16. 10. 1985; GBl. I Nr. 27, S. 301 (§ 30).

4 Verordnung über die Vollstreckung wegen Geldforderungen der Staatsorgane und staatlichen Einrichtungen vom 6. 12. 1968, GBl. II, Nr. 6, S. 61.

5 Vgl. Autorenkollektiv, Verwaltungsrecht, Lehrbuch, Berlin 1979, S. 274 f.

6 Ebenda, S. 273 ff.

7 Gesetz vom 19. 6. 1975 über das gerichtliche Verfahren in Zivil-, Familien- und Arbeitsrechtssachen — Zivilprozeßordnung —, GBl. I Nr. 29, S. 533.

8 Vgl. Autorenkollektiv, Zivilprozeßrecht, Lehrbuch, Berlin 1980, S. 471; das gilt im Wesen auch für das Zwangsgeld, das in § 130 der Strafprozeßordnung der Deutschen Demokratischen Republik — StPO — vom 12. 1. 1968, GBl. I Nr. 2, S. 49 i. d. F. des Gesetzes zur Änderung der Strafprozeßordnung vom 19. 12. 1974, GBl. I Nr. 64, S. 597 und des Gesetzes zur Änderung und Ergänzung straf- und strafverfahrensrechtlicher Bestimmungen (2. Strafrechtsergänzungsgesetz) vom 7. 4. 1977 GBl. I Nr. 10, S. 100 sowie in § 44 der Verordnung über die Aufgaben und die Arbeitsweisen des Staatlichen Vertragsgerichts in der Bekanntmachung der Neufassung der Verordnung über die Aufgaben und Arbeitsweise des Staatlichen Vertragsgerichts vom 12. 3. 1970, GBl. II Nr. 29, S. 209 vorgesehen ist.

9 Wassergesetz vom 2. 7. 1982, GBl. I Nr. 26, S. 467.

10 K. Gläß, Anwendung von Zwangsgeld durch staatliche Organe, Neue Justiz 7/1984, S. 283.

11 Vgl. E. Forsthoff, Lehrbuch des Verwaltungsrechts, München 1973, S. 294.

12 Verwaltungsvollstreckungsgesetz vom 27. 4. 1953 (BGBl. I S. 157) i. d. F. des Gesetzes über den unmittelbaren Zwang bei der Ausübung öffentlicher Gewalt durch Vollzugsbeamte des Bundes vom 10. 3. 1961 (BGBl. I, S. 165) §§ 6, 9.

13 Vgl. E. Forsthoff, Lehrbuch des Verwaltungsrechts, a. a. O., S. 291.

14 Vgl. I. I. Weremenjenko, Verwaltungsrechtliche Sanktionen, Moskau 1975, S. 114 (russ.).

15 Vgl. N. Frank, Die Sanktionen im Verwaltungsrecht, Staat und Recht 5/1979, S. 1032; N. Frank, Zu Problemen der verwaltungsrechtlichen Verantwortlichkeit, Dissertation B., Humboldt-Universität zu Berlin, 1984, S. 84.

16 So z. B. §§ 17 Abs. 3, 29 Abs. 3, 33 Abs. 2, 36 Abs. 3, 37 Abs. 2, 39 des Wassergesetzes vom 2. 7. 1982, GBl. I Nr. 26, S. 467; Auflagen sind individuelle verwaltungsrechtliche Entscheidungen der hierzu bevollmächtigten Staatsorgane, in denen für Bürger oder Betriebe konkrete Rechtspflichten bestimmt werden.
Bei den Auflagen, für deren Nichterfüllung Zwangsgeld anwendbar ist, sind zu unterscheiden:
— Auflagen, die primär auf der Grundlage der Rechtsvorschriften Pflichten individualisieren;
— Auflagen, die als Reaktion auf die Verletzung einer — in der Regel in der Rechtsvorschrift bestimmten — Rechtspflicht ergehen und die Erfüllung dieser Rechtspflicht (z. B. zur Einhaltung von Emissionswerten) oder die Pflicht zur Beseitigung der Folgen fordern, die durch die Verletzung der Rechtspflicht verursacht wurden (z. B. die Auflage zum Abriß eines widerrechtlich errichteten Bungalows).

17 K. Bönninger, Der staatsrechtliche Vertrag — Überzeugung und Zwang in der staatlichen Leitung, in: Themenreihe Verwaltungsrecht der DDR, 3. Thema/Teil 1, Leipzig 1973, S. 39.

18 Bei Auflagen sowie der Festsetzung von Zwangsgeld durch Bürgermeister von Ge-

meinden ist in der Regel der Rat des Kreises Vollstreckungsorgan gem. § 3 der Verordnung über die Vollstreckung wegen Geldforderungen der Staatsorgane und staatlichen Einrichtungen vom 6. 12. 1968, GBl. II Nr. 6, S. 61.

19 Die Anwendbarkeit des durch die Wirtschaftsrechtswissenschaft entwickelten und in die Rechtsvorschriften eingegangenen Begriffes der Vorwerfbarkeit zur Kennzeichnung des subjektiven Faktors im Handeln der Betriebe im Verwaltungsrecht wurde theoretisch nachgewiesen, vgl. N. Frank, Zu Problemen der verwaltungsrechtlichen Verantwortlichkeit, a. a. O., S. 21.

20 Vgl. J. Virsik, Arbitrage-Praxis 77/8, S. 262 f., zitiert nach Keislinger, Zur Verantwortlichkeit für die Umwelt im tschechoslowakischen Recht (Übersetzung der KMU Leipzig, S. 10).

Manfred Mohr

Zum Wesen der Verantwortlichkeit im Völkerrecht der Gegenwart
— Thesen —

1. In der sozialistischen, speziell sowjetischen (Völker-)Rechtstheorie wird in wachsendem Maße die Auffassung vertreten, daß es notwendig und möglich ist, eine einheitliche Theorie des Rechts in all seinen Erscheinungsformen sowohl für das innerstaatliche wie das Völkerrecht zu entwickeln.[1] Eine solche Notwendigkeit resultiert aus der zunehmenden Verflechtung innerstaatlicher und zwischenstaatlicher Vorgänge auf den verschiedensten Gebieten, unter anderem im Bereich des Rechts; ihre Möglichkeit ergibt sich grundlegend aus dem einheitlichen Rechtskonzept des Marxismus-Leninismus und darüber hinaus auch aus bestimmten aktuellen Entwicklungstendenzen von Theorie und Praxis (z. B. hinsichtlich breiter, komplexer gefaßter Wirksamkeitsbetrachtungen). Entsprechendes gilt in besonderem Maße für die Verantwortlichkeit, die ein Wesensmerkmal des Rechts ist. Hier wie bei anderen Fragen sind die strukturellen, der staatlichen Souveränität geschuldeten Besonderheiten des gegenwärtigen Völkerrechts zwar wirksam und demgemäß zu berücksichtigen; sie führen jedoch nicht dazu, daß man keine Konzeption von der völkerrechtlichen Verantwortlichkeit entwickeln kann, die mit der in innerstaatlichen Rechtszweigen bzw. der allgemeinen Rechtstheorie vertretenen Konzeption in wesentlichen Punkten übereinstimmt.[2] Unter anderem um für die Erörterung dieser Frage bestimmte Ausgangspunkte zu haben, wurden die vorliegenden thesenartigen Bemerkungen entworfen, die weiterer Vertiefung bedürfen.[3]

2. Nach meinem Dafürhalten ist es für ein Verständnis der völkerrechtlichen Verantwortlichkeit erforderlich, eine Einordnung in den Prozeß der Rechtsverwirklichung bzw. der Rechtsanwendung vorzunehmen, der wiederum in den umfassender angelegten „Wirkungsprozeß“ des (Völker-)Rechts eingebettet ist. Die Verantwortlichkeit wirkt als spezifischer Mechanismus im Wechselspiel mit anderen Mechanismen (Methoden, Mittel, Verfahren) der Rechtsverwirklichung bzw. -anwendung oder der (im Völkerrecht oft so bezeichneten) Normdurchsetzung. Als solche andere, häufig mit der Verantwortlichkeit kombinierte Mechanismen kommen z. B. die friedliche Streitbeilegung oder Formen der internationalen Kontrolle in Frage. Die Verantwortlichkeit ist — auch im Völkerrecht — nur eines der rechtlichen Gewährleistungsmittel, die wiederum nicht losgelöst von nichtrechtlichen bzw. nichtstaatlichen Faktoren und Bedingungen gesehen werden können.[4] So wird die Wirksamkeit des Völkerrechts, der Grad seiner Einhaltung, in nicht unwesentlichem Maße von der internationalen Öffentlichkeit, dem Wirken nichtstaatlicher Kräfte und Organisationen beeinflußt. Darüber hinaus gibt es gerade in der gegenwärtigen Völkerrechtsordnung vielfältige und mitunter sehr komplizierte Wechselwirkungen zwischen dem Rechtsbildungs- und dem Rechtsverwirklichungsprozeß, zwischen entsprechenden verbindlichen und unverbindlichen Erscheinungsformen, was beispielsweise durch die Praxis der UN-Vollversammlungsresolutionen oder die Schlußakte von Helsinki belegt wird.

3. Voraussetzung für den Eintritt völkerrechtlicher Verantwortlichkeit ist die Verletzung einer völkerrechtlichen Pflicht durch das hieran gebundene Völkerrechtssubjekt (in der Regel ein Staat). Diese Bindung ergibt sich gemäß dem Vereinbarungscharakter des gegenwärtigen Völkerrechts aus der vorliegenden (vertrags- oder gewohnheitsrechtlichen) Zustimmung des jeweiligen Staates zur Normverpflichtung, die mit einer entsprechenden Berechtigung eines bzw. mehrerer oder aller anderen Staaten korrespondiert. Für das Vorliegen einer derartigen Pflichtverletzung mit der Konsequenz der Verantwortlichkeit reicht die bloße Verletzung von bestimmten, rechtlich nicht geschützten Interessen nicht aus. Andererseits ist es im Völkerrecht nicht erforderlich bzw. besonders sinnvoll, neben der Verantwortlichkeit eine rechtliche „Verantwortung" zu konzipieren, die letztlich mit der umfassenden Pflichterfüllung, mit allgemein normgemäßem Verhalten gleichgesetzt werden kann. Dabei sollen gewisse prophylaktische Wirkungen der Verantwortlichkeit im Hinblick auf eine solche Verantwortung durchaus nicht übersehen werden.[5]

4. Verantwortlichkeitsauslösend ist das pflichtverletzende Verhalten (Tun oder Unterlassen) des Völkerrechtssubjekts, des Staates. Als „kollektives Rechtssubjekt" handelt der Staat vermittels seiner Organe oder sonstiger, mit (Elementen) staatlicher Macht ausgestatteter (letztlich also in Organeigenschaft auftretender) Personen und Einrichtungen. Für die Begründung der Verantwortlichkeit muß tatsächlich staatliches Handelns vorliegen, das eine bestehende völkerrechtliche Pflicht verletzt. Dementsprechend ist eine Verantwortlichkeit ausgeschlossen für das Handeln von Privatpersonen sowie in Fällen höherer Gewalt oder von Notstand. Über die Pflichtverletzung hinaus gibt es im Völkerrecht keine allgemeinen Voraussetzungen für den Verantwortlichkeitseintritt, etwa in Gestalt von Schuld oder Schaden.

5. Das Wesen der völkerrechtlichen Verantwortlichkeit liegt in seiner, dem Wesen des (Völker-)Rechts immanenten Gewährleistungs- oder Garantiefunktion. Diese wird dadurch erfüllt, daß automatisch und unabhängig vom Willen des Rechtsverletzers ein neues, sekundäres Rechtsverhältnis entsteht, dessen Inhalt bestimmte Rechtsfolgen (Sanktionen) sind. Die Rechtsfolgen stellen zusätzliche Rechte des Verletzten und Pflichten des Verletzers dar; sie sind auf die Durchsetzung der verletzten Verpflichtung und/oder die Beseitigung der Folgen der Rechtsverletzung gerichtet. Die Betonung eines Automatismus bei der Entstehung des Verantwortlichkeitsrechtsverhältnisses ist im Völkerrecht besonders wichtig, dem es auf Grund seiner horizontalen Strukturierung an überstaatlichen, den Rechtssubjekten übergeordneten Instanzen fehlt. Dieser automatische Eintritt der Verantwortlichkeit, der aus der Natur des (Völker-)Rechts resultiert, ist nicht identisch mit der Geltendmachung der Verantwortlichkeit und einzelner, konkreter Rechtsfolgen.[6] Er ist in gewisser Weise auch Ausdruck der tendenziellen Objektivierung der Verantwortlichkeitsproblematik im Völ-

kerrecht, in dem angesichts der Existenz souveräner Staaten kein Platz für subjektiv-psychologisierende Betrachtungsweisen ist. Eine solche Annäherung könnte darüber hinaus auch nur die in den meisten Verletzungssituationen erforderliche rasche und möglichst reibungslose Abwicklung der Verantwortlichkeit behindern.

6. Im Völkerrecht der Gegenwart und der es widerspiegelnden Theorie ist es unbedingt erforderlich, von vornherein zwischen verschiedenen Rechtsverletzungskategorien und ihren jeweiligen Rechtsfolgeregimes zu unterscheiden. Die Unterschiede ergeben sich aus der Bedeutung der verletzten Norm, der entsprechenden mit der Rechtsverletzung verbundenen Gefahr für die internationalen Beziehungen und dem Kreis der an der Norm beteiligten bzw. aus der Verletzung berechtigten Staaten. Es ist das herausragende Resultat der gegenwärtig in der UN-Völkerrechtskommission (ILC) von statten gehenden Kodifizierungsbemühungen zur (Staaten-)Verantwortlichkeit, diesen Differenzierungsgrundsatz in Gestalt der Unterscheidung zwischen internationalen Verbrechen (z. B. der Aggression) und internationalen Delikten (z. B. einfachen Vertragsverletzungen) festgeschrieben zu haben. Die Herausbildung der Kategorie internationaler Verbrechen, von der alle Staaten betroffen sind und die zu besonders weitreichenden Sanktionen legitimiert, ist unerläßlich, wenn die völkerrechtliche Verantwortlichkeit ihre rechtssichernde, rechtspolitische Funktion erfüllen soll. Sie hat nicht im geringsten etwas mit einer Kriminalisierung der Staatenverantwortlichkeit zu tun.

7. Beteiligte des Verantwortlichkeitsverhältnisses sind die Partner der zugrundeliegenden verletzten „Primärnorm“ – der Verletzerstaat und der oder die von der Verletzung betroffene(n) Staat(en). Meist handelt es sich dabei um bilaterale Verhältnisse bzw. – auf Grund reziproker Verpflichtungsstrukturen – bilateralisierbare Beziehungen aus multilateralen Vereinbarungen. Es gibt aber auch multilaterale Vereinbarungen, bei denen die Verpflichtung des einzelnen Staates gegenüber allen anderen Vereinbarungspartnern bzw. der entsprechenden Staatengemeinschaft insgesamt besteht und ihnen gegenüber – „erga omnes“ – verletzt wird. In einem solchen Fall, dessen wichtigster und klarster der eines internationalen Verbrechens ist, sind alle anderen Staaten von der Rechtsverletzung betroffen und können hierauf in Gestalt von Rechtsfolgen reagieren. Der Umfang der Reaktionsmöglichkeit hängt vom Grad der Betroffenheit ab und ist demgemäß differenziert (z. B. zwischen dem unmittelbaren Opfer einer Aggression und allen anderen Staaten). Neben dem Fall internationaler Verbrechen gibt es bestimmte Typen multilateraler Verträge, die ebenfalls erga-omnes-Verpflichtungsstrukturen aufweisen. Hierzu rechnen beispielsweise Abrüstungs- und Statusverträge (wie das Teststoppabkommen und der Antarktisvertrag) sowie Menschenrechtsverträge (wie die beiden UN-Konventionen von 1966). Die Bestimmung der Beteiligten an einem Verantwortlichkeitsverhältnis, des Grades ihrer Betroffenheit und ihrer Reaktionsmöglichkeiten ist bei multilateralem Vertrags- oder Gewohnheitsrecht mit erga-omnes-Charakter eine mitunter sehr komplizierte, aber natürlich wesentliche Frage. Gemäß der grundlegenden Struktur der Völkerrechtsordnung der Gegenwart gibt es keine, den Rechtssubjekten übergeordnete Instanz, die hierüber wie auch über die Beteiligten- und Berechtigungsfrage in allen anderen Fällen

entscheiden könnte. Dies können und müssen die souveränen Staaten selbst tun.

8. Den von einer Völkerrechtsverletzung betroffenen Staaten stehen die Rechtsfolgen oder Sanktionen[7] zu, die im Zusammenhang mit der verletzten Norm speziell vereinbart wurden. Eine solche spezielle, mit Vorrangwirkung ausgestattete Vereinbarung gibt es – in Anbetracht der eben umrissenen besonderen Verpflichtungsstruktur – regelmäßig nur bei multilateralen Verträgen mit erga-omnes-Charakter, ansonsten aber kaum. Im letztgenannten, meist vorliegenden Fall ist es so, daß einem verletzten Staat, differenziert für Delikte und Verbrechen und auch darüber hinaus im Rahmen der Verhältnismäßigkeit, ein bestimmter Katalog oder eine Palette von Rechtsfolgen gegenüber dem Rechtsverletzerstaat zur Verfügung steht. In Übereinstimmung mit der Staatenpraxis bzw. dem bisherigen Diskussionsstand bei der Erarbeitung einer Verantwortlichkeitskonvention durch die Völkerrechtskommission können als Grundtypen derartiger Rechtsfolgen genannt werden: Anspruch auf Beendigung der Rechtsverletzung, Wiedergutmachungsanspruch (in Gestalt von Restitution, Schadenersatz, Garantien gegen eine Wiederholung bzw. Satisfaktion), Leistungsverweigerungs- oder Zurückbehaltungsrechte, Repressalien sowie Selbstverteidigung im Fall einer Aggression.

9. Da es im Völkerrecht keine übergeordnete Rechtsdurchsetzungsinstanz gibt, müssen die Staaten, d. h. die Rechtssubjekte, jeweils selbst die Verantwortlichkeit und ihre Rechtsfolgen geltend machen und durchsetzen. In bestimmten Fällen und Situationen (internationale Verbrechen bzw. Not- und Abwehrsituation) kann diese Geltendmachung in Form der Anwendung entsprechender Rechtsfolgen (Repressalien, Selbstverteidigung o. ä.) sofort und einseitig geschehen. Davon abgesehen wird – im Einklang mit der horizontalen Völkerrechtsstruktur – die Durchsetzung der Verantwortlichkeit letztlich nur im Wege der Vereinbarung zwischen dem verletzten, geltend machenden Staat und dem Verletzerstaat möglich sein. Schließlich ist selbst die Möglichkeit der erwähnten einseitigen, zwangsweisen Verantwortlichkeitsreaktion in gewisser Weise vorvereinbart. Für die Abwicklung der Verantwortlichkeit, hieraus resultierender Rechtsfolgen und Forderungen können die Staaten auf kooperative Verfahren und Mechanismen, z. B. der friedlichen Streitbeilegung, zurückgreifen, die inner- oder außerhalb internationaler Organisationen, z. B. der UN, bestehen. Diese Verfahrensfrage ist im Völkerrecht auf Grund des Fehlens vertikaler Strukturen von großer praktischer Bedeutung für die Durchsetzung der Verantwortlichkeit. Sie darf jedoch nicht dazu verwandt werden – wie das von westlicher Seite in Verbindung mit dem Postulat einer obligatorischen Gerichtsbarkeit häufig geschieht –, um überhaupt Verantwortlichkeitsreaktionen, speziell im Fall internationales Verbrechen, zu blockieren (so, wenn man fordert, daß letzten Endes nur der Internationale Gerichtshof über entsprechende Rechtsfolgen entscheiden kann). Bei der z. T. diffizilen Verfahrens- und Durchsetzungsproblematik im Bereich der völkerrechtlichen Verantwortlichheit muß eine Balance zwischen den erforderlichen Reaktionsmöglichkeiten verletzter Staaten und der letztlich nie total erreichbaren Verhinderung von Mißbrauch gesucht und hergestellt werden. Zugespitzt ausgedrückt: die Opfer imperialistischer Aggressions- und Interventionspolitik müssen das Recht haben, sofort und wirksam

auf eine solche völkerrechtsverletzende Politik zu reagieren, während auf der anderen Seite verhindert werden muß, daß eben diese Interventionspolitik als Sanktion und damit legitim ausgegeben werden kann.

10. Auch im Völkerrecht bzw. in der internationalen Staatenpraxis hat sich in bestimmten Normbereichen (speziell des See-, Weltraum- und Atomrechts bzw. des Umweltschutzes) die rechtliche Konstruktion der Haftung herausgebildet. Sie beinhaltet den Ausgleich des Schadens, der bei entsprechenden, mehr oder minder gefährlichen Tätigkeiten entsteht. Der Schadensausgleich vollzieht sich auf der Basis getroffener Vereinbarungen, ihm liegt keine Rechtsverletzung zugrunde, und weitergehende Verantwortlichkeitsfolgen bleiben ausgeschlossen. Kommt es in diesen Tätigkeits- und Normbereichen jedoch zu Pflichtverletzungen (z. B. in Gestalt des Überschreitens festgelegter Umweltschutzstandards), tritt der Fall der materiellen Verantwortlichkeit ein. Im Zusammenhang mit der Haftung bzw. der Verantwortlichkeit für schadensverursachende Aktivitäten in derartigen Bereichen spielen Prophylaxe und Prävention eine besondere Rolle; des weiteren gilt, daß viele Haftungsvereinbarungen zivilrechtlichen bzw. versicherungsrechtlichen Charakter tragen.

Begriffsbestimmungen zur völkerrechtlichen Verantwortlichkeit

Rechtspflicht: Verpflichtung aus einer Völkerrechtsnorm, die für ein Völkerrechtssubjekt (Staat) auf Grund seiner Zustimmung (Vereinbarung) rechtsgültig (keine Verletzung von zwingendem Recht) besteht. Dabei kann es sich um eine bilaterale oder eine multilaterale Vereinbarung, um Vertrags- oder Gewohnheitsrecht handeln.

Rechtspflichtverletzung: Verletzung (Nicht- oder nichtgehörige Erfüllung) einer existierenden o. g. Verpflichtung (und einer korrespondierenden Berechtigung des oder der Vereinbarungspartner(s)) durch entsprechendes Verhalten (Tun oder Unterlassen) eines Völkerrechtssubjektes (Staates). Keine zusätzlichen Voraussetzungen (Schuld, Schaden o. ä.) erforderlich; keine völkerrechtliche Rechtspflichtverletzung durch Handeln von Nicht-Völkerrechtssubjekten (Individuen u. ä.) oder bei Vorliegen besonderer Umstände (höhere Gewalt, Notstand).

Rechtliche Verantwortlichkeit: Automatisch eintretende Konsequenz jeder Rechtspflichtverletzung in Gestalt des Entstehens eines besonderen („sekundären") Rechtsverhältnisses, das in Gestalt einer zusätzlichen Berechtigung des Verletzten und einer zusätzlichen Verpflichtung des Verletzers auf die Durchsetzung der verletzten („primären") Norm und/oder die Beseitigung der Folgen der Rechtsverletzung gerichtet ist.

Juristische Sanktion: Rechtsfolge der Verantwortlichkeit, die dem Verletzer im Rahmen des Verantwortlichkeitsrechtsverhältnisses in Gestalt bestimmter Rechte (Ansprüche, Forderungen, Maßnahmen) gegenüber dem Rechtsverletzer zur Verfügung steht und geltend gemacht werden kann. Dabei Differenzierung zwischen verschiedenen Verletzungskategorien (internationale Verbrechen und internationale Delikte) sowie unter Umständen nach dem unterschiedlichen Grad der Betroffenheit von der Rechtsverletzung und Beachtung des Proportionalitätsgrundsatzes bzw. bestehender spezieller Vereinbarungen.

Anmerkungen

1 Vgl. J. T. Ussenko, Zum Verhältnis von Kategorien des Völkerrechts und des innerstaatlichen Rechts, in: Sowjetwissenschaft. Gesellschaftswissenschaftliche Beiträge, 2/1984, S. 130 ff.; für die DDR-Diskussion z. B. L. Lotze, Die Friedensfrage im Recht und die Verantwortung der marxistisch-leninistischen Rechtstheoretiker, in: Die Friedensfrage im Recht, Beiträge eines Kolloquiums, Berlin 1985, S. 137 ff.

2 Insoweit und in diesem Sinne kann man nach meiner Auffassung nicht davon sprechen, daß es sich bei der Verantwortlichkeit im Völkerrecht im Wesen um eine spezifische Verantwortlichkeit gegenüber der Verantwortlichkeit im Landesrecht handelt. So aber N. A. Ushakov, Die Verantwortlichkeit der Staaten für internationale Verbrechen und Delikte, in: Völkerrecht im Dienste des Friedens und der Zusammenarbeit der Staaten, Moskau 1981, S. 58 (russ.).

3 Vgl. insbesondere und insgesamt die Monographie von B. Graefrath/E. Oeser/P. A. Steiniger, Völkerrechtliche Verantwortlichkeit der Staaten, Berlin 1977.

4 Vgl. hierzu z. B. auch T. Schönrath, Rechtliche Verantwortlichkeit für Rechtsverletzungen in der sozialistischen Gesellschaft, in: Grundprobleme der rechtlichen Verantwortlichheit, Abhandlungen der Akademie der Wissenschaften der DDR, Veröffentlichungen der Wissenschaftlichen Räte, Berlin W 1/1982, S. 10 ff.

5 Vgl. Speranskaja, die zwischen einer „positiven“, „vorbeugenden“ Verantwortlichkeit („Verantwortung“) und einer „negativen“, „retrospektiven“ Verantwortlichkeit unterscheidet; L. V. Speranskaja, Völkerrechtliche Verantwortlichkeit der Staaten für Meeresverschmutzung. Einige theoretische Aspekte, Moskau 1984, S. 8 ff. u. a. (russ.).

6 Vgl. ähnlich auch T. Schönrath, die vorschlägt, zwischen der Festlegung der Verantwortlichkeit in der Rechtsnorm oder im Rechtsverhältnis, dem Eintritt der Verantwortlichkeit und der Geltendmachung oder Durchsetzung der Sanktionen zu unterscheiden; in: Rechtliche Verantwortung für Rechtsverletzungen in der sozialistischen Gesellschaft, Grundprobleme der rechtlichen Verantwortlichkeit, a. a. O., S. 19.

7 In der Völkerrechtsliteratur – speziell der sowjetischen – wird der Begriff „Sanktion“ häufig auch im engeren Sinne für einseitige Berechtigungen verwandt, die dem Verletzten neben dem Widergutmachungsanspruch zustehen. Ein noch engeres Verständnis identifiziert diesen Begriff mit kollektiven Zwangsmaßnahmen der UN gegenüber schweren Völkerrechtsverletzungen.

Wirtschaftsvertragliche Pflichten und Verantwortlichkeit für Pflichtverletzungen

Der subjektive Faktor in seiner Übereinstimmung mit den objektiven gesellschaftlichen Entwicklungserfordernissen ist entscheidend, den Zusammenhang von wirtschaftsvertraglichen Pflichten und Verantwortlichkeit für Pflichtverletzungen optimal wirksam zu gestalten, hängt es doch „von der Bewußtheit und Disziplin der Werktätigen und von der Organisiertheit des gesellschaftlichen Produktionsprozesses (ab), ob ... die objektiv möglichen ökonomischen Ergebnisse“ erzielt werden.[1]

1. Auch bei der Rechtsgestaltung ist der objektive Inhalt des subjektiven Faktors von den objektiven Möglichkeiten der sozialistischen Produktionsverhältnisse zu unterscheiden. Der von der Gesellschaft geforderte notwendige und mögliche Bewußtseinsstand in der Qualität sozialistischer Bewußtheit, ausgedrückt im kollektiven, bewußt organisierten Handeln, ist der objektive Inhalt des subjektiven Faktors kollektiver Subjekte. Er entwickelt sich in Wechselbeziehung mit den objektiven Möglichkeiten der sozialistischen Produktionsverhältnisse, letztlich durch diese bestimmt.

Im Zusammenhang mit wirtschaftsvertraglichen Pflichtverletzungen wird der subjektive Faktor in Form der Vorwerfbarkeit erfaßt. Vorwerfbarkeit besteht, wenn die nicht erfüllte Pflicht unter Wahrung der rechtlich gebotenen Sorgfalt erfüllt werden konnte. Die den Wirtschaftseinheiten gebotene Sorgfalt: Ausnutzung aller ihnen zugängigen Möglichkeiten der sozialistischen Produktionsverhältnisse, ist Teilinhalt ihrer Pflichten, Bestimmungsfaktor (Maß) ihrer Verantwortung für die Pflichterfüllung und des Vorwurfs von Pflichtverletzungen.

2. Bei der Begründung anspruchsvoller und realer Vertragspflichten wird der subjektive Faktor im Zusammenwirken von politischer Führung, staatlicher Leitung und Eigenverantwortung der Kombinate und Betriebe wirksam und durch die Regelungen über die Einheit von Plan, Vertrag, wirtschaftlicher Rechnungsführung und materieller Stimulierung gefördert. Die Planbindung des Wirtschaftsvertrages gewährleistet dabei vom Grundlegenden her reale Pflichten. Dies ist für die Vermutung der Vorwerfbarkeit nicht gehörig erfüllter Wirtschaftsverträge bestimmend. Weitergehende Erfordernisse zur Begründung realer Verträge haben die Betriebe eigenverantwortlich zu sichern. Das wird durch Regelungen zur Verhinderung unrealer Verträge unterstützt.

Der besonderen Rolle von Wissenschaft und Technik entspricht, daß der Auftragnehmer wissenschaftlich-technischer Leistungen „die sachgerechte Ausführung“ der vereinbarten Leistung garantiert (§ 12 Abs. 1, 1. DVO VG)[2]. Ein Miß-

erfolg bei Wahrung der Sachkunde liegt als Folge des wissenschaftlich-technischen Risikos außerhalb der Garantie und ist keine Pflichtverletzung. Das Risiko kann also nicht abhalten, anspruchsvolle Aufgaben zu übernehmen. Diese progressive Verbindung von Pflichtverletzung und Vorwerfbarkeit wird allerdings nicht durchgehalten, weil das fehlschlagende Risiko später dennoch zur Pflichtverletzung erklärt wird (§ 24 Abs. 1, 1. DVO VG)[3].
Weitergehend wird durch Gestaltung realer Vertragsbedingungen kraft Rechtsvorschrift auf anspruchsvolle und erfüllbare Verträge hingewirkt, z. B. durch Festlegung der Anteile von Erzeugnissen 1. und 2. Wahl in staatlichen Gütevorschriften. Schließlich dient auch die Nichtigkeit des Wirtschaftsvertrages bei ursprünglicher Unmöglichkeit der Leistung (§ 68 Abs. 1 Ziff. 3 ZGB)[4] der Sicherung realer Verträge. Bei nachträglicher Unmöglichkeit erlischt der Wirtschaftsvertrag.

3. Der Maßstab der Vertragserfüllung ist objektiver Art. Das tatsächliche Verhalten bzw. Leistungsergebnis muß mit dem geforderten übereinstimmen. Dem liegen das Leistungsprinzip, die wirtschaftliche Rechnungsführung und das Äquivalenzerfordernis von Leistung und Gegenleistung zugrunde.
Im Partnerverhältnis erlöschen die Pflichten durch Erfüllung, auch wenn die Leistung unter Verletzung anderer Pflichten, z. B. bei der Anordnung von Überstundenarbeit, erbracht wurde. Nur im Verhältnis des Verpflichteten zum Staat kann der Erfüllung der Vertragspflicht im Partnerverhältnis die weitergehende gesellschaftliche Anerkennung versagt werden, insbesondere dadurch, daß Gewinne, die nicht auf eigenen ökonomischen Leistungen beruhen, an den Staatshaushalt abzuführen sind, z. B. Gewinne aus Verstößen gegen das planmäßig festgelegte Sortiment.[5]

4. Das Vertragsgesetz bestimmt jede objektive negative Differenz von tatsächlichem und vertraglich gefordertem Verhalten bzw. Leistungserfolg zur Pflichtverletzung (§ 82 Abs. 1 VG),[6] die ohne Rücksicht auf Ursachen und Vorwerfbarkeit eintritt. Das ist eine Pflichtverletzung ohne Vorwerfbarkeitsvoraussetzung. Nur die Ladefristen und damit die Ladepflichten ruhen wegen unabwendbarer Umstände[7], so daß insoweit keine Pflichtverletzung eintritt. Dem liegt die Unterscheidung von Pflichtverletzung und verhinderter Pflichterfüllung, eine Pflichtverletzung mit Vorwerfbarkeitsvoraussetzung, zugrunde.
Etwa zwei Drittel der wirtschaftsvertraglichen Pflichtverletzungen sind betrieblich abwendbar, also vorwerfbar. Ist aber die Pflichtverletzung von keiner Vorwerfbarkeitsvoraussetzung abhängig, kann mit der Feststellung einer Pflichtverletzung allein kein Vorwurf ausgedrückt werden. Die Kategorie der Pflichtverletzung ohne Vorwerfbarkeitsvoraussetzung ist hinsichtlich Vorwerfbarkeit wertneutral. Nur deshalb kann das Vertragsgesetz selbst bei Feststellung mangelnder Vorwerfbarkeit (bei unabwendbaren Ereignissen und Partnerverursachung, Schadensausgleichsbefreiung wegen unabwendbarer Umstände, Vertragsstörungen durch einseitige Weisungen) ausdrücklich von Pflichtverletzungen sprechen (§§ 83, 84 VG).
Die Anwendung des Begriffes der Pflichtverletzung und die Durchsetzung von Rechtsfolgen im Namen von Verantwortlichkeit und Sanktionen selbst bei Feststellung mangelnder Vorwerfbarkeit, z. B. Durchsetzung von Leistungssicherungssanktionen bei gleichzeitiger Befreiung von Schadensausgleichssanktionen

wegen fehlender Vorwerfbarkeit, fördert Tendenzen, auch eine gegebene Vorwerfbarkeit von Pflichtverletzungen zu negieren. Die Betriebe verstehen die wirtschaftsvertraglichen Sanktionen häufig, Garantieforderungen in den meisten Fällen, nicht als Kritik eines vorwerfbaren Verhaltens, was dringend nötig wäre, um politisch-ideologische Faktoren für die künftige Pflichterfüllung wirksam zu machen.[8]

Wächst die Rolle des subjektiven Faktors, so auch das Erfordernis, vorwerfbare Verhaltensweisen kritisch und selbstkritisch zu überwinden. Dazu muß das Wirtschaftsrecht in die Lage versetzt werden, den Vorwurf eines vorwerfbaren Verhaltens in klarer und massenverständlicher Weise, in eindeutiger begrifflicher Zusammenfassung, zum Ausdruck zu bringen, eben mit dem Begriff der Pflichtverletzung als vorwerfbares Verhalten, das die Nicht- oder nicht gehörige Erfüllung der Pflicht verursacht hat, so also, wie dieser Begriff ohnehin in breitem Umfang von den Werktätigen verstanden wird.

5. Zur Pflichtverletzung ohne Vorwerfbarkeitsvoraussetzung muß mangelnde Vorwerfbarkeit hinterrücks beachtet werden, um unvertretbare Sanktionsfolgen auszuschließen.

Erstens werden Handlungen ohne Willenselement zu nicht rechtswidrigen Handlungen erklärt, so daß Sanktionsfolgen erst durch Ausschluß der Rechtswidrigkeit (hinterrücks) entfallen.[9]

Die spezifische menschliche Form des Handelns schließt aber stets ein Willenselement ein. Fehlt es, dann mit der Konsequenz, daß keine Handlung vorliegt, zu der die Rechtswidrigkeit ausgeschlossen werden könnte. Deshalb ist unzutreffend, daß auch handele, wer „nicht willentlich ... handelt oder infolge höherer Gewalt seine Rechtspflichten nicht erfüllt".[10]

Verhindern oder verzögern unabwendbare Ursachen die Pflichterfüllung, so fehlt für die als Handlung in Frage kommende Unterlassung die Möglichkeit, daß sich der Verpflichtete zu einem anderen, zur Vertragserfüllung führenden Verhalten entscheiden konnte. Andere Handlungen, zu denen er sich entschließt (Betriebe bleiben nicht schlechthin untätig), sind für die Vertragsstörung nicht ursächlich.

Zweitens wird zur Pflichtverletzung ohne Vorwerfbarkeitsvoraussetzung eine mangelnde Vorwerfbarkeit nachträglich damit berücksichtigt, daß die Möglichkeit, „den Rechtsverletzer verantwortlich zu machen, ... an den Willen des Handelnden gebunden (ist)". Fehlt das Willenselement, entfällt „die Pflicht des rechtswidrig Handelnden, ... einzustehen".[11] Bei Bejahung der Rechtsverletzung trotz fehlenden Willenselements wird also Sanktionsfolgen durch einen Verantwortlichkeitsausschuß (hinterrücks) entgegengewirkt, so auch nach § 83 Abs. 1 VG.

Drittens bejaht das Vertragsgesetz Pflichtverletzung, Verantwortlichkeit und Sanktionen (Leistungssicherungssanktionen) auch bei fehlender Vorwerfbarkeit, berücksichtigt diese aber partiell und hinterrücks durch begrenzten Sanktionsausschluß (Befreiung von Vertragsstrafe und Schadenersatz), soweit die Befreiung nicht selbst wieder ausgeschlossen ist (§ 84 VG). Pflichtverletzungen mit Vorwerfbarkeitsvoraussetzungen berücksichtigen den subjektiven Faktor von vornherein durch ein Ruhen der Pflicht bzw. eine Verlängerung von Fristen für die Pflichterfüllung und gegebenenfalls durch Erlöschen der Pflicht als Folge unabwendbarer Umstände, die die Vertragserfüllung beeinträchtigen.

6. Die Begründungen für wirtschaftsvertragliche Pflichtverletzungen ohne Vorwerfbarkeitsvoraussetzung sind nicht schlüssig. Zunächst erscheine es angesichts erforderlicher Initiativen für die Vertragserfüllung „als wenig förderlich“, den verpflichtenden Charakter von Verträgen durch Ruhen oder Erlöschen, „wenn auch nur nachträglich und ... unter Anlegung strenger Maßstäbe bezüglich der Anstrengungen ..., in Frage“ zu stellen.[12] Nach gegebenem Recht erlischt aber der Vertrag bei nachträglicher Unmöglichkeit, ohne Initiativen zu mindern. Wie könnte auch ein Weiterbestehen Initiativen für die Pflichterfüllung fördern, wenn feststeht, daß die Erfüllung unmöglich ist (und für die Prüfung des Ruhens/Erlöschens und der Verantwortlichkeit dieselben Bedingungen gelten)? Nur fehlgeleitete Initiativen (Leerlauf) können gefördert werden.
Hat ein Betrieb pflichtgemäß alle Möglichkeiten der sozialistischen Produktionsverhältnisse, wenn auch erfolglos, für die Vertragserfüllung ausgeschöpft, liegt weder ein aktives vertragswidriges Handeln noch eine vertragswidrige Unterlassung vor. Wird ein solches verantwortungsvolles Handeln dennoch zur Pflichtverletzung qualifiziert, muß das diskriminierend wirken oder Gleichgültigkeit gegenüber Pflichtverletzungen hervorrufen, wenigstens aber die schon erwähnte Tendenz, Sanktionen nicht notwendig als Mittel der Kritik zu verstehen.
Ferner sei die Pflichtverletzung zwingend „als Differenz zwischen dem rechtlich geforderten und dem tatsächlichen Verhalten“ zu verstehen, wenn man Sanktion als Rechtsfolge von „Pflichtverletzung schlechthin“ auffaßt[13]. Damit wird aber nur das zu begründende als Grund angegeben.
Schließlich soll das Verhältnis von Plan und Vertrag die Pflichtverletzung ohne Vorwerfbarkeitsvoraussetzung (kraft vorausgesetzter Vorwerfbarkeit) begründen, indem zu den Plan- und Vertragspflichten und „auch bei der Verantwortlichkeit davon ... auszugehen (ist)“, daß der Betrieb „über die Voraussetzungen“ zu ihrer Erfüllung „verfügt“.[14]
Damit können jedoch zutreffend nur widerlegbare Vermutungen begründet werden, daß die Verträge erfüllbar und ihre Verletzung vorwerfbar sind. Sollen die Vertragspflichten dagegen weiterbestehen (weder ruhen noch löschen), weil von Erfüllbarkeit auszugehen ist, wird unausgesprochen zu einer unwiderlegbaren Vermutung übergewechselt, die fiktiven Charakter besitzt, soweit der Vertragserfüllung unabwendbare Umstände entgegenstehen. Schätzungsweise ein Drittel der Vertragsverletzungen haben dann fiktiven Charakter.
Der Bezug auf das Verhältnis von Plan und Vertrag legt im übrigen Befürchtungen nahe, ein Ruhen/Erlöschen von Vertragspflichten könne dies auch zu den zugrundeliegenden Planpflichten bewirken. Solche Befürchtungen sind unbegründet, da die konkreteren Vertragspflichten eigenverantwortlich gestaltet werden. Außerdem enthält nur die staatliche Planentscheidung (nicht auch der Vertrag) die staatlich verbindliche Entscheidung, daß sie erfüllt werden kann; Einwände gegen die Planentscheidung besitzen keine aufschiebende Wirkung, der Vertrag erlischt bei Unmöglichkeit. Die rechtliche Verbindlichkeit staatlicher Planentscheidungen ist vom Schicksal der Verträge zu ihrer Durchführung unabhängig; die schnelle und sachkundige Feststellung und Mitteilung des Ruhens/Erlöschens von Verträgen ist Bedingung für Initiativen, die Planentscheidungen über andere Wege möglichst doch noch zu erfüllen.
7. Die wirtschaftsvertragliche Verantwortlichkeit ist Verpflichtung, dem Partner

die materiellen Folgen der Pflichtverletzung auszugleichen. Die Vorwerfbarkeit ist teils als Verantwortlichkeitsvoraussetzung geregelt und dann Voraussetzung aller Sanktionen (§ 83 VG), teils nur spezielle Sanktionsvoraussetzung für Vertragsstrafe und Schadensersatz, aber auch dies nur mit zahlreichen Ausnahmen von der einseitigen Weisung bis zur Qualitätsvertragsstrafe bei Konsumgütern (§ 84 VG, § 16 4. DVO VG).[15]

Daraus folgt: Jede negative Differenz von Pflicht und Erfüllung ist unabhängig von Ursachen und Vorwerfbarkeit Pflichtverletzung, die teils mit und teils nicht mit Verantwortlichkeit verbunden ist. Ist die Pflichtverletzung mit Verantwortlichkeit verbunden, so sind die Pflichtverletzung und die Verantwortlichkeit

– teils „überwiegend" mit Vorwerfbarkeit verbunden;
– teil nicht mit Vorwerfbarkeit verbunden (bei Realisierung von Leistungssicherungssanktionen unter gleichzeitiger Befreiung von Schadensausgleichssanktionen);
– teils trotz Realisierung von Schadensausgleichssanktionen nicht mit Vorwerfbarkeit verbunden (bei einseitigen Weisungen) oder die Vorwerfbarkeit bleibt mehr oder weniger offen (in anderen Fällen ausgeschlossener Befreiungsmöglichkeit).

Ein Rechtsbewußtsein als Massenbewußtsein kann sich nicht annähernd in solcher Differenziertheit entwickeln, zumal sich die Unterschiede noch rechtszweigmäßig vervielfältigen. Gerade deshalb werden auch vorwerfbare Pflichtverletzungen häufig nicht als solche empfunden. Zumutbar ist dem Rechtsbewußtsein als Massenbewußtsein, die Pflichtverletzung und die verhinderte Pflichterfüllung zu unterscheiden, die Pflichtverletzung stets in Einheit mit Verantwortlichkeit, Vorwerfbarkeit und Sanktionen. Zumutbar ist auch das Verständnis, daß bei verhinderter Pflichterfüllung bestimmte Rechtsfolgen (aber nicht Sanktionen) ohne Rücksicht auf Vorwerfbarkeit eintreten; ein Handeln ohne Risiko gibt es nicht.

Besitzt der politisch-ideologische, moralisch-rechtliche, gegebenenfalls auch materiell fundierte Vorwurf der Pflichtverletzung gegenüber anderen Stimuli eine zusätzliche Wirksamkeitspotenz, setzt diese ein entsprechendes Rechtsbewußtsein voraus, das sich seinerseits voll nur entfalten kann, wenn alle Zweige des Rechts Pflichtverletzung und Vorwerfbarkeit gleichsetzen und ihre Besonderheiten in diesem Rahmen gestalten. Der Sinn der rechtszweigübergreifenden Diskussion der Verantwortlichkeit beruht auf dieser Erkenntnis.

8. Auch die Begründungen für Verantwortlichkeits- und Sanktionsregelungen ohne Vorwerfbarkeitsvoraussetzung sind nicht schlüssig.

Da Vertragsverletzungen größeren teils (schätzungsweise zu zwei Drittel) abwendbar sind, bestehe „kein Grund", ... sie nicht auch als ... „vorwerfbare Pflichtverletzungen" (zu charakterisieren)."[16] Hier dient das Vorwurfserfordernis zur Begründung der Verantwortlichkeit ohne Vorwerfbarkeitsvoraussetzung, denn es wird in Kauf genommen, daß mittels Leistungssicherungssanktionen Verantwortlichkeit realisiert wird, selbst wenn kraft Schadensausgleichsbefreiung fehlende Vorwerfbarkeit feststeht.

Die Verantwortlichkeit ohne Vorwerfbarkeitsvoraussetzung wird mit der Vernachlässigungsfähigkeit des subjektiven Faktors gerechtfertigt, „wo die Unabwendbarkeit der Umstände ... eine vernachlässigungsfähige Ausnahme bildet" oder die Sanktionshöhe „eingegrenzt" ist.[17] Die Vernachlässigung des subjektiven Faktors bis hin zum Ausschluß der Befreiung von Vertragsstrafe und Schadensersatz in zahlreichen Fällen fördert aber Tendenzen, die wirtschaftsvertraglichen Sanktionen generell nur fallweise nach subjektiver Beurteilung als Kritik zu verstehen. Grundsätzlich steht die wachsende Rolle des subjektiven Faktors einer Vernachlässigungsfähigkeit entgegen.

Die Leistungssicherungssanktionen werden als Sanktionen ohne Vorwerfbarkeitsvoraussetzung mit objektiven Erfordernissen begründet. Es gehe mit ihnen „nicht nur um Reaktionen auf Pflichtverletzungen, sondern" gleichzeitig um „notwendige Konsequenzen ... der Äquivalenz".[18] Die Einheit von Pflichtverletzung und Vorwerfbarkeit wird also anerkannt, aber durch einen allein materiell bedingten Faktor negiert. Aus der Vernachlässigungsfähigkeit des subjektiven Faktors ist die Notwendigkeit seiner Vernachlässigung geworden, gleich zu welcher Sanktionsart und -höhe und wie häufig auch immer, soweit nur eine Notwendigkeit gesehen wird – wie zu den Sanktionen nach einseitiger Weisung. Alle Begründungen mit objektiven Erfordernissen übersehen jedoch die Alternative, Rechtsfolgen, die ohne Vorwerfbarkeitsvoraussetzung notwendig sind, als Rechtsfolgen ohne Sanktionscharakter zu regeln.

Eine unwiderlegbare Verantwortlichkeits- und Vorwerfbarkeitsvermutung[19] soll den Bruch heilen, der bei Zusammenfassung von Verantwortlichkeit, Vorwerfbarkeit und Sanktionen einerseits und gleichzeitiger Zulassung von Sanktionen ohne Vorwerfbarkeitsvoraussetzung andererseits eintritt. Spätestens bei gleichzeitiger Zuerkennung von Leistungssicherungssanktionen und Befreiung von Schadensausgleichssanktionen wegen fehlender Vorwerfbarkeit erweist sich dieser Versuch als vergeblich.

Die Verantwortlichkeit ohne Vorwerfbarkeitsvoraussetzung wird als Formulierungsproblem und unglückliche Formulierung des Vertragsgesetzes schon nicht mehr begründet, sondern bestritten.[20] Das Vertragsgesetz hat aber auf eine stets und gleichermaßen vorhandene subjektive Voraussetzung der Verantwortlichkeit verzichtet.[21] Gerade deshalb können zur selben Vertragsverletzung bei fehlender Vorwerfbarkeit gleichzeitig Leistungssicherungssanktionen zuerkannt werden und die Schadensausgleichssanktionen entfallen.

Schließlich wird die Verantwortlichkeit ohne Vorwerfbarkeitsvoraussetzung durch Berufung auf die Bewährung des geltenden Rechts und nicht erwiesene höhere Effektivität der Verantwortlichkeit mit Vorwerfbarkeitsvoraussetzung nach Regelungen anderer sozialistischer Länder[22] widersprüchlich zugleich empirisch begründet, infragegestellt und für unerheblich erklärt, so daß wenigstens die Vorteile der Rechtsstabilität auch aus bloßer Beibehaltung des einmal gegebenen Rechts für die Verantwortlichkeit ohne Vorwerfbarkeitsvoraussetzung zu Buche schlagen können.

Bei der Vielzahl der Einflußfaktoren lassen sich unterschiedliche Effekte von Verantwortlichkeitsregelungen verschiedener sozialistischer Länder kaum beweisen, selbst wenn sie gegeben sind. Allerdings sprechen die dargestellten logischen Widersprüche im geltenden Recht einer Verantwortlichkeit ohne Vorwerfbarkeitsvoraussetzung und ihrer Begründungen, ferner die teils begründeten und teils unbegründeten Tendenzen, Sanktionen nicht zwingend als Mittel der Kritik anzusehen und schließlich die Schwierigkeiten des Rechtsbewußtseins als Massenbewußtsein, dem geltenden Recht in seiner Differenziertheit zu folgen, dafür, daß die Verantwortlichkeit ohne Vorwerfbarkeitsvoraussetzung keine zutreffende Widerspiegelung der objektiven Entwicklungserfordernisse ist. Vielmehr dürfte die wachsende Rolle des subjektiven Faktors das Empfindungsvermögen stärken, die Pflichtverletzung von der verhinderten Pflichterfüllung zu unterscheiden, so daß eine entsprechende Rechtsgestaltung einen höheren Stellenwert unter den Wirksamkeitsfaktoren der Verantwortlichkeitsregelungen erhalten wird.

9. Dem subjektiven Faktor sollte in jeweils adäquater Weiser entsprochen werden durch den sanktionsmäßigen Vorwurf der Pflichtverletzung und die Zurechnung bestimmter Folgen bei verhinderter Pflichterfüllung.[23]

Ist die Pflichterfüllung infolge unabwendbarer Umstände unterblieben, liegen objektive Risiken vor, die das bewußte, aktive und arbeitsteilig organisierte Handeln der Wirtschaftseinheiten zur Begrenzung und Überwindung der Folgen verlangen. Das haben die Leistungssicherungspflichten zu stimulieren, die künftig nicht als Sanktionen geregelt werden sollten. Sie sind bei gegebenen objektiven Voraussetzungen ohne Verzögerung durch Auseinandersetzungen über die Vorwerfbarkeit zu erfüllen. Mit den Schadensausgleichssanktionen wird der Vorwurf einer Pflichtverletzung durchgesetzt, soweit keine Entlastungsgründe nachgewiesen werden.

Begriffsbestimmungen zur rechtlichen Verantwortlichkeit

Rechtspflicht: Rechtlich verbindliche[24] Verhaltensanforderung, die ein Subjekt mit der rechtlich gebotenen Sorgfalt zu erfüllen hat. Die gebotene Sorgfalt (z. B. Ausnutzung der Möglichkeiten der sozialistischen Produktionsverhältnisse) ist Teilinhalt der Pflicht und Bestimmungsfaktor (Maß) der Verantwortung für die Pflichterfüllung sowie des Vorwurfs der Pflichtverletzung, also Bedingung, unter der die Rechtspflicht als verbindliche Verhaltensanforderung wirkt.

Rechtspflichtverletzung: Vorwerfbares Verhalten des Verpflichteten, das die Nichterfüllung oder nicht gehörige Erfüllung seiner Rechtspflicht verursacht. Vorwerfbarkeit besteht, wenn die Pflicht mit der gebotenen Sorgfalt erfüllt werden konnte.

Rechtliche Verantwortlichkeit: Rechtlich verbindliche Verpflichtung, für eine Pflichtverletzung nach Maßgabe juristischer Sanktionen einzustehen. Die rechtliche Verantwortlichkeit wirkt (Pflichtverletzungen vorbeugend) auf die Pflichterfüllung hin. Nach einer Pflichtverletzung gewährleistet sie den sanktionsmäßigen Ausgleich der durch die Pflicht geschützten und durch die Pflichtverletzung beeinträchtigten Interessen zu Lasten des pflichtverletzenden Subjekts.

Juristische Sanktion: Rechtlich verbindlich bestimmte nachteilige Folge einer Pflichtverletzung zur Realisierung der rechtlichen Verantwortlichkeit des pflichtverletzenden Subjekts. Mit der juristischen Sanktion wird der Vorwurf der Pflichtverletzung real durchgesetzt, diese ausgeglichen und weiteren Pflichtverletzungen entgegengewirkt. Juristische Sanktionen können das Vermögen (z. B. Schadensersatz), das Ansehen (z. B. disziplinarischer Verweis), die Freiheit (z. B. Haftstrafe), das Leben (Todesstrafe) usw. betreffen.

Anmerkungen

1 K. Hager, Der IX. Parteitag und die Gesellschaftswissenschaften, Berlin 1976, S. 15.
2 Erste Durchführungsverordnung zum Vertragsgesetz – Wirtschaftsverträge über wissenschaftlich-technische Leistungen – vom 25. 3. 1982, GBl. I Nr. 16, S. 325.
3 Ebenda.
4 Zivilgesetzbuch der Deutschen Demokratischen Republik vom 19. 6. 1975, GBl. I Nr. 27, S. 465.
5 § 7 und Anlage 1 der Anordnung über die Finanzierungsrichtlinie für die volkseigene Wirtschaft vom 14. 4. 1983, GBl. I Nr. 11, S. 110.
6 Gesetz über das Vertragssystem in der sozialistischen Wirtschaft – Vertragsgesetz – vom 25. 3. 1982, GBl. I Nr. 14, S. 293.
7 § 29 der Ersten Durchführungsbestimmung zur Gütertransportverordnung – Bestimmungen für den Ladungstransport durch die Eisenbahn – vom 10. 12. 1981, GBl. I 1982 Nr. 2, S. 23.
8 Vgl. G. Pflicke, Einheitliche und differenzierungsbedürftige Faktoren der Verantwortlichkeit im sozialistischen Recht aus der Sicht des Wirtschaftsrechts, in: Grundprobleme der rechtlichen Verantwortlichkeit, Abhandlungen der Akademie der Wissenschaften der DDR, Veröffentlichungen der Wissenschaftlichen Räte, Berlin W 1/1982, S. 44.
9 Vgl. Autorenkollektiv, Marxistisch-leninistische Staats- und Rechtstheorie, Lehrbuch, Berlin 1980, S. 610.
10 Ebenda, S. 620.
11 Ebenda.
12 Vgl. G. Pflicke/E. Süß, Zu den Voraussetzungen der Verantwortlichkeit im Wirtschaftsrecht, S. 97 dieser Veröffentlichung.
13 Ebenda.
14 Ebenda.
15 Vierte Durchführungsverordnung zum Vertragsgesetz – Wirtschaftsverträge zur Versorgung der Bevölkerung – vom 25. 3. 1982, GBl. I Nr. 16, S. 339.
16 G. Pflicke, Zur subjektiven Voraussetzung der Verantwortlichkeit bei Vertragsstrafe und Schadenersatz, Wirtschaftsrecht 2/1980, S. 78.
17 Ebenda; Vertragsgesetz, Kommentar, Berlin 1977, 2. Aufl., S. 442 f.; Vgl. G. Pflicke/E. Süß, S. 97 dieser Veröffentlichung. Der Kommentar Vertragsgesetz, Berlin 1985, S. 242 ff., nimmt zur Vernachlässigungsfähigkeit des subjektiven Faktors nicht mehr Stellung. Dagegen schließen sich seine Feststellungen, daß „vertragliche Verantwortlichkeit ... immer auch ... moralische Bewertung und Kritik (ist)“ und daß „das Verhalten der ... Wirtschaftseinheiten“ nur zur Vertragsstrafe und zum Schadenersatz „bewertet wird“ (S. 243 und 253) wechselseitig aus, abgesehen davon, daß Vertragsstrafe und Schadenersatz bei Verantwortlichkeit für einseitige Weisungen ohne Bewertung und Kritik zu zahlen sind. Und welche moralische Bewertung und Kritik enthält die Verantwortlichkeit bei Zuerkennung Leistungssicherungssanktionen unter Befreiung von Schadensausgleichssanktionen?
18 G. Pflicke/E. Süß, Zu den Voraussetzungen der materiellen Verantwortlichkeit aus Wirtschaftsverträgen, Wissenschaftliche Zeitschrift der Hochschule für Ökonomie „Bruno Leuschner“, 2/1985, S. 55.
19 G. Pflicke, Zur subjektiven Voraussetzung der Verantwortlichkeit bei Vertragsstrafe und Schadenersatz, a. a. O., S. 79.
20 Vgl. G. Pflicke, Einheitliche und differenzierungsbedürftige Faktoren der Verantwortlichkeit im sozialistischen Recht aus der Sicht des Wirtschaftsrechts, a. a. O., S. 43 u. 44.
21 W. Panzer/E. Süß, Über die wirtschaftsvertragliche Verantwortlichkeit, Wirtschaftsrecht 2/1981, S. 90.

22 Vgl. G. Pflicke/E. Süß, S. 97 dieser Veröffentlichung.

23 Der Verfasser hat abweichende Auffassungen (vgl. Zur Regelung der materiellen Verantwortung im Vertragsgesetz, Vertragssystem 4/1968, S. 218 ff.) schon früher aufgegeben (vgl. Theoretische Aspekte wirtschaftsrechtlicher Sanktionen, in: Zur Wirksamkeit rechtlicher Sanktionen bei der weiteren Gestaltung der entwickelten sozialistischen Gesellschaft, Berlin 1978, S. 115 ff.; Zur Vorwerfbarkeit wirtschaftsvertraglicher Pflichtverletzungen, Wirtschaftsrecht 1/1981, S. 24 ff.).

24 Mit „rechtlich" wird stets auf Rechtsnormen als Grundlage und Rahmen der Verbindlichkeit sowie auf staatliche Durchsetzbarkeit verwiesen, ein unterschiedliches Zusammenwirken von Rechtsnormen, Einzelentscheidungen, Verträgen usw. je nach Erfordernissen des demokratischen Zentralismus und entsprechender rechtlicher Regelung vorausgesetzt.

Helmut Oberländer

Rechtspflichten – ihr begrifflicher Inhalt, ihre Bewertung durch die Rechtsordnung, ihre Differenziertheit, ihre unterschiedlichen Arten[1]

1. Pflichten drücken materielle Interessen der Menschen aus. Der Nachweis der materialistischen Grundlagen des Pflichtenbegriffs ist insofern wichtig, als bis heute abstrakte und ethisierende Vorstellungen von der Pflicht anzutreffen sind. Die Verbindung mit den materiellen Interessen offenbart auch, daß es keinen von der jeweiligen Gesellschaft und ihrer ökonomischen Struktur abstrahierten Pflichtenbegriff gibt. Pflichten stellen die politische, moralische und juristische Verbindung zwischen gesellschaftlichen Teilinteressen und gesamtgesellschaftlichen Interessen dar. Bei sozialen Gemeinschaften vermitteln Pflichten auch die Verbindung der Interessen der Gemeinschaften und ihrer Mitglieder. Pflichten sind Verhaltensmuster und Verhaltensgebote. Sie haben elementaren und normativen Charakter.

Sie besitzen politische, moralische und rechtliche Eigenschaften, die zwar gesonderter Untersuchung zugänglich sind, jedoch immer als dieser Ganzheit zugehörig aufgefaßt werden müssen. Das gilt nicht nur für die Theorie, sondern auch für die Rechtspraxis, denn in ihr ist nicht so sehr die rechtliche Eigenschaft der Pflichten, sondern ihr politischer und moralischer Gehalt für ihre praktische Wertung belangvoll. Schon ein allgemeiner Verweis auf die gerichtliche Entscheidungspraxis kann hier genügen, weil offensichtlich ist, das politische und moralische Erwägungen für die Wertung der Pflicht eine erheblich größere Rolle spielen, als formelle rechtliche Überlegungen.

2. Das rechtliche an der Pflicht ist eine Eigenschaft, die Pflichten dann besitzen, wenn ihre Begründung (im politischen Sinne) und ihre Durchsetzung mit der Autorität des Staates verbunden sind. Der Maßstab einer Rechtspflicht ist insofern ein äußerer, als er allein an objektivierten Handlungen der Menschen anknüpft. Überzeugungen und Denkweisen sind folglich allein genommen, selbst wenn sie einen in politischer und moralischer Hinsicht negativen Pflichtengehalt besitzen, nicht Gegenstand rechtlicher Beurteilung, wenn sie sich nicht in Handlungen niederschlagen. Dieser Maßstab gilt durchweg und ist heute den elementaren Vorstellungen von der sozialistischen Gesetzlichkeit geschuldet. Insofern sind die rechtliche, moralische und politische Seite der Pflicht nicht deckungsgleich.

Die Begründung einer Rechtspflicht geht immer auf das Gesetz zurück. Das gilt auch dann, wenn sie formell vertraglich begründet wird, denn im Vertrag werden im Gesetz allgemein vorgegebene Rechtspflichten gestaltet (konkretisiert oder spezifiziert). Die Besonderheiten des Gewohnheitsrechts können vernach-

lässigt werden, da sie im innerstaatlichen sozialistischen Recht praktisch keine Rolle mehr spielen. Die unmittelbare oder auch mittelbare Ableitung der Rechtspflicht aus dem Gesetz hat auch den Schutz der Rechtssubjekte, vor allem der Bürger, zum Ziele. Sie haben mit einer Reaktion des sozialistischen Staates nur dann zu rechnen, wenn sie eine rechtlich geregelte Pflicht verletzt haben (Rechtssicherheit). Was die Durchsetzung der Rechtspflicht anbetrifft, so ist in der Definition deshalb eine recht allgemeine Bezeichnung gewählt worden, um sich von der traditionellen Vorstellung abzugrenzen, nach der mit der Rechtspflicht äußerer staatlicher Zwang immer verbunden sei. Wobei zumeist allein die Sanktion als Argument ins Feld geführt wird. Im Hintergrund einer solchen Bestimmung der Rechtspflicht steht das, wenn auch modifizierte, jedoch in seinen formellen Konturen traditionell bestimmte Sanktionssystem.
Dann wären freilich alle Formen der juristischen Gewährleistung von Rechtspflichten ausgeschlossen, die mit der Entwicklung der sozialistischen Demokratie entstanden sind. Aber auch die von der Verfassung der DDR[2] geregelten Pflichten wären danach genausowenig Rechtspflichten, wie die allgemeinen Versorgungspflichten der Handelsbetriebe (ZGB)[3], die Pflicht zur Mitwirkung der Werktätigen an der Leitung der Betriebe (AGB)[4], die familienrechtlichen Pflichten (FGB)[5] u. a. m.
Die Bestimmung der Rechtspflichten darf nicht eingeengt werden, auf ihre Eigenschaft nötigenfalls mit staatlichen Sanktionen durchgesetzt zu werden. Im übrigen ist darauf hinzuweisen, daß die staatliche Autorität die mit Rechtspflichten immer verbunden ist, sich nicht nur in ihrer Begründung und in ihrer Reaktion auf ihre Verletzung zeigt, sondern auch in ihrer Stimulierung.
Zu dieser positiven staatlichen Einwirkung auf pflichtgemäßes Verhalten sind z. B. zu rechnen: Das Lohn-, Gehalts- und Prämiensystem, die rechtlichen Formen der materiellen und ideologischen Stimulierung der Planerfüllung, überhaupt alle Formen der politischen, ökonomischen und moralischen Anerkennung für pflichtgemäßes oder vorbildliches Verhalten. Die staatliche Autorität, die pflichtgemäßes Verhalten stimuliert, ist genauso eine Form der juristischen Gewährleistung von Rechtspflichten, wie das mit dem sozialistischen Recht zwingend verbundene Sanktionssystem.
Neben der objektiven Seite der Pflicht (Grundnorm zur Verbindung individueller Interessen und den gesamtgesellschaftlichen Interessen) hat die Rechtspflicht, wie jede Pflicht grundsätzlich auch einen subjektiven Gehalt, so daß Pflichtverletzungen in der Regel auch mit dem Vorwurf pflichtwidrigen Verhaltens verbunden sind. In allen Fällen ist jede staatliche Reaktion auf Pflichtverletzungen, wie auch die staatliche Stimulierung von Pflichten maßgeblich die politisch-erzieherische Funktion gegenüber dem Verpflichteten eigen.
3. Eine besondere Bedeutung haben die in der Verfassung bestimmten Rechtspflichten für Bürger, staatliche Organe und Wirtschaftseinheiten. In ihnen wird am ehesten deutlich, daß elementare Rechtspflichten zugleich auch den Charakter von Rechten besitzen.

Die sozialistische Gesellschaft darf also nicht als eine „reine Pflichtenordnung“ begriffen werden. In ihr sind vielmehr Pflicht und Recht als Gegensätze einer widersprüchlichen Einheit miteinander verbunden. Die in der Literatur häufig verwendete Formel von der Einheit von Recht und Pflicht bringt diesen Sachverhalt zumeist nicht gehörig zum Ausdruck. Darüber hinaus wird übersehen, daß dies allein und vorwiegend nur für jene Rechtspflichten gilt, die mit den elementaren staatsbürgerlichen Pflichten eng verbunden sind.

Die Rechtspflichten der Verfassung haben zunächst eigenständige Bedeutung, was leider oft genug übersehen wird. Wäre es nicht wünschenswert, daß die Artikel der Verfassung in einer ihr gebührenden Weise in der Rechtsprechung zu Rate gezogen würden? Häufig werden sie auch dann nicht angeführt, wenn das außerordentlich naheliegend erscheint. Neben ihrer eigenständigen Bedeutung besitzen sie gleichzeitig eine übergreifende Wirkung auf alle Rechtsgebiete, die sie durchdringen. Die jüngsten großen Kodifikationen nehmen zumeist auch ausdrücklich auf die Verfassung Bezug, um deutlich zu machen, daß sie sich als spezifische Ausdrucksformen der allgemeinen verfassungsrechtlichen Grundsätze begreifen.

Eine allgemeine Legaldefinition, die alle Eigenschaften der Rechtspflicht beschreibt, gibt es in unserer Rechtsordnung nicht. Auch der § 9 des StGB[6], der einer übergreifenden Legaldefinition am nächsten kommt, will im Ergebnis allein die Voraussetzungen strafrechtlicher Verantwortlichkeit umreißen. Er ist folglich auch nur auf die besonderen Pflichtenlagen beschränkt, die in Beziehung mit den vom Strafrecht geschützten Rechtsgütern stehen, wie z. B.: Frieden, Arbeiter-und-Bauern-Macht, Volkswirtschaft, Leben, Gesundheit, Freiheit usw. Die allgemeine Pflicht des StGB kann folglich inhaltlich immer nur in direktem Bezug auf das strafrechtlich geschützte Rechtsgut definiert werden.

Auch im AGB, im ZGB oder im LPG-Gesetz[7] finden sich zum Teil unter ausdrücklicher Berufung auf die Verfassung allgemeine Pflichten geregelt. Beispielhaft seien einige genannt:

So die Verpflichtung seine Handlungen so einzurichten, daß weder der Gesellschaft noch einem anderen ein Schaden entsteht, die Pflicht seine Arbeitsaufgaben gewissenhaft zu erfüllen, die Pflicht das sozialistische Eigentum zu mehren, die Pflicht die öffentliche Ordnung zu achten u. v. a. m.

Die Bedeutung allgemein geregelter rechtlicher Pflichten besteht hauptsächlich darin als Auslegungsregel und Maßstab für die Bewertung einzelner Rechtspflichten zu dienen. Das Gleiche gilt für rechtlich geregelte gesellschaftliche Aufgaben. Sie haben handlungs- und zielorientierende Bedeutung. Sie sind insofern dem Inhalt der Pflichten zugehörig. Rechtlich geregelte gesellschaftliche Aufgaben verbinden in besonderem Maße Gesamtgesellschaftliches mit sozialen Teilinteressen. Obgleich sie keinen normativen Charakter besitzen, sind sie doch bedeutungsvoll für die inhaltliche Bestimmung sozialistischer Rechtsnormen und besonders auch für die soziale Grundnorm — Rechtspflicht.

Da Rechtspflichten immer einem ganz bestimmten rechtlich geregelten Verhältnis zugeordnet sind, sind sie ihrem Inhalt nach immer auch durch diese bestimmt.

4. Rechtspflichten sind hinsichtlich ihres Ursprungs und ihres Inhalts an konkrete Rechtsverhältnisse gebunden. Es wird daher auch der Standpunkt vertreten, daß die allgemeine Analyse der Rechtspflicht ein wissenschaftliches Ergebnis nicht zu zeitigen vermöge. Wenn aber Rechtspflichten allgemeiner theoretischer Überlegungen nicht zugänglich sind, dann wären praktisch alle theoretischen Überlegungen zur Verantwortung und zur Rechtspflicht überflüssig. Ein solcher

Standpunkt richtet sich überhaupt gegen theoretische Erwägungen hinsichtlich des Rechtsbegriffs und leugnet im Ergebnis den wissenschaftlichen Charakter juristischer Untersuchungen. Aber die Tatsache, daß Rechtspflichten allein einem speziellen Rechtsverhältnis zuzurechnen sind, hat auch dazu geführt, daß sie bislang, genauso wie die rechtliche Verantwortlichkeit, nur von den speziellen Rechtsdisziplinen einer Untersuchung zugeführt worden sind. Verallgemeinernde Untersuchungen fehlen noch. Selbst dort, wo sie angestrebt sind, schimmert die Rechtsdisziplin durch, die als Modellfall diente.

Im formellen Sinne entstehen Rechtspflichten kraft Gesetzes entweder direkt oder indirekt. Bei der indirekten Entstehung von Rechtspflichten, handelt es sich um jene, die im Gefolge, der vom Gesetz bezeichneten rechtserheblichen Tatsachen entstehen. Die bedeutsamste unter ihnen ist der Vertrag. Sein selbstverpflichtender Charakter wirkt sich auf die Anforderungen aus, die an seinen Pflichtengehalt zu stellen sind. Auch die Umkehr der Beweislast im Zivil- und Wirtschaftsrecht bringt dies sinnfällig zum Ausdruck.

Die Rechtspflicht fordert allein durchschnittliches und von jedermann zu forderndes normales Verhalten. Das Recht darf nie überdurchschnittliches verlangen, sonst ist seine allgemeine Beachtung in Frage gestellt. Moralische und politische Pflichten gehen zumeist weiter.

Von einem subjektiven Inhalt der Rechtspflicht kann zunächst nicht die Rede sein, wenn sie objektiv vom Adressaten der Norm nicht beeinflußbar war; oder negativ ausgedrückt, wenn eine Rechtsverletzung von ihm nicht verursacht war (rechtliche Relevanz des Kausalverlaufs). Weiter ergibt sich die Frage, ob die rechtliche Relevanz von Ursachen und Bedingungen in allen Rechtsgebieten gleich ist. Im Zivil- und Wirtschaftsrecht gibt es im Gegensatz zum Strafrecht keine Variabilität der Rechtsfolgen bei Pflichtverletzungen. Das Maß der Pflicht, das im Strafrecht auch in der Wertung der Pflichtverletzung zum Ausdruck kommt (z. B. Höhe der Strafe) ist für die beiden anderen Rechtsgebiete nicht möglich. Für sie gibt es grundsätzlich keine unterschiedlichen Rechtsfolgen, die an den Grad der Pflichtverletzung gebunden wären. Gleiches gilt für alle Gebiete der materiellen Verantwortlichkeit, nicht hingegen für die arbeitsrechtliche materielle Verantwortlichkeit der Werktätigen. Wenngleich in aller Regel pflichtgemäßes Verhalten immer auch subjektiv zurechenbar sein muß, gibt es doch rechtlich relevante Sachverhalte, die nicht an dieses im allgemeinen gültige Kriterium gebunden sind. Hauptsächlich ist hier an die erweiterte materielle Verantwortlichkeit im Zivilrecht zu denken, vor allem auf die dem sowjetischen Recht nachgestaltete rechtliche Verantwortlichkeit aus Quellen erhöhter Gefahr hinzuweisen. Hier ist der Pflichtbegriff objektiviert. Die rechtliche Pflicht zum Schadenausgleich besteht auch dann, wenn subjektive Vorwerfbarkeit nicht vorliegt.

Jede rechtliche Pflicht zum Schadenausgleich hat zunächst zum Ziel, den Schaden dort zu lokalisieren, wo er entstanden ist und den Geschädigten nicht die Folgen der schadenverursachenden Rechtsverletzung aufzuerlegen. Es entspricht übrigens auch der vorbereiteten moralischen Pflichtauffassung, daß der Schädiger dem Geschädigten zum Schadenersatz verpflichtet ist.[1] Die Schuldfrage wird nach überwiegender moralischer Überzeugung nicht gestellt. Das entspricht dem Solidaritätsbewußtsein, welches in unserer Gesellschaft — jedenfalls in

bezug auf die genannten Sachverhalte — Wirklichkeit ist. Von rechtlichen Pflichten ist folglich auch in diesen Fällen zu sprechen, wenngleich Vorwerfbarkeit im Falle ihrer Verletzung keineswegs vorliegen muß. Dies ist zwar gegenwärtig die Ausnahme, sie wird jedoch mit dem Fortschreiten der wissenschaftlich-technischen Revolution zwingend zunehmen.
Es gibt auch rechtliche Pflichten, für die juristisch die Vorwerfbarkeit (Schuld, Vorsatz oder Fahrlässigkeit) nicht überprüft zu werden braucht, weil bei ihrer Verletzung in aller Regel Vorwerfbarkeit gegeben ist. Das gilt für die meisten zivilrechtlichen und wirtschaftsrechtlichen Pflichten. Es ist deshalb auch gerechtfertigt, festzustellen, daß zivilrechtliche und wirtschaftsrechtliche Pflichten genauso wie ihre Folgen, die rechtliche Verantwortung und rechtliche Verantwortlichkeit, an objektive Kriterien gebunden sind. So bedarf z. B. die rechtliche Pflicht zur qualitätsgerechten Erfüllung eines Vertrages hinsichtlich ihrer subjektiven Vorwerfbarkeit keines Beweises, um Garantieforderungen zu begründen. Jedoch ist subjektive Vorwerfbarkeit in der Regel gegeben. Die möglichen Ausnahmefälle werden in Kauf genommen. Das ist übrigens immer dann möglich, wenn staatsbürgerliche Rechte der Bürger dadurch nicht beeinträchtigt werden. Die gleiche Schlußfolgerung gilt für planungsrechtliche Verhältnisse. So bedarf die rechtliche Pflicht zur Planerfüllung nicht der Überprüfung möglicher Vorwerfbarkeit, um die Folgen der Rechtspflichtverletzung eintreten zu lassen.
Rechtspflichten sind sehr unterschiedlich differenziert ausgestaltet:
– Die besondere berufliche Qualifikation hat Einfluß auf die Wertigkeit der Rechtspflicht. So sind z. B. an den Arzt, an den Arbeitsschutzbevollmächtigten, an den Ingenieur, an den Feuerwehrmann, an den Verkehrspolizisten usw. Anforderungen an seine Rechtspflichten zu stellen, die zum Teil, ihrer beruflichen Qualifikation wegen, erheblich über den normalen rechtlichen Anforderungen liegen. Das Gleiche gilt für Staatsfunktionäre und Funktionäre der Parteien und Massenorganisationen oder für Bürger, denen ein besonderer Aufgabenkreis zugewiesen ist.
– Die besonderen Situationen in allen Lebensbereichen stellen auch besondere Anforderungen an den rechtlichen Pflichtengehalt derjenigen, die mit ihnen konfrontiert sind. Das gilt z. B. für Unfälle, für Katastrophen u. a.
– Grundsätzlich sind alle rechtlichen Pflichten, soweit sie Bürger betreffen, Rechtspflichten der Bürger der DDR. Sie gelten auch für Bürger anderer Staaten, soweit die rechtlichen Pflichten nicht verbunden sind mit der Staatsbürgerschaft der DDR. Die Rechtsordnung nimmt jedoch Rücksicht auf die moralische, politische und auch rechtliche Einsichtsfähigkeit der Bürger. Sie berücksichtigt die psychische Leistungsfähigkeit. Sie differenziert sie nach dem Lebensalter (Strafrecht — Strafmündigkeit, Zivilrecht — Handlungsfähigkeit, Familienrecht — Ehemündigkeit. Im Erwachsenenalter werden psychische Gebrechen für die rechtliche Pflichtbewertung berücksichtigt.
5. Die Rechtspflichten werden unter den verschiedensten Aspekten gegliedert. Zunächst finden wir sie streng den Rechtszweigen zugeordnet eingeteilt. Das entspricht dem Bedürfnis der praktischen Rechtspflicht im einzelnen die volle Aufmerksamkeit zu schenken. Unter diesem Gesichtspunkt ist die genannte Einteilung legitim und notwendig. Rechtspflichten finden sich jedoch auch ein-

geteilt nach der Spezifik der staatlichen Reaktion, die auf ihre Verletzung hin erfolgt. So in strafrechtliche, disziplinarische und materielle Pflichten. Diese Einteilung hat den Sinn, die unterschiedlichen Möglichkeiten der staatlichen Reaktion auf Pflichtverletzungen, dem verschiedenen Pflichtengehalt anzupassen.

Trotz der Berechtigung der einzelnen Einteilungsmöglichkeiten der Rechtspflichten wird folgende Einteilung der Rechtspflichten vorgeschlagen. Dabei wird weitgehend unsere bisherige Diskussion zur rechtlichen Verantwortung und zur Rechtspflicht berücksichtigt:

– Rechtspflichten, die allein mit positiven gesellschaftlichen und rechtlichen Stimulierungsmitteln gefördert werden können. Hinter ihnen stehen keine Sanktionen und keine anderen Gewährleistungsmittel für die Einhaltung der Rechtspflicht. Hierher gehören alle staatsbürgerlichen Rechtspflichten, die ihren Niederschlag in der Verfassung der DDR gefunden haben, aber auch jene Rechtspflichten zur Mitwirkung an der staatlichen und gesellschaftlichen Leitung, die in verschiedenen Kodifikationen und anderen rechtlichen Regelungen enthalten sind (vgl. z. B. die Mitwirkungsmöglichkeiten, die im AGB erfaßt sind). Zu dieser Art Rechtspflichten gehören z. B. auch die Pflichten der rechtlich geregelten persönlichen Familienverhältnisse. Dies nicht nur, weil diese Pflichten überhaupt nur positiver Förderung zugänglich sind, sondern auch deshalb, weil die sozialistische Rechtsordnung gegenüber diesen Pflichten sich selbst diskrete Zurückhaltung auferlegt.
– Rechtspflichten, die durch die Rechtsordnung objektiviert sind:
  a) und auch im Falle ihrer Verletzung nicht mit einem Vorwurf verbunden sind (z. B. Quellen erhöhter Gefahr).
  b) die subjektive Seite der Rechtspflicht nicht überprüft wird, jedoch im Regelfall gegeben ist. Die Rechtsordnung vernachlässigt die Ausnahmefälle. Hierzu gehören die meisten Sanktionen des Wirtschaftsrechts und des Zivilrechts.
– Rechtspflichten, bei denen der Schuldvorwurf präsumiert wird (vgl. Zivilrecht).
– Rechtspflichten, bei denen im Falle ihrer Verletzung die Schuld nachgewiesen werden muß (Präsumtion der Nichtschuld) – Strafrecht, Arbeitsrecht, soweit es um die Arbeitspflichten des Werktätigen geht; auch Verwaltungsrecht –.
– Die Rechtspflichtenlage der sogenannten Kollektivsubjekte sind in diesem Beitrag nicht berücksichtigt.

Anmerkungen

1 Der Beitrag des Autors, der 1983 verstorben ist, war die Vorlage für eine Beratung der interdisziplinären Arbeitsgruppe „Verantwortung und Verantwortlichkeit" des Rates für staats- und rechtswissenschaftliche Forschung an der AdW der DDR am 26. 11. 1982.

2 Verfassung der Deutschen Demokratischen Republik vom 6. 4. 1968, GBl. I Nr. 8, S. 199 i. d. F. des Gesetzes zur Ergänzung und Änderung der Verfassung der Deutschen Demokratischen Republik vom 7. 10. 1974, GBl. I Nr. 47, S. 432.

3 Zivilgesetzbuch der Deutschen Demokratischen Republik vom 19. 6. 1975, GBl. I Nr. 27, S. 465.

4 Arbeitsgesetzbuch der Deutschen Demokratischen Republik vom 16. 6. 1977, GBl. I Nr. 18, S. 185.

5 Familiengesetzbuch der Deutschen Demokratischen Republik vom 20. 12. 1965, GBl. I 1966 Nr. 1, S. 1, i. d. F. des Einführungsgesetzes zum Zivilgesetzbuch der DDR vom 19. 6. 1975, GBl. I Nr. 27, S. 517.

6 Strafgesetzbuch der Deutschen Demokratischen Republik (StGB) vom 12. 1. 1968, GBl. I Nr. 1, S. 1, i. d. F. des Gesetzes zur Änderung des Strafgesetzbuches vom 19. 12. 1974, GBl. I 1975, Nr. 3, S. 14 und des Gesetzes zur Änderung und Ergänzung straf- und strafverfahrensrechtlicher Bestimmungen (2. Strafrechtsänderungsgesetz) vom 7. 4. 1977, GBl. I Nr. 10, S. 100.

7 Gesetz über die landwirtschaftlichen Produktionsgenossenschaften – LPG-Gesetz – vom 2. 7. 1982, GBl. I Nr. 25, S. 443.

Zur Rechtspflichtverletzung im Landeskulturrecht als Voraussetzung für den Eintritt rechtlicher Verantwortlichkeit

1. Mit dem im Programm der SED, in der Verfassung und in den Grundsatzregelungen des Landeskulturgesetzes verankerten hohen gesellschaftlichen Auftrag, im Interesse der heutigen und künftiger Generationen die natürlichen Lebens- und Produktionsgrundlagen zu erhalten, zu schützen, zu verbessern und zu gestalten sowie rationell und umsichtig zu nutzen, sind auch für die Rechtsordnung neue Anforderungen gestellt worden. Das hierin begründete, sich entwickelnde komplexe Rechtsgebiet Landeskulturrecht hat dazu beizutragen, daß die genannten umweltpolitischen Erfordernisse in der Volkswirtschaft und in allen anderen gesellschaftlichen Bereichen mit schöpferischer Bewußtheit und hoher gesellschaftlicher Wirksamkeit durchgesetzt werden.
Wie in der Präambel des Landeskulturgesetzes hervorgehoben, sind die Umweltaufgaben in Verwirklichung der Beschlüsse von Partei und Staatsmacht als gemeinsames Anliegen aller Glieder der Gesellschaft zu realisieren, ist die staatlich-rechtliche Leitung darauf zu richten, den Maßstab der sozialistischen Kultur – der sozialistischen Landeskultur – im Umgang mit der Natur zum sozialistischen Verhaltensprinzip entwickeln zu helfen. Eine hieraus abzuleitende, bereits an dieser Stelle hervorzuhebende Ausgangsfrage der folgenden Untersuchungen ist, daß Rechtspflichten im Landeskulturrecht nicht gegenüber einem Partner bestehen, sondern sich auf die kurz umrissenen, gesellschaftlichen Erfordernissen entsprechenden Verhaltensanforderungen gesamtgesellschaftlichen Charakters (als ökologische Erfordernisse) beziehen.
2. Bekanntlich ist die Realisierung der Umwelterfordernisse vor allem in den Wirtschaftsmechanismus eingeordnet, weil mit den Wirtschaftsprozessen die Nutzung und Beeinflussung der Natur erfolgt, damit auch vorrangig hier, im Rahmen der umfassenden Intensivierung, die gesellschaftlichen Umweltbeziehungen im Sinne sozialistischer Landeskultur gestaltbar sind (ressourcen-, material- und energiesparende Technologien bis hin zu geschlossenen Stoffkreisläufen und weiteren wissenschaftlich-technischen Entwicklungen, Wertstoffrückgewinnung aus Abfällen, Abwässern und Abgasen, Sekundärrohstoff- und Abprodukteverwertung, Mehrfachnutzung der Ressourcen, Berücksichtigung von Fernwirkungen der Umweltnutzung und -beeinflussung usw.). Die umweltbezogenen (ökologischen) Verhaltensanforderungen der Vermeidung und Verminderung von Umweltbelastungen, des gefahrlosen Umgangs mit Schadstoffen, des rationellsten Nutzens der Natur sind in den Prinzipregelungen des Landeskulturgesetzes, ausgehend von Parteiprogramm, Verfassung und anderen umweltpoli-

tischen Grundsatzfestlegungen — in Gebots-, Verbots- und Erlaubnisform — als dauernde Pflichten, die mit den Wirtschaftsprozessen verbunden, in sie integriert sind, nicht als Erfolgsherbeiführungs-/Leistungspflichten festgelegt. Das ist verbunden mit folgenden Formen der Rechtspflichtenkonkretisierung:
Nach den ebenfalls im Landeskulturgesetz fixierten Prinzipien schwerpunktmäßigen, schrittweisen, konzentrierten, koordinierten Realisierens von Umweltaufgaben wird mit den Plänen und den anderen Instrumenten der Volkswirtschaftsplanung bestimmt, welcher Betrieb welche umweltbezogenen Aufgaben und Maßnahmen durchzuführen hat, was mit dem rechtlichen (Wirtschaftsleitungs-)Mechanismus der Planabrechnung, der Stimulierung und Kontrolle der Planerfüllung gewährleistet wird. Obwohl die ökologischen Erfordernisse hier eingeschlossen sind, bedarf es wegen ihrer gesamtgesellschaftlichen Spezifik und darauf bezogenen Gewährleistungserfordernisse weitergehender rechtlicher Regelungen. So ist die Konkretisierung der umweltbezogenen (ökologischen) Rechtspflichten der Betriebe als Adressaten einerseits zwar in die Prozesse der Planung und Bilanzierung eingeordnet, andererseits ist sie aber auf die Fixierung stabiler, verbindlicher, kontrollfähiger und erforderlichenfalls durchsetzbarer Verhaltensanforderungen ausgerichtet, die nicht nur den gegebenen wirtschaftlichen Interessen, sondern darüber hinaus den gesamtgesellschaftlichen Erfordernissen entsprechen. Ausgehend von den prinzipiellen rechtlich normierten Verhaltensanforderungen, Umweltbeeinflussungen — im möglichen Maße — zu vermeiden, zu vermindern, die Stoffkreisläufe umweltschutzgerecht zu gestalten usw., wird im Prozeß der Vorbereitung der Pflichtenkonkretisierung von den Betrieben eine Vielzahl eigener umweltbezogener Entscheidungen gefordert (Ausschöpfung aller entsprechenden Reserven bei der Planung, Stimulierung und Sicherung hoher ökologischer Disziplin im Produktionsprozeß, Gewährleistung von Schulungen zur Vermeidung von Havarien usw.), um auch mittels strenger konkretisierter Rechtspflichten optimal die ökologischen Verhaltensanforderungen (bei der Erfüllung ihrer Planaufgaben bzw. -maßnahmen) zu realisieren. Instrumente dieser Rechtspflichtenkonkretisierung sind — gestützt auf Anforderungen aus Standards — staatliche Einzelentscheidungen, wie Grenzwertvorgaben für Emissionen, Normative für die Wertstoffrückgewinnung und -rückbehaltung, Normen, Ausnahmegenehmigungen und Auflagen für Umweltbeeinflussungen, die mit den Planaufgaben synchronisiert sind. Sie werden im Ergebnis der verantwortungsbewußten Mitwirkung der Adressaten festgelegt und bedürfen der weiteren betrieblichen Untersetzung zur umfassenden Gewährleistung (im weitesten Sinne mit innerbetrieblichen Kontrolldokumenten, Stimulierungsmaßnahmen usw.). Als Ausdruck der ökologischen Dauerpflicht bilden die Grenzwerte, Normative usw. ein stabiles Verhaltensmaß.
Festzuhalten ist, daß die konkretisierten Rechtspflichten so als realisierbare Verhaltensanforderungen begründet werden (Verfahren zur Änderung des Inhalts der Normative, Grenzwerte, Normen, Ausnahmegenehmigungen, Auflagen für den Fall sich ändernder Bedingungen sind geregelt; für den Zeitraum von Reparaturen an Umweltschutzanlagen werden z. B. befristet geänderte Grenzwerte festgelegt, u. ä.) und daß die konkretisierten Rechtspflichten auf das (wirtschaftsprozeßbezogene) ökologisch begründete Verhalten des Betriebes,

nicht auf Ergebnisse bzw. Folgen am Einwirkungsort (Natur/Umwelt) bezogen sind.

Die ständige Analyse und Kontrolle der Umweltbedingungen an den Einwirkungsorten ist zwar unabdingbarer Ausgangspunkt und zielbestimmend für die Schwerpunktfindung und die Festlegung von umweltbezogenen Aufgaben und Maßnahmen und damit auch für die entsprechende Begründung ökologischer Rechtspflichten, aber das ist nicht mit der Bindung der Rechtspflicht(erfüllung) an ein solches einwirkungsortbezogenes Ergebnis gleichzusetzen. Am Einwirkungsort wirken zumeist mehrere Umweltbeeinflussungsquellen und auch natürliche Prozesse zusammen, kommen Langzeitwirkungen und die gegebenen Standortverhältnisse zum Tragen, werden vielfältige Maßnahmen der Anpassung, Ausgleichung und Sanierung in den betoffenen Bereichen wirksam. Die durch die Rechtspflichterfüllung der Betriebe bewirkten Ergebnisse können — ungünstigstenfalls — sogar durch andere umweltbeeinträchtigende Quellen (einschließlich Fernwirkungen) unwirksam werden. Das mit der Rechtspflicht bestimmte Maß des geforderten, stimulierten Verhaltens und das an die Rechtspflichtverletzung gebundene Maß des vorwerfbaren, nicht pflichtgemäßen Verhaltens muß an das Verhalten selbst und nicht an die — von vielen vom Verursacher nicht zu beeinflussenden Faktoren abhängigen — Folgen gebunden sein. Die ökologischen Rechtspflichten der Betriebe sind auch dann auf die Gestaltung und Beherrschung ihres Verhaltens in den Wirtschaftsprozessen entsprechend den Anforderungen sozialistischer Landeskultur bezogen, wenn in der Rechtsvorschrift die Pflichtenregelung als Verbot — Unzulässigkeit der Schädigung bzw. Gefährdung der Natur/Umwelt — erfolgt.

3. Es ergibt sich auch für das Landeskulturrecht, da der Mechanismus der Pflichtenregelung Realisierbarkeit einschließt, daß eine Rechtspflichtverletzung stets vorwerfbar ist. Auf Regelungen zur Änderung oder auch zum Wegfall von Rechtspflichten bei veränderten Realisierungsbedingungen wurde unter 2. schon hingewiesen, ebenso auf die Erfordernisse zur Gewährleistung der Erfüllung der Rechtspflichten (Leitung, Kontrolle, materielle Absicherung, Erziehung, Stimulierung usw.), und zwar bezogen — in differenzierter Weise — auf alle Glieder innerhalb des verpflichteten Betriebes und auf alle Aktivitäten, die auf die Erfüllung der ökologischen (Dauer-)pflicht gerichtet sind. Die ökologische rechtliche Verantwortlichkeit bei Rechtspflichtverletzungen hat innerhalb der Gewährleistungsmittel die ihrem Wesen entsprechenden Funktionen zu erfüllen. Sie ist wegen der Unabdingbarkeit der Erfüllung der ökologischen Rechtspflichten, infolge ihrer weitreichenden gesellschaftlichen Bedeutung und der Folgen der Nichterfüllung, für die Betriebe als Adressaten geregelt, und zwar unter folgenden Aspekten:

- Um vorbeugend-erzieherisch, zugleich aber — gegebenenfalls durchsetzbar — benachteiligend zu wirken, muß sie für den Adressaten (Betrieb) im Wirtschaftsmechanismus spürbar werden (ein sich ökonomisch Verantwortenmüssen beinhalten), was über die Regelung nichtplanbarer, nichtkalkulierbarer finanzieller Sanktionen realisiert wird.
- Die rechtliche Verantwortlichkeit muß zugleich die ökologischen Verhaltensweisen in den Wirtschaftsprozessen vor allem vorbeugend stimulieren und sichern und Rechtspflichtverletzungen umgehend überwinden helfen. Dazu

werden, auch in Auswertung entsprechender Mechanismen anderer sozialistischer Länder, in Rechtsvorschriften festgelegte, entsprechend Zeit und Ausmaß der Rechtspflichtverletzung (der unzulässigen Emission oder anderen Umweltbeeinflussung, der unterbliebenen Wertstoffrückhaltung usw.) gestaffelte, pauschalisierte finanzielle Sanktionen, in der Höhe ein rechtspflichtgemäßes Verhalten stimulierend, mit Zu- und Abschlägen, Verrechnungen bei Ausgleichen u. ä. verbunden, genutzt, die der Dauerpflicht und ihrer zeitweiligen Nichterfüllung entsprechen.

– Unumgänglich ist weiterhin, daß die ökologische rechtliche Verantwortlichkeit des Betriebes in gesetzgeberisch abgestimmter Weise mit Gewährleistungsformen in bezug auf das zugrundeliegende und zu fordernde Verhalten der Leiter und Mitarbeiter, einschließlich der rechtlichen Verantwortlichkeit, verbunden ist, da bei einer Rechtspflichtverletzung des Betriebes die Aufdeckung und Überwindung der Ursachen stets Verhaltensweisen und Anforderungen aller direkt und indirekt Beteiligten berührt. Allerdings handelt es sich bei der zu prüfenden strafrechtlichen, verwaltungsrechtlichen, arbeitsrechtlichen u. a. Verantwortlichkeit der Leiter und Mitarbeiter und auch der wirtschaftsrechtlichen Verantwortlichkeit der Betriebe aus wirtschaftsrechtlichen Beziehungen nicht um die ökologische rechtliche Verantwortlichkeit des Betriebes, vielmehr um die dem Landeskulturrecht entsprechende querschnittsbezogene Verbindung seiner Regelungen mit den Regelungsmechanismen der verschiedenen Rechtszweige und -gebiete, in deren Gegenstand die Realisierung ökologischer Anforderungen integriert ist. Es geht um die Prüfung der Verletzung beruflicher und anderer Pflichten, die ursächlich für die Nichterfüllung der ökologischen Rechtspflicht des Betriebes waren.

4. Der Eintritt der ökologischen Rechtspflichtverletzung ist Voraussetzung (rechtserhebliche Tatsache) des Eintritts der ökologischen rechtlichen Verantwortlichkeit. Die Vorwerfbarkeit wird dabei vermutet.

Die Formen und Methoden der Feststellung und des Nachweises der Rechtspflichtverletzung ergeben sich aus den rechtlich gestalteten Kontrollmechanismen, einschließlich automatischer Messungen und anderer Formen der Eigenkontrolle und -auswertung in den Betrieben, die in die staatliche Kontrolle eingeordnet sind. Die Kontrolle erfolgt an der Quelle; das ermöglicht die unmittelbarste, schnellste und wirksamste Reaktion. Das betrifft die Überwachung der Schadstoffemissionen, Wertstoffrückhaltung und -gewinnung, den ordnungsgemäßen Betrieb der Umweltschutzanlagen, und bedingt wiederum innerhalb der Betriebe ein ökologisch verantwortungsbewußtes Verhalten aller am Betreiben, Kontrollieren, Erziehen usw. Beteiligten. Es ist ein wichtiges Moment sozialistischer Umweltpolitik und damit der Festigung des Vertrauensverhältnisses der Bürger zu unserem Staat, zu gewährleisten – auch mittels des Rechts und dabei mittels der rechtlichen Verantwortlichkeit –, daß diese Umweltkontrolle voll gesichert ist und daß unter allen Bedingungen, auch bei Havarien und bei außergewöhnlichen meteorologischen Situationen, die für solche Fälle vorgesehenen Schutzmaßnahmen durchgeführt und die Rechtspflichtverletzungen umgehend überwunden werden. Die Rechtsvorschriften erfassen diese Anforderungen im vollen Maße.

Anknüpfend an die Regelung der – weitgehend objektivierten – Feststellung

der Rechtspflichtverletzung besteht die durchsetzbare Rechtspflicht der Rechtspflichtverletzer, die Sanktionshöhe nach den Tabellen für Zeitraum und Umfang der Rechtspflichtverletzung selbst zu berechnen. Auf dieser Grundlage erfolgt die — beschwerdefähige — staatliche Festsetzung und Erhebung. Zwangsverfahren sind geregelt. Mit Erfüllung der Pflicht (Wegfall der Rechtspflichtverletzung) entfällt die rechtliche Verantwortlichkeit und damit die Sanktion.
Bisher abweichend von diesen bewährten Verfahren geregelte Fälle bedürften der Überprüfung. Dabei muß man sehen, daß die geltenden Regelungen aus verschiedenen Etappen der Begründung und Entwicklung des umweltbezogenen Rechts stammen und die dargestellte Konzeption auf gesammelten und vervollkommneten Erkenntnissen und Ergebnissen der Praxiswirksamkeit beruht.

5. Der unter 2. bis 4. für die ökologischen Rechtspflichten der Vermeidung und Verminderung von Umweltbeeinflussungen aufgezeigte Regelungsmechanismus gilt vom Wesen her auch für die ökologischen Erfordernisse der Verhaltensbegrenzung zur rationellsten Innutzungnahme von Naturreichtümern in den Wirtschaftsprozessen. Hier geht es um die Konkretisierung der ökologischen Dauerpflicht durch staatliche Entscheidungen in Form von Normativen, Bilanzentscheidungen, Zustimmungen, Genehmigungen und Auflagen, die auf die quantitative, qualitative und zeitumfangmäßige Minimierung der Ressourcennutzung, unter Orientierung auf Mehrfachnutzung, Sekundärnutzung und Substitution, gerichtet sind. Auch hier erfolgt die Rechtspflichtenkonkretisierung im Zusammenwirken mit den Adressaten und unter Erschließung aller Reserven und synchronisiert mit der Planung und Bilanzierung der Voraussetzungen für die Erfüllbarkeit. Rechtspflichtverletzungen sind vorwerfbar und begründen die ökologische rechtliche Verantwortlichkeit der Betriebe, bezogen auf Ausmaß und Zeitdauer der rechtspflichtwidrigen Ressourcennutzung. Sanktionen sind als nichtplanbare und nichtkalkulierbare finanzielle Leistungen, nach Tabellen gestaffelt, mit Zu- und Abschlägen und Verrechnungen, geregelt. Die Feststellung der Rechtspflichtverletzungen erfolgt im Rahmen der Kontrollen als Grundlage — beschwerdefähiger — staatlicher Festsetzung und Erhebung. Auch hier handelt es sich um ökologische Verhaltensanforderungen gesamtgesellschaftlichen Charakters und darauf bezogene unbedingt zu erfüllende Rechtspflichten, damit dem Wesen nach um gleichgelagerte Verhältnisse wie bei den Umweltbeeinflussungen.

6. Haben die unter 3. und 5. behandelten vorwerfbaren Rechtspflichtverletzungen der Betriebe gleichzeitig Auswirkungen, die bei Vorliegen der rechtlich geforderten Voraussetzungen Schadenersatzpflichten begründen, bestehen diese neben der dargestellten ökologischen rechtlichen Verantwortlichkeit. Gleiches gilt, wenn Straf- oder Ordnungsstraftatbestände auf die schuldhaft Handelnden (Leiter oder Mitarbeiter der Betriebe) anzuwenden sind. In diesen Fällen gehören geschädigte/gefährdete Vermögensobjekte/-rechte, einschließlich Naturobjekte, Leben und Gesundheit, Ordnung und Sicherheit, allgemeine Sicherheit u. a. zu den verantwortlichkeitsbegründenden bzw. qualifizierenden Faktoren, nicht aber wie bei der ökologischen rechtlichen Verantwortlichkeit die ökologischen gesamtgesellschaftlichen Interessen.

7. Ein spezifischer Problemkomplex der staatlich-rechtlichen Regelung der ökologischen Beziehungen ergibt sich daraus, daß Naturobjekte/Vermögensobjekte,

Wirtschaftsprozesse sowie die Arbeits- und Lebensbedingungen der Bürger durch die Umweltnutzung und -beeinflussung betroffen/gefährdet/geschädigt werden können, auch wenn keine Rechtspflichtverletzungen vorliegen. Die damit berührten Interessen (potentiell/tatsächlich) Betroffener, die sich auf die Natur (den Gebrauch, die Ausnutzung der Potentiale und Wirkungen der Natur) beziehen, sind in den unter 1. skizzierten gesamtgesellschaftlichen umweltpolitischen Zielstellungen als kollektive und individuelle Interessen von LPG, StFB, Kleingartensparten, Bienenzüchtern, Gewässernutzern, Städten und Gemeinden und ihrer Bürger, usw. mit erfaßt, wie dies der Funktion der Natur als umfassende Lebens- und Produktionsgrundlage für alle gesellschaftlichen Prozesse entspricht. Die Leitung und Planung ist darauf gerichtet, im Rahmen der gesellschaftlichen Entwicklung planmäßig in dieser Breite die umweltpolitischen Erfordernisse im Zusammenwirken aller Glieder der Gesellschaft zu realisieren. Das umfaßt die optimale Mitwirkung auch der Betroffenen und eine Vielzahl staatlicher und wirtschaftsleitender Beziehungen der Standortplanung und -festlegung, des Investitions- und Bauwesens, der Landschaftsentwicklung und -gestaltung, eingeschlossen Schutz-, Sanierungs-, Anpassungs- und Ausgleichsmaßnahmen in den betroffenen Bereichen bei (noch) unvermeidbaren Umweltbelastungen und Nutzungsüberlagerungen. Für deren materielle und finanzielle Absicherung (Ausgleichsregulierung) werden staatliche Fonds, Investitionsmittel, Versicherungsleistungen, territorial umzuverteilende Fonds, über Kommunalverträge gemeinsam einzusetzende Kapazitäten, Förderungsmittel für zusätzliche Initiativen u. a. m. genutzt.

Diese nur angedeuteten Mechanismen zeigen, daß es hier nicht um eine direkte Beziehung Verursacher—Betroffene geht, die in die Verantwortlichkeitsproblematik eingeordnet werden könnte. Das schließt nicht aus, verlangt es vielmehr, daß ein enges Zusammenwirken als Partner von Vereinbarungen, Sanierungsprogrammen usw. zur Sicherung von Unterstützungen und Informationen wirksam wird. Im Rahmen des Gesamtmechanismus der staatlich geleiteten Ausgleichsregulierung wäre eine „ökonomische Haftung“ eines Verursachers von Umweltbeeinflussungen überhaupt kaum auf einen bei bestimmten Betroffenen verursachten Schaden/verbleibenden ökonomischen Nachteil zu beziehen. In rechtlichen Regelungen findet dies bereits in der Trennung einerseits der aus Erfordernissen der wirtschaftlichen Rechnungsführung resultierenden Verpflichtung der Verursacher zur Entrichtung von Entgelten (Wassernutzungsentgelt, Abwassereinleitungsentgelt, Bodennutzungsgebühr usw.) aus planbaren Mitteln an den Staat, und andererseits den staatlichen Ausgleichen zugunsten der Betroffenen Ausdruck. Von dieser Konzeption aus wird sicherlich eine verallgemeinerte rechtliche Regelung für alle parallelen Fälle zu prüfen sein; dieser Frage soll hier nicht weiter nachgegangen werden.

Für die Konzeption der rechtlichen Verantwortlichkeit bei vorwerfbaren Rechtspflichtverletzungen ist aber in diesen Zusammenhängen von Interesse, daß seitens der Betroffenen in der Praxis oft nicht feststellbar ist, ob die Beeinträchtigung Folge von ökologischen Rechtspflichtverletzungen darstellt oder nicht und wer überhaupt der Verursacher ist (vgl. auch die Ausführungen unter 2.); eine Beweislast dürfte deshalb den Betroffenen auch nicht obliegen. Es wird zu prüfen sein, ob nicht die ökologische rechtliche Verantwortlichkeit generell nur auf die unter 3. bis 5. behandelte Art, mit den an den Staat zu entrichtenden finanziellen Sanktionen, beschränkt bleiben müßte. verbunden mit den staatlichen Kontrollmaßnahmen und Durchsetzungsverfahren; daß also überhaupt keine schadensausgleichenden Arten und Sanktionen in Anwendung kommen dürften (allenfalls unter Anrechnung von Schadenersatzleistungen auf die finanziellen Sanktionen und unbeschadet der unter 6. behandelten Fälle – nichtökologischrechtlicher Verantwortlichkeit); daß dementsprechend für die Betroffenen immer, und zwar unabhängig von Rechtspflichtverletzungen, über die staatliche Ausgleichsregulierung (gegebenenfalls unter Einfluß von Zahlungen bzw. Umverteilungen aus Umweltfonds und neuen Versicherungsregelungen) nicht behebbare Nachteile abzugelten wären. Es bleibt – im Anschluß an die Darlegungen unter 2. – als These festzustellen, daß ökologisch-spezifische Verantwortlichkeitsregelungen nicht mit Vermögensbeziehungen zwischen Partnern und anderen einwirkungsortbezogenen Folgen begründet werden können.

Begriffsbestimmungen zur ökologisch rechtlichen Verantwortlichkeit

Rechtspflicht: Subjektiv und objektiv einhaltbare (erfüllbare) Pflicht zu einem durch Rechtsnorm oder auf der Grundlage von Rechtsnormen durch rechtlich vorgesehenen Konkretisierungsakt gefordertes umweltbezogenes Verhalten (Handeln oder Handlungsenthalten), deren Einhaltung durch rechtliche Gewährleistungsmittel, darunter durch die rechtlich vorgesehene Folge der rechtlichen Verantwortlichkeit bei Nichteinhaltung (Nichterfüllung), zu gewährleisten (zu stimulieren und zu sichern) ist.
Rechtspflichtverletzung: Vorwerfbare Nichteinhaltung (Nichterfüllung) der für den Adressaten rechtsverbindlich bestehenden (begründeten) Rechtspflicht mit der Folge, soweit das in Rechtsnormen oder auf der Grundlage von Rechtsnormen in rechtlich vorgesehenen Konkretisierungsakt vorgesehen ist, des Eintritts rechtlicher Verantwortlichkeit.
Rechtliche Verantwortlichkeit: In Rechtsnormen geregelte Rechtsfolge einer Rechtspflichtverletzung, die – in den in Rechtsnormen vorgesehenen Fällen und Formen – mit der Rechtspflichtverletzung (als Sich-verantworten-müssen des Rechtspflichtverletzers) eintritt und die mittels juristischer Sanktionen realisiert wird.
Juristische Sanktion: In Rechtsvorschriften (Rechtsnormen) oder auf ihrer Grundlage in rechtlich vorgesehenen Konkretisierungsakten vorbeugend-erzieherisch verbindlich (gegebenenfalls als Rahmen) festgelegte (vorgesehene) – strafend/disziplinierend/ökonomisch – benachteiligend wirkende Rechtsfolge der rechtlichen Verantwortlichkeit, die gegen den Rechtspflichtverletzer in rechtlich geregelten Verfahren, erforderlichenfalls zwangsweise, durchsetzbar ist.

Gerhard Pflicke

Erika Süss

Zu den Voraussetzungen der Verantwortlichkeit im Wirtschaftsrecht

1. Der Ausgangspunkt für die Diskussion zu den allgemeinen Prinzipien und Gestaltungsmerkmalen der rechtlichen Verantwortlichkeit ist dadurch gegeben, daß den Verantwortlichkeitsregelungen aller Rechtszweige bzw. der zugrundeliegenden gesellschaftlichen Bereiche die Funktion gemeinsam ist, gesellschaftliche Kritik auszudrücken, Ursachen von Pflichtverletzungen aufzudecken und das künftige Verhalten der verpflichteten Subjekte im Sinne höherer Disziplin und Effektivität zu bestimmen.

Die Erörterung der einzelnen Elemente der rechtlichen Verantwortlichkeit – insbesondere Vorliegen einer Rechtspflicht, Pflichtverletzung, Sanktion, Zurechenbarkeit (Verschulden) – hat sehr schnell dazu geführt, daß zwischen den Vertretern der Zweigdisziplinen, aber auch innerhalb der Disziplinen Meinungsverschiedenheiten zutage getreten sind.[1] Diese sind offensichtlich zum Teil darauf zurückzuführen, daß bisher den allgemeinen Aspekten der Verantwortlichkeit in der Rechtswissenschaft und der Gesetzgebung zu wenig Aufmerksamkeit gewidmet und vorhandene Gemeinsamkeiten zu wenig herausgearbeitet und berücksichtigt worden sind. Damit sind die Ursachen unterschiedlicher Lehrmeinungen, Gesetzeskonzeptionen u. a. aber nur zum Teil erfaßt. Ebenso, wenn nicht noch entschiedener, wirkt hier, daß die Verantwortlichkeitsregelung eines Rechtszweiges nicht nur Bestandteil des Gesamtsystems der rechtlichen Verantwortlichkeit ist, sondern auch – und eigentlich in erster Linie – Bestandteil der Gesamtregelung des Zweiges und Mittel zur Durchsetzung der dort geregelten Rechte und Pflichten. Die Verantwortlichkeitsregelung muß daher, um die von ihr erwarteten Wirkungen hervorbringen zu können, der Spezifik der Rechtsverhältnisse des Zweiges entsprechen; sie ist darüber hinaus in ihrer Wirkungsweise auch mit den anderen Elementen der staatlichen Leitung des entsprechenden gesellschaftlichen Bereichs in vielfältiger Weise verbunden. Diese beeinflussen vor allem die Wirkungsweise und die gesellschaftliche Wirksamkeit. Dadurch sind einer zulässigen und nützlichen Verallgemeinerung Grenzen gesetzt, die nicht unterschätzt werden sollten, weiteren Überlegungen zu den allgemeinen Merkmalen der rechtlichen Verantwortlichkeit allerdings auch nicht im Wege stehen dürfen.

2. Wirtschaftsrechtliche Verantwortlichkeit ist im wesentlichen materielle Verantwortlichkeit der ihre Pflicht verletzenden gegenüber der von der Pflichtverletzung betroffenen Wirtschaftseinheit, bei bestimmten Pflichtverletzungen auch Verantwortlichkeit gegenüber dem sozialistischen Staat. Der erstgenannte Typ der Verantwortlichkeit wird hauptsächlich durch das System der Sanktionen für vorvertragliche und vertragliche Pflichtverletzungen repräsentiert (§§ 82–107 VG)[2], der zweite existiert im wesentlichen in Gestalt der Wirtschaftsanktionen (§ 109 und § 110 VG). Beide zielen auf die Aufdeckung schädlicher Verhaltensweisen, auf progressive Veränderungen und die Erziehung des Kollektivs der Wirtschaftseinheiten und ihrer Leiter zu pflichtgemäßem Verhalten. Der erstgenannte Typ zielt jedoch zugleich auf den Ausgleich der beim Betroffenen durch die Pflichtverletzung entstandenen ökonomischen Folgen, mehr noch, er setzt daran an, bei ihm sind folglich Nachteilsausgleichs- und Erziehungsfunktion untrennbar aneinander gebunden.

3. Die beiden genannten Arten der wirtschaftsrechtlichen Verantwortlichkeit entsprechen den beiden im sozialistischen Recht nach unserer Auffassung allgemein existierenden Grundformen der Verantwortlichkeit. Es gibt

– die Verantwortlichkeit gegenüber dem Staat (als Repräsentanten der Gesellschaft) wegen der Verletzung von Pflichten, die gegenüber der gesamten Gesellschaft bestehen. Hauptsächlich – aber nicht nur – als Kriminalstrafe auftretend, besteht deren Funktion im Schutz der Gesellschaft, der Vorbeugung von Rechtsverletzungen und der Erziehung des Rechtsverletzers zu künftigem pflichtgemäßem Verhalten. Soweit durch die Pflichtverletzung materielle Nachteile für die Gesellschaft entstehen, ist deren Ausgleich prinzipiell kein Anliegen dieser Grundform der Verantwortlichkeit, und zwar auch dann nicht, wenn die entsprechende Sanktion in Geldform gestaltet ist. Eine Zahlung an den Staatshaushalt ist grundsätzlich nicht als Schadensausgleich zu werten, da ein volkswirtschaftlicher oder anderer gesellschaftlicher Schaden durch Geldzahlung nicht kompensiert werden kann. Die Entstehung eines Schadens ist daher keine in jedem Falle erforderliche Voraussetzung für die Verhängung der Wirtschaftssanktion (§ 109 Abs. 2 VG) und stellt auch kein bei der Bemessung ihrer Höhe unmittelbar anzuwendendes Kriterium dar. Dennoch beeinflussen auch diese Sanktionen das wirtschaftliche Ergebnis und damit die leistungsgemäße Stimulierung der ihre Pflichten verletzenden Wirtschaftseinheit;
– die Verantwortlichkeit gegenüber einem konkreten Partner für die Verletzung von Pflichten eben diesem gegenüber, vor allem in einem bestehenden Rechtsverhältnis, gegebenenfalls aber auch dann, wenn das Rechtsverhältnis erst durch die Pflichtverletzung entsteht (deliktische Verantwortlichkeit). Der Mechanismus der Verantwortlichkeit ist hier ein grundlegend anderer. Da die Pflichtverletzung in aller Regel mit der Verursachung materieller Nachteile beim betroffenen Partner verbunden ist, besteht der Ausgangspunkt hier im Ausgleich dieser materiellen Nachteile. Die Erziehung soll prinzipiell über die ökonomische Wirkung der Sanktion beim Pflichtverletzer erfolgen.

Nach unserer Auffassung ergeben sich aus diesen Unterschieden in der Funktion der Verantwortlichkeit eine Reihe gravierender Unterschiede in der Gestaltung der entsprechenden Sanktionen und der Voraussetzungen für ihre Anwendung. Insbesondere ist es die Verwirklichung ihrer ausschließlichen Schutz- und Erziehungsfunktion, die bei der ersten Grundform der Verantwortlichkeit unabdingbar und in jedem Falle auch das Vorliegen einer subjektiven Voraussetzung für ihren Eintritt sowie deren Prüfung durch das für die Entscheidung darüber zuständige Staatsorgan erfordert. Hingegen ist bei der materiellen Verantwortlichkeit gegenüber einem konkreten Partner das Vorliegen einer subjektiven Voraussetzung bzw. deren ausdrückliche Feststellung im Einzelfall nicht unbedingt erforderlich. Vielmehr kommt es auf die Art der Pflichtverletzung und die hierfür vorgesehene Sanktion an.

4. Die wirtschaftsrechtliche Verantwortlichkeit knüpft an die Verletzung von Pflichten an. Ihre Sanktionen sind wie alle juristischen Sanktionen Rechtsfolgen von Pflichtverletzungen und konkreter Ausdruck der rechtlichen Verantwortlichkeit. Dabei ist dieses Verständnis der Sanktionen im Zusammenhang mit der Funktion der rechtlichen Verantwortlichkeit zu sehen, Ursachen von Pflichtverletzungen aufzudecken, positive Veränderungen zu bewirken und das künftige Verhalten der verpflichteten Subjekte nicht nur im Einzelfall, sondern generell im Sinne höherer Disziplin und Effektivität nachhaltig zu beeinflussen.

Aus diesem Grunde vertreten wir im Gegensatz zu E. Leymann[3] die Auffassung, daß Maßnahmen zur unmittelbaren Durchsetzung eines direkt durch Rechtsnormen oder durch auf ihrer Grundlage in weiteren Rechtsformen, insbesondere in eingegangenen Verpflichtungen gebotenen Verhaltens mittels eines Verfahrens vor einem streitentscheidenden Staatsorgan bzw. mittels Zwangsvollstreckung nicht zum System der Verantwortlichkeit zu rechnen sind. Zwar gehen z. B. einem Gestaltungsverfahren vor dem Staatlichen Vertragsgericht oder einem Verfahren, dessen Gegenstand die Erbringung der Gegenleistung (Zahlung des Preises) ist und erst recht dem Vollstreckungsverfahren in der Regel Pflichtverletzungen voraus; beide sind jedoch auf die unmittelbare Durchsetzung des geforderten Verhaltens konzentriert und erfüllen nicht die Funktion der Verantwortlichkeit im Sinne des Sichverantwortenmüssens, der Erziehung und gegebenenfalls des Nachteilsausgleichs. Allerdings haben sie mit der Verantwortlichkeit gemeinsam, daß sie Mittel zur juristischen Gewährleistung der Pflichterfüllung und zum Schutze der Rechte sind.

5. Sanktionen im Sinne der vom Vertragsgesetz realisierten Konzeption zur vertraglichen materiellen Verantwortlichkeit sind alle Rechtsfolgen von Pflichtverletzungen, soweit sie materieller Natur sind (§ 82 VG). Sanktionen sind danach sowohl die eigentlichen Ausgleichssanktionen Vertragsstrafe und Schadenersatz als auch die sogenannten Leistungssicherungsrechte (Garantieforderungen, Abnahme- und Zahlungsverweigerungsrechte, Rücktrittsrechte u. a.). Diese Konzeption, der nach unserem Verständnis auch das ZGB[4] gefolgt ist (vgl. insbesondere § 79 Abs. 1 VG von 1965[5] und § 82 ZGB) ist freilich nicht unabdingbar. Möglich ist auch eine solche Auffassung und Regelungskonzeption, daß der Verantwortlichkeit nur solche Rechtsfolgen zugerechnet werden, für deren Eintritt eine subjektive Voraussetzung in Form des Verschuldens bzw. der Vorwerfbarkeit (Zurechenbarkeit) im Sinne des Abwendenkönnens der zur Pflichtverletzung führenden Umstände erforderlich ist. Es geht also letztlich um eine engere oder weitere Sicht der Reaktion auf Pflichtverletzungen, um die Einbeziehung aller Rechtsfolgen oder nur einer bestimmten Auswahl. In der Gesetzgebung der sozialistischen Länder haben beide Versionen ihren Niederschlag gefunden, wobei sich wesentliche Unterschiede in der gesellschaftlichen Wirksamkeit nach unserer Kenntnis nicht feststellen lassen. In der DDR hat sich die im Vertragsge-

setz von 1965 getroffene und im Vertragsgesetz von 1982 beibehaltene Regelung bewährt.
Während bei den sogenannten Leistungssicherungsrechten subjektive Vorwerfbarkeit der Pflichtverletzung als ihre Voraussetzung nicht gefordert wird, obwohl sie beim weitaus größten Teil der Fälle gegeben sein dürfte, bedeutet die Entstehung von Vertragsstrafen- und Schadenersatzforderungen eine Erweiterung des Vertragsverhältnisses, durch die der unmittelbare Bezug zur Gegenleistung und somit der durch das Vertragsverhältnis gegebene Rahmen der Äquivalenz überschritten wird. Daraus ergibt sich die Notwendigkeit, die Verantwortlichkeit in Gestalt dieser Sanktionen außer an die Pflichtverletzung an eine weitere qualifizierte Voraussetzung – die Vorwerfbarkeit – zu binden.[6]
6. Versteht man Sanktion als Rechtsfolge von Pflichtverletzungen schlechthin, ohne daß weitere Voraussetzungen hinzutreten müssen, so ist es zwingend, daß die Pflichtverletzung als Differenz zwischen dem rechtlich geforderten und dem tatsächlichen Verhalten verstanden wird. Eine Bewertung des Verhaltens des Verpflichteten in bezug auf das Maß seiner Anstrengungen, um das geforderte Verhalten zu erbringen, ist damit für die Feststellung der Pflichtverletzung als Voraussetzung der Verantwortlichkeit nicht nur nicht notwendig, sondern es ist im Rahmen des gegebenen Regelungssystems für sie auch kein Platz. In diesem Zusammenhang erscheint es uns als notwendig, weitere Gesichtspunkte im Sinne des von uns vertretenen objektiven Verständnisses der Pflicht und der Pflichtverletzung darzulegen. Die Begründung wirtschaftsrechtlicher, insbesondere auch wirtschaftsvertraglicher Pflichten ist Ergebnis und gleichzeitig Mittel planmäßiger Wirtschaftsleitung und eigenverantwortlicher Wirtschaftstätigkeit. Die Zielstellungen der Volkswirtschaftspläne in Gestalt der staatlichen Aufgaben und staatlichen Planauflagen drücken objektive gesellschaftliche Erfordernisse aus, fordern gesellschaftlich notwendiges und – bei hohem Leistungsanspruch – mögliches Handeln der Wirtschaftseinheiten und stellen im Verhältnis zu den vertraglichen Pflichten die primären Pflichten dar (Primat des Planes). Wenn die Wirtschaftseinheiten mit Vertragsabschluß und -gestaltung ihre gegenseitigen Rechte und Pflichten begründen, so bestimmen sie auf der Grundlage und in Wechselwirkung mit den staatlichen Plan-, Bilanz- und anderen Leitungsentscheidungen das erforderliche Handeln und haben dabei eigenverantwortlich den konkreten Anforderungen Rechnung zu tragen. Auch bei der Verantwortlichkeit ist davon auszugehen, daß die verpflichtete Wirtschaftseinheit über die Voraussetzungen zur Erfüllung der Plan- und Vertragspflichten verfügt.
Gerade unter den gegenwärtigen Bedingungen hoher ökonomischer Dynamik, des beschleunigten Übergangs der Wirtschaft auf den Weg umfassender Intensivierung unter gleichzeitigem offensivem Reagieren auf die verschärfte internationale politische Lage sowie auf vielfach in der Tendenz und in den Dimensionen nicht vorhersehbare Veränderungen auf den äußeren Märkten, ist mehr als jemals zuvor initiativreiches Handeln und eine strenge Plan-, Finanz- und Vertragsdisziplin unerläßlich .Darin sind hohe Anforderungen an die Reaktionsfähigkeit der Partner der Wirtschaftsverträge eingeschlossen. Unseres Erachtens muß dem auch die Verantwortlichkeitskonzeption Rechnung tragen. Das betrifft zuerst das Handeln des Verpflichteten im eigenen Verantwortungs-

bereich. Die Wirtschaftstätigkeit der Kombinate und Betriebe zur Lösung ihrer planmäßigen Aufgaben schließt heute viel mehr als früher die Auseinandersetzung mit Problemen aus veränderten oder neuen Bedingungen oder Erkenntnissen ein, die bei der Begründung des betroffenen Wirtschaftsrechtsverhältnisses nicht voraussehbar oder nicht in Rechnung gestellt waren. Der Verpflichtete hat mit dem Ziel der Erfüllung seiner Pflicht Maßnahmen zu ergreifen, um Störungsursachen aufzudecken und nachteilige Wirkungen auszuschließen bzw. zu minimieren oder auf sie in Richtung erneuter Stabilisierung der Wirtschaftsbeziehungen durch Folgemaßnahmen zu reagieren. Das erfordert eine entsprechend hohe Anspannung der Kräfte unter Ausschöpfung des großen ökonomischen Potentials, über das die Wirtschaftseinheiten heute verfügen, insbesondere des Kombinatseffekts, die Mobilisierung der Werktätigen und materiellen Reserven, gegebenenfalls die Einschaltung übergeordneter oder bilanzierender wirtschaftsleitender Staatsorgane oder die Organisierung der Hilfe Dritter. Solche Reaktion auf Störungen ist gefordert ohne Rücksicht darauf, ob die Störfaktoren unmittelbar im eigenen Verantwortungsbereich auftreten oder vermittelt über andere Kooperationsrechtsverhältnisse oder über Planungs- oder Bilanzrechtsverhältnisse wirken. Das schließt in bestimmten Fällen auch die Präzisierung oder Fortschreibung (Änderung) von Rechten und Pflichten in Anpassung an veränderte Bedingungen und neue Erfordernisse ein, vor allem bei Bedarfsveränderungen. So aktiv, zielstrebig und im einzelnen in verschiedene Stoßrichtung auf Störungen zu reagieren, ist eine wesentliche Seite der von den Partnern zur Pflichterfüllung und in Wahrnehmung ihrer volkswirtschaftlichen Verantwortung geforderten Anstrengungen.

Es erscheint uns deshalb ein solches Verständnis der Pflicht und der Pflichtverletzung als wenig förderlich, nach der bei Nichterreichung der vorgesehenen Zielstellungen – wenn auch nur nachträglich und wenn auch unter Anlegung strenger Maßstäbe bezüglich der Anstrengungen – deren verpflichtender Charakter selbst in Frage gestellt wird. Darauf läuft aber die insbesondere von W. Schönrath[7] und K. Müller[8] vertretene Position hinaus, demzufolge dann, wenn festgestellt wird, daß die zur Vertragsverletzung führenden Umstände für den Vertragsverletzer unabwendbar waren, wegen Unmöglichkeit ihrer Erfüllung keine Rechtspflicht bestehe und mithin keine Rechtspflichtverletzung als notwendige Voraussetzung rechtlicher Verantwortlichkeit vorliege. Es wird deutlich, daß es sich bei dem auf den ersten Blick auf relativ hohem Abstraktionsgrad geführten Meinungsstreit über eine rechtstheoretische Frage zumindest für die rechtliche Regelung der Wirtschaftsbeziehungen um eine höchst aktuelle praktische Frage handelt.

7. Das im gesamtgesellschaftlichen Maßstab planmäßige Wirtschaften ist auf einheitliche Gesamtziele gerichtet und effektiv nur möglich, wenn um die Erreichung der daraus abgeleiteten und aufeinander bezogenen Teilziele – konkret in Gestalt gegenseitiger vertraglicher Rechte und Pflichten – von allen Akteuren des arbeitsteiligen Gesamtprozesses unter größtmöglichen Anstrengungen gekämpft wird, gerade auch im Falle solcher Störungen, solange die verbindliche Ziele ausdrückenden Pflichten unverändert bestehen.

Bei der Bewertung dennoch eintretender Vertragsverletzungen handelt es sich folglich nicht um die Konfrontation der einmal eingegangenen Verpflichtung mit den der Wirtschaftseinheit abzuverlangenden Anstrengungen zu ihrer Erfüllung. Ausgehend von der grundsätzlichen Erfüllbarkeit der Plan- und Vertragspflicht kann es nur darum gehen, die vom geplanten bzw. bei Vertragsabschluß vorhergesehenen Ablauf abweichenden Umstände mit den Anstrengungen des verpflichteten Partners zu konfrontieren, die Pflichterfüllung trotzdem zu sichern. Mit anderen Worten, es ist zu prüfen, welche nach der Begründung der Pflicht aufgetretenen Umstände vom Verpflichteten trotz voller Entfaltung seines Leistungsvermögens und Ausschöpfung aller seiner Möglichkeiten nicht abgewendet werden konnten. Insofern, als der allgemeine Maßstab, alle durch die sozialistischen Produktionsverhältnisse gegebenen Möglichkeiten zu nutzen, auf eine bestimmte Wirtschaftseinheit mit ihren konkreten Möglichkeiten bezogen wird, handelt es sich um die Prüfung einer subjektiven Voraussetzung der Verantwortlichkeit und in deren Ergebnis gegebenenfalls um die Feststellung der Vorwerfbarkeit oder der Nichtabwendbarkeit der Pflichtverletzung. Das ist aber etwas grundlegend anderes als die nachträgliche Prüfung des Bestandes der Pflicht anhand ihrer Erfüllbarkeit für den verpflichteten Partner.

8. Bei der Vorwerfbarkeit handelt es sich um eine für sozialistische Wirtschaftseinheiten eigenständige Lösung einer subjektiven Voraussetzung rechtlicher Verantwortlichkeit sowohl was die Bestimmung des Maßstabes für die Bewertung des Verhaltens als auch was die Eigenart ihrer Anwendung (Vermutung ihres Vorliegens – Möglichkeit des Nachweises der Nichtabwendbarkeit der zur Pflichtverletzung führenden Umstände) betrifft. Diese Lösung wird dem gesellschaftlichen Charakter und den Aufgaben sozialistischer Wirtschaftseinheiten als kollektive Rechtssubjekte neuer Qualität gerecht. In den meisten anderen Rechtszweigen ist schuldhaftes Handeln in den Schuldformen Vorsatz und Fahrlässigkeit subjektive Voraussetzung der Verantwortlichkeit. Dabei geht es jedoch stets um die Bewertung des Handelns des einzelnen Menschen und Verschuldensprüfung schließt die Beurteilung des sozialpsychologischen Verhältnisses des Individuums zu seinen Handlungen und deren Ergebnissen ein. Verschulden und Vorwerfbarkeit sind folglich nicht zwei alternative subjektive Voraussetzungen rechtlicher Verantwortlichkeit, sondern jede entspricht gerade der Art der Rechtssubjekte im Sozialismus, auf die sie bezogen ist.[9]

Die subjektive Voraussetzung für die Verantwortlichkeit von Wirtschaftseinheiten bei Verletzung von Pflichten aus Wirtschaftsverträgen in Form von Vertragsstrafe und Schadenersatz erfaßt die Anforderungen an das schöpferisch, initiativreich und diszipliniert arbeitende und entsprechend geleitete sozialistische Kollektiv. Mit dem Bezug auf die Ausnutzung aller durch die sozialistischen Produktionsverhältnisse gegebenen Möglichkeiten (§ 84 Abs. 1 VG) zur Abwendung der Umstände, die zur Pflichtverletzung geführt haben, besteht ein Maßstab, der den hohen Anforderungen, die an sozialistische Wirtschaftseinheiten zu stellen sind, gerecht wird. Er ist zugleich genügend allgemein, um im einzelnen unterschiedliche und vor allem sich entwickelnde Anforderungen zu erfassen. Die durch die Bildung leistungsstarker Kombinate mögliche und gebotene Entwicklung der Anforderungen hat das neue Vertragsgesetz ausdrücklich in seine Maßstabformulierung einbezogen (§ 84 Abs. 1 VG).

9. Das Verständnis der Pflichtverletzung als Abweichung vom rechtlich gefor-

derten Verhalten ist auch die Grundlage der Verantwortlichkeitsvermutung. Für sie bestände nach unserer Auffassung keine Basis, wenn man im Störungsfalle bewertend erst feststellen müßte, ob überhaupt eine Pflicht vorliegt und verletzt ist. Pflicht bzw. Pflichtverletzung sind so elementare Grundlagen der Verantwortlichkeit, daß sich eine Verantwortlichkeitsvermutung auf sie nicht beziehen könnte. Das ist nicht zu verwechseln mit den Fällen, in denen bestritten wird, daß tatsächlich eine vertragliche Pflicht begründet oder überhaupt bzw. im behaupteten Umfang verletzt wurde, also das Vorliegen der objektiven Voraussetzung streitig ist; hierfür ist im Streitfalle derjenige Vertragspartner beweispflichtig, welcher die entsprechenden Sanktionen fordert.

Andererseits ist aber gerade die Vermutung der Verantwortlichkeit – in Verbindung mit dem anzulegenden Verantwortlichkeitsmaßstab – eine wesentliche Bedingung, um in den Wirtschaftsbeziehungen überhaupt eine subjektive Voraussetzung praktikabel und mit vertretbarem Aufwand prüfen und berücksichtigen zu können. Der inhaltliche Maßstab und die Art und Weise der Anwendung dieser subjektiven Voraussetzung bedingen sich wechselseitig. Vom erörterten Charakter der Pflicht ausgehend wird vermutet, daß die verpflichtete Wirtschaftseinheit über die Voraussetzungen zu ihrer Erfüllung verfügt und wird demzufolge die Abwendbarkeit von zur Vertragsverletzung führenden Umständen als Regelfall angenommen (§ 82 i. V. mit § 84 Abs. 1 VG). Trotz des wachsenden Leistungsvermögens der Wirtschaftseinheiten, auch ihrer Reaktionsfähigkeit bei Störungen, bleiben Fälle, in denen der Vertragspartner solche Umstände nicht abwenden kann, dies nur außerhalb seines Verantwortungsbereichs möglich ist. Bei der Anwendung der subjektiven Voraussetzung geht es um die Selektierung solcher Umstände. Den Nachweis über die Wirkung von ihm nicht abwendbarer Umstände muß der Pflichtverletzer führen. Niemand ist besser als er in der Lage, zu erklären und zu belegen, welche Umstände zur Vertragsverletzung führten, was er unternommen hat, um sie abzuwenden bzw. welche Ursachen dafür vorliegen, daß sie von ihm nicht abwendbar waren.

10. Wir halten auch die Auffassung für verfehlt, daß die Verantwortlichkeitsvermutung im Widerspruch zur erzieherischen Rolle des Rechts stehe. So unerläßlich der Nachweis des Verschuldens bei Sanktionen mit ausschließlich disziplinierendem Charakter ist, der Realität der planmäßigen Kooperation mit ihrer vielfältigen Verflechtung wird sie nicht gerecht. Eine solche Prüfung in jedem Falle ist nicht nur praktisch undurchführbar, es sei denn mit nicht adäquatem Aufwand, sie ist auch zur Realisierung der mit dem Nachteilsausgleich verbundenen Stimulierungs-(Erziehungs-)funktion der vertraglichen Sanktion nicht notwendig. Wesentlich für die erzieherische Wirkung ist nicht der Nachweis der Vorwerfbarkeit durch den Partner oder ein staatliches Organ, sondern die Möglichkeit der Befreiung von den Rechtsfolgen der Vertragsstrafe und des Schadenersatzes.

Gleichzeitig hat die Art und Weise der Anwendung der subjektiven Voraussetzung auch ihrerseits erzieherische Potenz. Der sich aus der Vermutung der Vorwerfbarkeit ergebende Zwang für den Vertragsverletzer, die Ursachen der Verletzung aufzudecken und sein eigenes Verhalten nach diesem Maßstab zu bewerten, wenn er sich entlasten will, dürfte auch unter dem Gesichtspunkt der erzieherischen Wirkung der Sanktionen eher förderlich als hinderlich sein.

Die dafür notwendigen Aktivitäten des Leiters konfrontieren ihn zugleich zwangsläufig mit seiner Pflicht, im Ergebnis Maßnahmen zur Beseitigung der Ursachen, zur konkreten Veränderung der Arbeit, zur Auseinandersetzung mit Kollektiven und leitenden Mitarbeitern und gegebenenfalls Konsequenzen für die materielle Interessierung von Arbeitskollektiven, Leitern und einzelnen Werktätigen abzuleiten (§ 86 VG).

Begriffsbestimmungen zur wirtschaftsrechtlichen Verantwortlichkeit

Rechtspflicht: Anforderung an das Verhalten von Wirtschaftsrechtssubjekten (Verhaltensgebot oder -verbot), die unmittelbar durch Rechtsnorm oder auf deren Grundlage durch Vertrag, staatliche Einzelentscheidung oder unter Anwendung anderer vorgesehener Rechtsformen begründet und gestaltet und deren Einhaltung durch den sozialistischen Staat gewährleistet wird.
Rechtspflichtverletzung: Objektive Differenz zwischen dem rechtlich geforderten und dem tatsächlichen Verhalten; eine Bewertung des Verhaltens des Verpflichteten in bezug auf das Maß seiner Anstrengungen, um das geforderte Verhalten zu erbringen, ist für die Feststellung der Pflichtverletzung als (unabdingbarer) Voraussetzung der Verantwortlichkeit nicht erforderlich.
Rechtliche Verantwortlichkeit: Durch Rechtsnorm vorgesehene Reaktion auf Pflichtverletzungen, Einstehenmüssen für Pflichtverletzungen mittels Sanktionen. Durch die rechtliche Verantwortlichkeit sollen Ursachen von Pflichtverletzungen aufgedeckt, positive Veränderungen bewirkt, der Rechtsverletzer erzogen und, soweit es sich um materielle Verantwortlichkeit handelt, entstandener Schaden ausgeglichen werden.
Juristische Sanktion: Einzelne Rechtsfolge der Pflichtverletzung und konkreter Ausdruck der Verantwortlichkeit. Dabei ist dieses Verständnis der Sanktion im Zusammenhang mit der genannten Funktion der rechtlichen Verantwortlichkeit zu sehen; Maßnahmen zur unmittelbaren Durchsetzung von Verpflichtungen wie Gerichtsverfahren, Vollstreckung u. a. werden daher von uns nicht der Verantwortlichkeit, wohl aber der juristischen Gewährleistung zugerechnet.

Anmerkungen

1 Vgl. Zum Meinungsstreit in Vorbereitung des Vertragsgesetzes 1982; G. Pflicke, Zur subjektiven Voraussetzung der Verantwortlichkeit bei Vertragsstrafe und Schadenersatz, Wirtschaftsrecht Nr. 2/80, S. 75; K. Müller, Zur Vorwerfbarkeit wirtschaftsvertraglicher Pflichtverletzungen, Wirtschaftsrecht Nr. 1/81, S. 24; W. Panzer/E. Süß, Über die wirtschaftsvertragliche Verantwortlichkeit, Wirtschaftsrecht Nr. 2/81, S. 89; vgl. ferner Diskussionsbeiträge in: Grundprobleme der materiellen Verantwortlichkeit, Abhandlungen der Akademie der Wissenschaften der DDR, Veröffentlichungen der Wissenschaftlichen Räte, Berlin W 1/1982.

2 Gesetz über das Vertragssystem in der sozialistischen Wirtschaft – Vertragsgesetz – vom 25. 3. 1982, GBl. I Nr. 14, S. 293 ff.

3 E. Leymann, Zum Wesen des Zwangsgeldes im Verwaltungsrecht der DDR, S. 58. dieser Abhandlungen.

4 Zivilgesetzbuch der Deutschen Demokratischen Republik vom 19. 6. 1975, GBl. I Nr. 27, S. 465 ff.

5 Gesetz über das Vertragssystem in der sozialistischen Wirtschaft – Vertragsgesetz – vom 25. 2. 1965, GBl. I Nr. 7, S. 107 ff.

6 Vgl. W. Panzer/E. Süß, Über die wirtschaftsvertragliche Verantwortlichkeit, a. a. O.

7 W. Schönrath, Zum Problem der Pflichtverletzung als Voraussetzung für die rechtliche Verantwortlichkeit, S. 125 dieser Abhandlungen.

8 K. Müller, Wirtschaftsvertragliche Pflichten und Verantwortlichkeit für Pflichtverletzungen, S. 74 dieser Abhandlungen.

9 Vgl. näher zur Herausbildung dieser Position im Zusammenhang mit der Ausarbeitung des Vertragsgesetzes von 1965 G. Pflicke, Die subjektive Voraussetzung der materiellen Verantwortlichkeit für die Verletzung der Wirtschaftsverträge und des Systems ökonomischer Hebel, Staat und Recht Nr. 9/64, S. 1520; W. Panzer/L. Penig, Zu den Voraussetzungen der materiellen Verantwortlichkeit für die Verletzung von Wirtschaftsverträgen, Staat und Recht Nr. 11/64, S. 1964; Zur Kommentierung der Verantwortlichkeitsregelung des Vertragsgesetzes 1982 siehe M. Enzmann, Verantwortlichkeit für Pflichtverletzungen, Wirtschaftsrecht Nr. 2/82, S. 94 und Kommentar zum Vertragsgesetz, Berlin 1985, Vorbem. zum Vierten Teil, S. 242 ff. und Anmerkung zu § 84 des Vertragsgesetzes, S. 253 ff.
Vgl. auch § 334 ZGB, § 270 Abs. 2 AGB.

Hans Richter

Günter Uebeler

Zu allgemeinen Voraussetzungen rechtlicher Verantwortlichkeit

In der rechtswissenschaftlichen Diskussion zu Platz und Funktion der rechtlichen Verantwortlichkeit bei der weiteren Entwicklung und Förderung sozialistischer Verhaltensweisen nimmt die Frage nach Notwendigkeit und Möglichkeit einer begrifflich einheitlichen Bestimmung der Verantwortlichkeit im sozialistischen Recht mit einen zentralen Platz ein.

Umstritten ist in diesem Zusammenhang vor allem auch die Nützlichkeit einer solchen wissenschaftlichen Aufgabenstellung, insbesondere wird dies unter Verweis auf die zweifelhafte „praktisch-politische Tragweite ... einer terminologischen Diskussion um einen allgemeinen Begriff der rechtlichen Verantwortlichkeit“[1] in Frage gestellt. Wenn wir uns dieser zuwenden, so deshalb, weil es hier nicht – oder doch nur vordergründig – um terminologische Probleme, sondern um die Bestimmung des Wesens der rechtlichen Verantwortlichkeit geht und damit um eine wichtige Voraussetzung für den effektiven Einsatz der Verantwortlichkeit bei der Erziehung zu gesellschaftsgemäßem Verhalten und dem Schutz der Gesellschaft vor Angriffen jeder Art.

Die dringende Notwendigkeit der Fragestellung zeigt die Analyse der Gesetzgebungspraxis. Ein Blick in geltende Rechtsvorschriften offenbart gerade im Zusammenhang mit der Verantwortlichkeit als Regelungsbereich einen rechten Begriffswirrwarr. Es werden sowohl unterschiedliche Begriffe für gleiche rechtliche Erscheinungsformen verwendet, als auch gleiche Begriffe für unterschiedliche rechtliche Erscheinungsformen eingesetzt. So wird die Verpflichtung der Betriebe und staatlichen Organe, für rechtswidriges Verhalten ihrer Mitarbeiter einstehen zu müssen, nach § 331 ZGB[2] als Verantwortlichkeit, vom Staatshaftungsgesetz[3] im § 1 aber als Haftung bezeichnet.

So wird im Zivilrecht unter erweiterter Verantwortlichkeit das Einstehenmüssen für Schäden in einem gesetzlich zugeordneten Risikobereich bis an die Grenze des unabwendbaren Ereignisses verstanden,[4] während das Arbeitsrecht den gleichen Begriff auf den erweiterten Umfang des Einstehenmüssens nach Verletzung von Arbeitspflichten bezieht.[5]

Bereits an diesen wenigen Beispielen wird deutlich, daß die verschiedenen Ursachen einer rechtlichen Verpflichtung, einstehen zu müssen, in der konkreten rechtlichen Ausregelung kaum beachtet und schon gar nicht begrifflich getrennt werden. Aber das ist eben keine Frage der Wortwahl durch den Gesetzgeber, sondern zeigt, daß der Gesetzgeber hier nicht auf einheitliche Grundsätze bei der wissenschaftlichen Bestimmung der rechtlichen Verantwortlichkeit zurück-

gegriffen hat, ja dies gar nicht kann, weil die Wissenschaft solche einheitlichen Grundsätze bis dato noch nicht erarbeitet hat. Andererseits macht es diese Situation gleichzeitig unmöglich, auch in der Wissenschaft und für die wissenschaftliche Diskussion den Begriff der Verantwortlichkeit ebenso zu verwenden, wie ihn die Gesetzgebung verwendet.[6] Wollten wir dies tun, so hieße das, die Aufgabe der Wissenschaft auf die Interpretation der in der Praxis verwendeten Rechtsbegriffe zu reduzieren. Es kommt aber doch umgekehrt vielmehr darauf an, durch eine einheitliche Bestimmung des Begriffes der Verantwortlichkeit, dem Gesetzgeber die zur Beseitigung des angedeuteten Begriffswirrwarrs notwendigen Bausteine in die Hand zu geben. Die Rechtswissenschaft ist aufgefordert, allgemeine Merkmale der rechtlichen Verantwortlichkeit herauszufinden[7], diese zu einer Theorie der rechtlichen Verantwortlichkeit in der sozialistischen Gesellschaft zu entwickeln und für die Rechtspraxis wirksam zu machen. Die rechtswissenschaftliche Forschung steht dabei auch auf diesem Teilgebiet vor der der wissenschaftlichen Erkenntnis allgemein immanenten Aufgabe, von der Erscheinung zum Wesen der Sache vorzudringen, aus dem Konkreten das Allgemeine zu entwickeln. Es kommt deshalb zunächst darauf an, die in der Vielfalt der konkreten Erscheinungsformen der rechtlichen Wirklichkeit sich wiederholenden oder gleichartigen Merkmale zu erfassen, die allen rechtlichen Erscheinungsformen eigen sind.[8]
Hier wäre – übertragen auf die diskutierte Problematik – demzufolge eine Antwort auf die Frage zu suchen, ob und in welcher rechtlichen Erscheinungsform ein für jede Art rechtlicher Verantwortlichkeit Geltung beanspruchendes stabiles Element bestimmbar ist, wo also die Einheit in der Vielfalt liegt. Diese gilt es herauszuheben und darzustellen. Dies ist ein erster Schritt. Auf seiner Grundlage wird es möglich sein, die Vielfalt der Einheit[9] sichtbar zu machen und auch zu begründen, also klarzustellen, daß das einheitliche Wesen der rechtlichen Verantwortlichkeit in vielfältiger konkreter Form in Erscheinung treten kann, wie bedingt durch Gegenstand und Funktion der verschiedenen Rechtszweige, das Allgemeine – die Einheit – in differenzierter Weise – in ihrer Vielfalt – konkret ausgestaltet wird.
Den Ausgangspunkt für eine wissenschaftliche Diskussion dieser Problematik sehen wir im dialektischen Zusammenhang von Verantwortung und Verantwortlichkeit in der sozialistischen Gesellschaft, und zwar konkreter ausgedrückt, von rechtlicher Verantwortung und Verantwortlichkeit. Uns ist klar. daß rechtliche Verantwortung stets nur ein Teil der sozialen Verantwortung in der sozialistischen Gesellschaft sein kann, aber sie muß dort Platz greifen, wo ganz bestimmte Verhaltensweisen im Interesse von Staat und Gesellschaft unabdingbar notwendig sind, wo über die verbindliche Vorgabe von konkreten Verhaltensforderungen der Schutzbedürftigkeit bestimmter gesellschaftlicher Beziehungen Rechnung getragen werden muß. Hier muß sich der Charakter der sozialen Verantwortung als allgemeine gesellschaftliche Verhaltensanforderung qualifizieren, indem diese nunmehr eine allgemein verbindliche Verhaltensanforderung, indem sie nun Ausdruck der rechtlichen Verantwortung in der sozialistischen Gesellschaft ist. Rechtliche Verantwortung ist juristisch zugeordnete Verantwortung und das dementsprechende Zuordnungsinstrument ist die Rechtspflicht. Wann, wem und welche Rechtspflichten zuzuordnen sind und

welchen Beitrag die Rechtswissenschaft in diesem Zusammenhang zu leisten vermag, dieser Frage wollen wir uns hier nicht zuwenden. Für uns kommt es darauf an festzuhalten, daß Rechtspflichten der stabile Bestandteil der rechtlichen Verantwortung sind. Gehen wir nun davon aus – und das ist ja im Prinzip unbestritten –, daß die Rechtspflicht eine vom Staat verbindlich fixierte Verhaltensanforderung ist, dann begeht derjenige, der dagegen verstößt, eine Pflichtverletzung und damit zugleich auch eine Verletzung der Rechtsordnung. Die Pflichtverletzung stellt sich deshalb für uns dar als das objektive Nichtübereinstimmen von Verhaltensanforderung durch das Recht und dem tatsächlichen Verhalten. Sie trägt also objektiven Charakter und enthält begrifflich keinerlei Bewertungsmaßstab für dieses objektiv divergierende Verhalten. Die juristische Reaktion auf dieses Verhalten – auf die Pflichtverletzung – ist die Verantwortlichkeit; sie ist demzufolge für uns zunächst objektiv nicht wahrgenommene rechtliche Verantwortung. Dies ist jeder Erscheinungsform rechtlicher Verantwortlichkeit gleich und damit bildet die Pflichtverletzung ein erstes stabiles Element der Verantwortlichkeit. Die Pflichtverletzung, so verstanden ist immer eine Verletzung des objektiven Rechts, sie ist ihrem rechtlichen Wesen nach eine objektive Rechtsverletzung und nur insoweit rechtliche Grundlage der Verantwortlichkeit. Wir halten dies zu betonen deshalb für wichtig, weil es diese objektive Rechtsverletzung abzugrenzen gilt von der Verletzung der den Rechtssubjekten zustehenden subjektiven Rechte, gleichgültig ob diese durch das Gesetz oder – auf dessen Grundlage – durch Vertrag begründet sind. Diese subjektive Rechtsverletzung kann, sie muß aber nicht zur Verantwortlichkeit führen, weil die Verletzung subjektiver Rechte nicht in jedem Fall und zwangsläufig auf pflichtverletzendes – also nach unserem Verständnis gegen das objektive Recht verstoßendes – Verhalten zurückzuführen ist. Der Eingriff in subjektive Rechte ist in der Tat oft erlaubt! Was aber rechtlich erlaubt ist, kann niemals als Pflichtverletzung charakterisiert werden, eben deshalb, weil hier kein Verstoß gegen das objektive Recht zu begründen ist. Dieses besondere Verhältnis von objektiver Rechtsverletzung und dem Eingriff in subjektive Rechte wird oft verwischt.

Besonders deutlich wurde dies im Zusammenhang mit der Diskussion um die Bedeutung der rechtswidrigen Schadensverursachung als Tatbestandsmerkmal des § 330 ZGB. Deren Eigenständigkeit im Tatbestand des § 330 ZGB wurde versucht damit zu begründen, daß Handeln in Notwehr (§ 352 ZGB) objektiv pflichtverletzendes Handeln sei, aber im konkreten Fall diese Pflichtverletzung nicht rechtswidrig sei und deshalb – weil der Schaden eben nicht rechtswidrig verursacht sei – nicht zur Verantwortlichkeit führe.[10] Hier wird übersehen, daß der in Notwehr Handelnde zwar in subjektive Rechte des Angreifers eingreift, hierbei aber – weil eben mit rechtlicher Erlaubnis handelnd – nicht gegen das objektive Recht verstößt und damit keine Pflichtverletzung begeht. Deshalb auch keine Verantwortlichkeit.[11]

Diese von uns hier zur Diskussion gestellte Auffassung muß aber folgerichtig zu einer ganz wesentlichen Konsequenz führen – zum Lösen von der bis dato wohl durchgängig anzutreffenden Bestimmung des Wesens der rechtlichen Verantwortlichkeit als das Einstehenmüssen für Rechtsverletzungen schlechthin,[12] weil in dieser Allgemeinheit das für die Verantwortlichkeit Typische nicht deutlich wird. Nach unserer Auffassung ist nicht jede Rechtsverletzung mit zwingender Notwendigkeit auch eine Rechtspflichtverletzung. Dies mag zwar in vielen Fällen so sein,[13] es muß aber nicht immer so sein. Ein Gleichheitszeichen zwischen Rechtsverletzung und Pflichtverletzung ist vor allem dort nicht in jedem Fall zu ziehen, wo es um die rechtliche Beurteilung von Verhaltensweisen geht, die unmittelbar negativ in subjektive Rechte der Bürger eingreifen, vor allem also im Bereich der zivilrechtlichen materiellen Verantwortlichkeit — unser oben genanntes Beispiel verdeutlicht dies. Für uns besteht deshalb das allgemeine juristische Wesen der Verantwortlichkeit nicht im Einstehenmüssen für Rechtsverletzungen schlechthin, sondern im Einstehenmüssen für Rechtspflichtverletzungen. Alle übrigen Formen des Einstehenmüssens, soweit also die Rechtspflichtverletzung nicht Begründungsvoraussetzung ist, wie zum Beispiel im Rahmen der zivilrechtlichen erweiterten Verantwortlichkeit nach § 343 ff. ZGB, sind nach unserer Auffassung eben nicht Ausdruck der rechtlichen Verantwortlichkeit, sondern Ausdruck der generellen Rechtspflicht jedes als Eigentümer anerkannten Rechtssubjektes, für alle negativen Folgen der Wahrnehmung ihm aus dieser Rechtsstellung zustehenden Befugnisse mit eigenen Mitteln einstehen zu müssen, d. h. zu haften.[14] Die Verantwortlichkeit ist demzufolge eine spezifische Erscheinungsform dieser Pflicht, einstehen zu müssen; sie greift immer dort Platz, wo diese Pflicht des Einstehenmüssens infolge der Verletzung einer rechtlich normierten Verhaltenspflicht entsteht. Damit wollen wir aber zugleich auch klarstellen, daß, ebensowenig wie zwischen Pflichtverletzung und Rechtsverletzung auch zwischen Pflichtverletzung und rechtlicher Verantwortlichkeit ein Gleichheitszeichen gesetzt werden kann, daß beide Begriffe nicht synonym verwendbar sind. Die Pflichtverletzung ist zwar ein unabdingbares Element, macht aber allein noch nicht deren Wesen aus. Wir gehen hier davon aus, daß sich das sozialistische Recht als spezifisches Instrument einordnet in den Mechanismus der Leitung und Organisation des gesellschaftlichen Fortschritts und sich damit als ein spezifisches Leitungsinstrument einordnet in den Prozeß der Verwirklichung objektiv als notwendig für den gesellschaftlichen Fortschritt erkannter Zielstellungen,[15] wobei wir auch in Rechnung stellen, daß das Recht in diesem Zusammenhang nur ein Faktor im Gesamtgefüge der hier wirkenden sozialen Faktoren darstellt. Unmittelbar bezogen auf die rechtliche Verantwortlichkeit ergibt sich der Schluß, daß diese sich einordnet in den Gesamtmechanismus der Verwirklichung einer allgemein gesellschaftlichen Zielstellung und diese besteht für uns in der Gewährleistung eines umfassenden Schutzes der sozialistischen Gesellschaft vor Rechtsverletzungen.[16]

Schutz vor Rechtsverletzungen ist eine gesamtgesellschaftliche Aufgabe. Sie ist mit ökonomischen, politischen, mit Mitteln der sozialistischen Moral und vor allem auch mit rechtlichen Mitteln zu lösen. Das Recht ist dabei auf Grund seines staatlich-allgemeinverbindlichen Charakters wie kein anderes System sozialer Normen bzw. gesellschaftlicher Möglichkeiten geeignet, an der Verwirklichung dieses allgemeinen Ziels in der sozialistischen Gesellschaft mitzuwirken. Das betrifft vor allem die Möglichkeit, mit rechtlichen Mitteln nachhaltig vorbeugend-erzieherisch wirksam zu werden und dies ist vor allem — selbstverständlich nicht nur — der Wirkungsbereich der rechtlichen Verantwortlichkeit. Indem sie an rechtspflichtverletzendes Verhalten anknüpft, ist es ihre allgemeine Funktion — ihrer Wirkungsrichtung — derartiges Verhalten aufzuhellen, dem Handelnden überzeugend darzulegen und ihn anzuhalten, sich künftig normengerecht zu verhalten, mit anderen Worten, ihn zu künftig gesellschaftsgemäßem Verhalten zu erziehen. Dies bleibt aber unmöglich, solange man allein bei der Pflichtverletzung als wesensbestimmendes Merkmal der Verantwortlichkeit stehen bleibt und den Aspekt des Einstehenmüssens für diese Pflichtverletzung außer acht läßt, wenn man also die rechtlichen Folgen für den Pflichtverletzer — ohne die ein funktionsgerechtes Wirken der Verantwortlichkeit undenkbar bliebe — aus der Bestimmung des Verantwortlichkeitsbegriffes ausklammert. Erst die rechtliche Zuordnung einer Folge — anders gesagt einer Sanktion — als unabdingbare Konsequenz der Rechtspflichtverletzung charakterisiert den Vorgang, Einstehen zu müssen, als Verantwortlichkeit. Nach unserem Verständnis bestimmen also zwei Elemente das Wesen rechtlicher Verantwortlichkeit — die Rechtspflichtverletzungen und die dafür rechtlich geregelte Sanktion als Ausdrucksform des Einstehenmüssens. Überall dort — aber auch nur dort, wo konkrete Folgen als Reaktion auf Pflichtverletzungen normiert werden, kann man von rechtlicher Verantwortlichkeit sprechen. Sind Verletzung einer Rechtspflicht und deren rechtlich geregelte Folge — die Sanktion — die Einheit in der Vielfalt bei der Bestimmung stabiler Elemente des allgemeinen Begriffes der Verantwortlichkeit, so ist dies die Erziehung, wenn es um die Bestimmung der allgemeinen Funktion, der generellen Wirkungsrichtung der Verantwortlichkeit geht. Wie aber diese allgemeine Funktion im konkreten verwirklicht werden soll, dies ist abhängig von Gegenstand und Funktion der verschiedenen Rechtszweige und führt auf der Basis dieser Abhängigkeitsrelation zu einer differenzierten strukturellen Ausgestaltung der jeweiligen zweigspezifischen Verantwortlichkeitsregelungen[17], also zur Vielfalt in der Einheit. Dabei geht es vor allem um die Beantwortung der Frage, wann auf welche Art und Weise für Rechtspflichtverletzungen eingestanden werden muß. Hier ist nicht der Platz, dies im Detail und bezogen auf die einzelnen Rechtszweige darzustellen, wir halten aber — und dies ist die Konsequenz unseres Verständnisses vom allgemeinen Wesen der rechtlichen Verantwortlichkeit — zwei grundsätzliche Bemerkungen für erforderlich.

Zum ersten: Wenn rechtliche Verantwortlichkeit impliziet als rechtlich normierte Reaktion auf Pflichtverletzungen bestimmt wird, dann ist eine jede solche Folge einer Pflichtverletzung Ausdruck der Verantwortlichkeit und zwar unabhängig von ihrer konkreten Erscheinungsform, also z. B. auch die Nichtigkeit eines zivilrechtlichen Vertrages bei Verletzung von Formvorschriften (vgl. §§ 66, Abs. 2 ZGB)[18]. Rechtliche Verantwortlichkeit ist jede rechtlich normierte Reaktion auf jede Rechtspflichtverletzung.

Zum zweiten: Wenn davon ausgegangen wird, daß erzieherische Wirkung im Prinzip nur über die Bindung des Einstehenmüssens für Pflichtverletzungen an das Verschulden des Handelnden hinsichtlich des durch die Pflichtverletzung herbeigeführten Erfolges erreicht werden könne, so teilen wir diese Position, solange es wirklich nur um die Bestimmung der Voraussetzungen für die Realisierung eines funktionsgerechten, eines erziehungsgerechten, eines erziehungswirksamen Einstehenmüssens geht. Sobald es jedoch um Integration des Verschuldens in den Begriff der Verantwortlichkeit oder gar in jenen der Pflichtverletzung geht, ist unsere Auffassung dazu eine andere. Ohne Zweifel setzt die Begründung einer Pflichtverletzung einen Maßstab zur Verhaltensbeurteilung voraus, aber dieser Maßstab ist nicht bereits wesensbestimmender Bestandteil einer rechtlich geregelten Pflicht in dem Sinne, daß die Rechtspflicht eine Kombination von Verhaltensanforderung und Maß der Anstrengungen zur Erfolgsherbeiführung darstellt.[19] Hier wird nicht scharf genug zwischen Verhaltensforderung und Verhaltensbeurteilung im Zusammenhang mit der Begründung der rechtlichen Verantwortlichkeit geschieden. Wir verstehen die Rechtspflicht – wie oben gesagt – als eine objektive Verhaltensforderung. Wie aber im konkreten Fall eine Verhaltensweise zu beurteilen ist, ob ein objektiver oder subjektiver zurechenbarer Maßstab angelegt wird, das haben die Zweige – wiederum aus der spezifischen Sicht von Gegenstand und Funktion – selbst zu bestimmen und ist für eine verallgemeinernde Bestimmung des Verantwortlichkeitsbegriffes ohne Bedeutung.[20]

Aber auch dann, wenn es um die strukturelle Gestaltung der Beziehung Verschulden und funktionsgerechte Wirkung der Verantwortlichkeit geht, zeigen sich dort Probleme, wo über die Verantwortlichkeit auf mehrere unterschiedliche Beteiligte eingewirkt werden muß. So ist die strafrechtliche Verantwortlichkeit ausschließlich auf den Straftäter ausgerichtet, seine nachhaltige Erziehung steht im Vordergrund und deshalb auch notwendigerweise die Bindung seiner Verantwortlichkeit an das Verschulden. Im Zivilrecht dagegen ist die Situation eine andere, und zwar in Abhängigkeit vom jeweiligen Bereich, wo die Pflichtverletzungen wirken. So ist die zivilrechtliche vertragliche Verantwortlichkeit primär darauf ausgerichtet, die reale Erfüllung vertraglich übernommener Leistungspflichten zu gewährleisten bzw. dort, wo die reale Vertragserfüllung durch konkrete Umstände der Erbringungen der Leistung bzw. durch die Art der Leistung selbst infolge der Pflichtverletzung nicht mehr möglich ist, für die Sicherung eines äquivalenten Wertverhältnis in den durch Vertrag organisierten Austauschbeziehungen zu sorgen.[21] Diesem Ziel der zivilrechtlichen vertraglichen Verantwortlichkeit ist untergeordnet, daß das Einstehenmüssen hier an die objektive Pflichtverletzung gebunden ist und nur dann, wenn sich der Ausgleich des gestörten Wertverhältnisses durch eine Schadenersatzleistung erforderlich macht, kommt der Aspekt der Erziehung des Pflichtverletzers hinzu und aus diesem Grunde auch die Bindung des Einstehenmüssens an die schuldhafte Schadensverursachung. Die Hauptaufgabe der zivilrechtlichen außervertraglichen Verantwortlichkeit besteht dagegen in der Wiedergutmachung des dem Geschädigten zugefügten Schadens[22], aber sie will gleichzeitig auch den Schädiger zu künftig normengerechtem Verhalten erziehen.[23] Sie will also auf beide Beteiligte einwirken und das sich dadurch bildende Spannungsverhältnis zwischen Wiedergutmachung und Erziehung hebt das Zivilrecht in der Weise auf, daß es zwar das Einstehenmüssen nach einer Schadenszufügung nur im Falle des Verschuldens zuläßt, aber dennoch die Schadensersatzpflicht nicht diesem Verschulden anpaßt, sondern dem zugefügten Schaden.[24] Hierbei kann das Wesen der Schuld als vorzuwerfende psychische Einstellung des Handelnden zu seiner Handlung nicht unversehrt bleiben. Der Schuldbegriff wird insoweit deformiert, als die ihm wesenseigene Subjektbezogenheit unter dem Zwang des Primats der Wiedergutmachung im Zivilrecht im Prinzip aufgegeben wird. Ver-

schuldensprüfung im Zusammenhang mit außervertraglicher zivilrechtlicher materieller Verantwortlichkeit eines Bürgers ist nicht Verhaltensbeurteilung im Sinne der Sicherung einer diesem Verhalten adäquaten Reaktion, sondern gestattet nur eine Antwort auf die Frage, ob Verantwortlichkeit überhaupt zu begründen ist, oder nicht. Der nicht herstellbare Bezug auf die denkbar differenzierte Verhaltensweise des Verantwortlichen hat rechtspraktisch zur Folge, daß die rechtspolitische Absicht, auf den Schädiger erzieherisch einwirken zu wollen, nicht verwirklicht werden kann. Hinzu kommt, daß in der DDR gegenwärtig ca. 93% aller Haushalte haushalts- und damit kombiniert haftpflichtversichert sind.[25] Das bedeutet, daß unter diesen Bedingungen nicht einmal das Selbsteinstehenmüssen wegen zivilrechtlicher Verantwortlichkeit den Regelfall bildet und damit der Erziehung mit den Mitteln des Zivilrechts auch aus dieser Sicht die Grundlage entzogen ist.
Die Erziehungsfunktion wird durch das Einstehen der Versicherung im Falle berechtigter Schadenersatzansprüche aufgehoben. Dennoch bietet gerade das Versicherungsrecht wirksame Möglichkeiten, auf den zivilrechtlich Verantwortlichen erzieherisch einzuwirken, namentlich über die des Regresses i. S. v. § 255 Abs. 1 Satz 2 ZGB. Durch die Bindung des Regresses an eine Reihe zu beachtender und vom Gesetz vorgegebener Kriterien könnte gesichert werden, daß diese höhenmäßig in einem angemessenen Verhältnis zur moralisch-rechtlichen Qualität der pflichtverletzenden Handlung steht und so als ein geeignetes Erziehungsmittel für den verpflichteten Versicherungsnehmer eingesetzt werden kann. Es liegt auf der Hand, daß aus der Kombination von zivilrechtlichen und versicherungsrechtlichen Mitteln in der Tat eine Verwirklichung der zivilrechtlichen materiellen Verantwortlichkeit entsprechend ihrer Zielstellung – nämlich voller Ausgleich des Geschädigten zugefügten Schadens, der spezifischen Wiedergutmachungsfunktion des Zivilrechts folgend, aber auch eine erzieherisch wirksame Inanspruchnahme des Schädigers, dem Regelungsmodell des Versicherungsrechts folgend – möglich ist.

Begriffsbestimmungen zur zivilrechtlichen Verantwortlichkeit

Rechtspflicht: Vom Staat durch Rechtsvorschriften verbindlich fixierte Verhaltensanforderung (Verhaltensgebot oder Verhaltensverbot) bzw. auf der Grundlage von Rechtsvorschriften durch Berechtigte bestimmte Verhaltensanforderung (z. B .Zivilrechtliche Vertragspflichten).
Rechtspflichtverletzung: Jedes objektive Nichtübereinstimmen von rechtlicher Verhaltensanforderung und dem tatsächlichen Verhalten des Verpflichteten.
Rechtliche Verantwortlichkeit: Das Wesen rechtlicher Verantwortlichkeit wird durch die Rechtspflichtverletzung und die dafür rechtlich geregelte Sanktion als Ausdrucksform des Einstehenmüssens bestimmt. Rechtliche Verantwortlichkeit ist jede rechtlich normierte Reaktion auf jede Rechtspflichtverletzung.
Juristische Sanktion: ist jede durch Gesetz bzw. Vertrag vorgesehene Reaktion auf die Verletzung von Rechtspflichten.

Anmerkungen

1 M. Posch, Aktuelle Probleme zivilrechtlicher Verantwortlichkeit, 8. Jenaer Juristentag, Wissenschaftliche Beiträge der Friedrich-Schiller-Universität Jena, Jena 1982, S. 13.
2 Zivilgesetzbuch der Deutschen Demokratischen Republik vom 19. 6. 1975, GBl. I Nr. 27, S. 465 ff.
3 Gesetz zur Regelung der Staatshaftung in der DDR vom 12. 5. 1969, GBl. I Nr. 5, S. 34.
4 Vgl. §§ 343 ff. ZGB, Lehrbuch Zivilrecht, Bd. II, Berlin 1981, S. 213 ff.
5 Vgl. § 262 des Arbeitsgesetzbuches der Deutschen Demokratischen Republik vom vom 16. 6. 1977, GBl. I Nr. 18, S. 185.
6 M. Posch, Aktuelle Probleme zivilrechtlicher Verantwortlichkeit, a. a. O., S. 13.
7 T. Schönrath, Größere Aufmerksamkeit für allgemeintheoretische Probleme juristischer Verantwortlichkeit in der sozialistischen Gesellschaft, 8. Jenaer Juristentag, a. a. O., S. 109.
8 Vgl. D. A. Kerimow, Philosophische Probleme des Rechts, Berlin 1977, S. 63.
9 Ebenda, S. 64.
10 Vgl. A. Marko, Zur Bedeutung der Tatbestandsvoraussetzung „rechtswidrige Schadensverursachung“ in: § 330 ZGB, Neue Justiz, 8/1982, S. 365; J. Göhring, Zur Bedeutung des Tatbestandsmerkmals „rechtswidrig“ für Schadenersatzleistungen wegen Verletzung vertraglicher Pflichten, Neue Justiz, 12/1982, S. 552.
11 Wir unterstützen deshalb auch die Auffassung von J. Klinkert, vgl. Neue Justiz, 12/1983, S. 493 (Voraussetzungen der zivilrechtlichen materiellen Verantwortlichkeit nach § 330 ZGB).
12 Vgl. Autorenkollektiv, Marxistisch-leninistische allgemeine Theorie des Staates und des Rechts, Das sozialistische Recht, Bd. 4, Berlin 1976, S. 373 ff.
13 So zum Beispiel im Strafrecht.
14 Vgl. H. Richter/R. Schüsseler, Zum Rechtsbegriff der Haftung, Staat und Recht 7/1973, S. 1164.
15 Zum Ziel im Recht vgl. D. A. Kerimow, Philosophische Probleme des Rechts, a. a. O., S. 268; Autorenkollektiv, Effektivität der Rechtsnormen, Berlin 1982, S. 30 ff.
16 Autorenkollektiv, Marxistisch-leninistische allgemeine Theorie des Staates und des Rechts, Das sozialistische Recht, a. a. O., S. 411.
17 Vgl. M. Posch, Zur Bestimmung rechtlicher Verantwortlichkeit, in: Grundprobleme rechtlicher Verantwortlichkeit, Abhandlung der AdW der DDR, Veröffentlichung der Wissenschaftlichen Räte, Berlin W/1 1982, S. 63.
18 Entgegen T. Schönrath, Rechtliche Verantwortlichkeit für Rechtsverletzungen in der sozialistischen Gesellschaft, in: Grundprobleme rechtlicher Verantwortlichkeit, a. a. O., S. 13 ff.
19 W. Schönrath, Zum Problem der Pflichtverletzung als Voraussetzung für die juristische Verantwortlichkeit, Leipzig 1984, S. 2 (unveröffentlicht).
20 Vgl. auch M. Posch, Aktuelle Probleme zivilrechtlicher Verantwortlichkeit, a. a. O., S. 65.
21 Vgl. Autorenkollektiv, Zivilrecht, Lehrbuch, Bd. I, Berlin 1981, S. 258.
22 Vgl. § 330 ZGB.
23 Vgl. Autorenkollektiv, Zivilrecht, Lehrbuch, Bd. II, S. 164 ff.
24 Vgl. § 330 i. V. m. § 333 ZGB.
25 Zur gesetzlichen Kombination von Haushalts- und Haftpflichtversicherung vgl. Allgemeine Bedingungen für die Haushaltversicherung – Ausgabe 1977 – vom 18. 2. 1977, GBl. I Nr. 8, S. 68.

Juristische Sanktionen als Gewährleistungsfaktor sozialistischen Rechts

Zur Bewältigung der Aufgabe, das Recht und darüber hinaus den gesamten juristischen Überbau zur vollen Entfaltung der, der entwickelten sozialistischen Gesellschaft eigenen Triebkräfte zu nutzen, gehört auch die weitere Erforschung des Komplexes rechtlicher Reaktionen in Gestalt von Sanktionen auf Fehlläufe in der auf die weitere Gestaltung der entwickelten sozialistischen Gesellschaft ausgerichteten Rechtsverwirklichung in ihrer Differenziertheit aus Gesamtsicht. Damit ist zur Erhöhung der Wirksamkeit des Rechts, zum Kampf gegen Rechtsverletzungen, zur Ausprägung von Gesetzlichkeit, Rechtssicherheit, Gerechtigkeit und Geborgenheit der Menschen in ihrem sozialistischen Staat beizutragen. Nachfolgende Überlegungen sind z. T. erst als Hypothesen formuliert.

1. Juristische Sanktionen als Element des Systems der Gewährleistung des Rechts

Für die Ausnutzung der nicht von selbst wirksam werdenden Vorzüge des Sozialismus, voran der gesamtgesellschaftlichen Organisation und Koordinierung der Tätigkeit der Menschen zur planmäßigen Entwicklung aller Bereiche ihres gesellschaftlichen Lebens auf dem von der marxistisch-leninistischen Partei vorgegebenen Kurs, für den sicheren Schutz des Friedens und der sozialistischen Errungenschaften, sind allgemeinverbindliche, politisch juristische Verhaltensmaßstäbe erforderlich. Ausgehend von der historisch neuartigen Aufgabe des sozialistischen Rechts[1], als Bestandteil des subjektiven Faktors zur Ausnutzung objektiver Gesetze zu dienen, benötigt die Arbeiterklasse und die mit ihr Verbündeten das Recht als Instrument zur planmäßigen Gestaltung und zum sicheren Schutz ihrer gesellschaftlichen Beziehungen, als Organisationsfaktor der Staatsmacht selbst und darüber hinaus der gesamten politischen Organisation sowie als Garant und Repräsentant von Rechtssicherheit, Gerechtigkeit und Humanität.

Eine Spezifik des Rechts, auf Grund der die Arbeiterklasse und ihre Verbündeten, diese Aufgaben mit dem Recht realisieren können, besteht darin, daß es kein unverbindlicher Verhaltensvorschlag, sondern ein allgemeinverbindlicher zuverlässig zu gewährleistender Verhaltensmaßstab ist. Diese Gewährleistung, das heißt die Sicherung der Verwirklichung des Rechts durch die Verpflichteten und die Berechtigten – die nichts Äußerliches in bezug auf das Recht, sondern ihm immanent ist – erfolgt mittels eines Systems politischer, ökonomischer, ideologischer und speziell staatlich-juristischer Gewährleistungsfaktoren.[2]

Innerhalb der staatlich-juristischen Faktoren nimmt die rechtliche Verantwortlichkeit mit den juristischen Sanktionen einen bedeutenden Platz ein.[3] Die juristischen Sanktionen verhalten sich zu dem gesamten Gewährleistungssystem wie ein Teil zum Ganzen. Mehr als bisher muß in Rechtsetzung und -verwirklichung dieser Bezug beachtet werden, denn er muß Inhalt und Aufgaben der Sanktionen prägen, sich in ihrer Wirkung und Wirksamkeit repräsentieren. Dabei ist anzumerken, daß diese nicht nur der eigenen Ausgestaltung der Sanktionen geschuldet sind, sondern durch eine Vielfalt von anderen Faktoren beeinflußt werden. So z. B. durch ökonomische Stimuli in Verwirklichung des die soziale Gerechtigkeit ausdrückenden Leistungsprinzips; durch die Art und Weise der politisch-moralischen Wertung von Rechtsverletzungen, die Sanktionen bewirken, insbesondere durch die zunehmend öffentliche Meinung dazu; durch die praktizierte Art und Weise der Durchsetzung; durch die konsequente Geltendmachung von Sanktionen (z. B. Vertragsstrafen) durch die Geschädigten; durch die sachkundige Verwirklichung der Prinzipien der ‚Verhältnismäßigkeit', ‚Zweckmäßigkeit', ‚Gerechtigkeit' bei der Anwendung der Sanktionen; durch eine hohe Qualität der Rechtsinformation über die Sanktion; durch handhabbare und überschaubare Durchsetzungsmechanismen und -verfahren.

Andererseits muß, ausgehend von dem Bezug Teil zum Ganzen, im Rechtsbildungs- und Rechtsverwirklichungsprozeß immer wieder aufs neue das Zusammenwirken der verschiedenen Sanktionsarten und das Zusammenwirken der Sanktionen mit den anderen Gewährleistungsfaktoren herbeigeführt werden, um die Ensemblewirkung der Gewährleistungsfaktoren zur Geltung zu bringen.

Im Rechtsetzungs- und Rechtsverwirklichungsprozeß ist somit zu beachten:

- Juristische Sanktionen wirken nicht allein, isoliert, sondern immer im Ensemble vielfältiger anderer rechtlicher und gesellschaftlicher Faktoren auf Bewußtsein und Handeln der Mitglieder der sozialistischen Gesellschaft ein.
- Nicht alle Wirkungen des Rechts können den Wirkungen der Sanktionen zugeschlagen werden. Die Wirkung des sozialistischen Rechts ist primär auf verantwortungsbewußtes, von sozialistischem Rechtsbewußtsein getragenes normgemäßes Handeln gerichtet. Mit Gewährleistungsnormen werden für den Fall von Pflichtverletzungen Sanktionen begründet, die bei eingetretenen Pflichtverletzungen realisiert werden. Auch mit diesen Normen soll normgemäßes Handeln bewirkt werden, aber z. T. durch andere Wirkungen, als durch die von Primärnormen, nämlich auch durch Erzeugung von Motiven und Einstellungen beim Verpflichteten zum Erfüllen der Rechtspflicht, um Sanktionen zu vermeiden bzw. bei begangener Pflichtverletzung, durch die Erzeugung von Einstellungen und Haltungen, Pflichtverletzungen fürderhin zu unterlassen (prophylaktische Wirkung). Die Gewährleistungsnormen sind mit Primärnormen und deren Realisierung akzessorisch verbunden.
- Andererseits kann der Beitrag der Sanktionen zur Gewährleistung nicht außerhalb des sozialistischen Rechts, als eigenständiger Beitrag, begriffen werden. Die Sanktionen als Ausdrucksform der Art und Weise und des Maßes des Einstehenmüssens für zu verantwortende Pflichtverletzung, der staatlich-juristischen Gewährleistung zugehörig, sind Bestandteil des sozialistischen Rechts und prägen deshalb auch seine Funktionen mit.

2. Der Bezug von juristischen Sanktionen und rechtlicher Verantwortlichkeit

Im Unterschied zu Auffassungen, wonach Sanktionen und Verantwortlichkeit identisch seien, der Verwirklichung der Verantwortlichkeit dienten, kein Wesensmerkmal der Verantwortlichkeit darstellten, sondern zum Mechanismus der Gewährleistung der Verantwortlichkeit gehörten, Rechtsfolgen der Verantwortlichkeit wären etc., begreife ich diesen Bezug wie folgt:

a) Rechtliche Verantwortlichkeit ist die in Gewährleistungsnormen und in anderen, auf der Grundlage bzw. in Verwirklichung von Rechtsnormen ergangener juristischen Entscheidungen begründete Rechtspflicht zum Einstehen des Verpflichteten für von ihm begangene Rechtspflichtverletzungen gegenüber demjenigen, dem gegenüber die verletzte Pflicht besteht – das ist der Inhaber des korrespondierenden Rechts, soweit ein solches gegeben ist – (unmittelbar Geschädigte, Staatsorgan, Staat, gesamte sozialistische Gesellschaft), mit dem Ziel, die nachteiligen Auswirkungen der Pflichtverletzung, die zugleich eine Verletzung von Rechten sind, zu beseitigen, zu hemmen, einzuschränken oder zu kompensieren. So verstanden umfaßt der Inhalt der Verantwortlichkeitspflicht notwendig die Art und Weise und das Maß des Einstehens in Gestalt des Einwirkens auf die Person des Verpflichteten, auf seine gesellschaftliche Stellung, auf sein Vermögen mit.[4] Die Ausdrucksform der entsprechenden Art und Weise und des Maßes des Einstehenmüssens für eine bestimmte Art Pflichtverletzung, wird mit dem Begriff „Juristische Sanktion" abgebildet. Die juristischen Sanktionen als die Rechtsfolgen der rechtlichen Verantwortlichkeit zu bezeichnen, halte ich für ungenau. Sie sind keine Rechtsfolgen der Verantwortlichkeit, sondern der Pflichtverletzung. Die juristische Sanktion ist der Verantwortlichkeitspflicht inhärent. In diesem Zusammenhang zwei Anmerkungen:

- Unter Strukturaspekten der Rechtsnorm ist die Verantwortlichkeitspflicht und damit auch die juristische Sanktion im objektiven Recht angesiedelt und zwar – ausgehend von der zweigliedrigen Normstruktur – in Gewährleistungsnormen, akzessorisch an entsprechende Primärnormen gebunden.[5] (Tatbestandteil: Charakterisierung der Verletzung der Primärpflicht bzw. des Primärrechts durch den Verpflichteten. Rechtsfolgeteil: Ausgestaltung der Verantwortlichkeitspflicht und damit auch der juristischen Sanktionen). Das Prinzip der sozialistischen Gesetzlichkeit und Rechtssicherheit gebietet, daß in der Rechtsetzung besonders auch der Tatbestandsteil für den Normaddressaten erkennbar ausgewiesen wird.
- Die in Rechtsnormen oder in anderen, dem System der rechtlichen Regelung zugehörigen rechtlichen Entscheidungen (z. B. Kombinatsordnung, Vertrag) begründete rechtliche Verantwortlichkeit mit ihren juristischen Sanktionen ist eine Pflicht, ein Verhaltensmaß, ein mögliches Verhalten für den Fall einer zu verantwortenden Pflichtverletzung durch den Verpflichteten z. B. Schadensersatzforderung (-anspruch) und noch nicht die Sanktionsleistung selbst, der Schadenersatz. Mit dieser Aussage wird auch die Möglichkeit der prophylaktischen Wirkung der juristischen Sanktion für pflichtgemäßes Verhalten begründet.

b) Verletzt ein Verpflichteter durch eine von ihm zu verantwortende Handlung seine Rechtspflicht, entsteht — wenn rechtlich vorgesehen — durch diese Pflichtverletzung (rechtserhebliche Tatsache) eine konkrete Verantwortlichkeitsrechtsbeziehung (eigenständiges konkretes Rechtsverhältnis, zusätzliche Rechtsbeziehung in einem bereits bestehenden Rechtsverhältnis, andere konkrete Rechtsbeziehung)[6]. Der juristische Inhalt dieser konkreten Verantwortlichkeitsrechtsbeziehung ist zum einen die verbindliche, staatliche gewährleistete konkrete Rechtspflicht des Pflichtverletzers, für seine Pflichtverletzung — und damit für eingetretene Störung planmäßiger gesellschaftlicher Prozesse, in Interessenwahrnehmung und Bedürfnisbefriedigung — in bestimmter Art und in bestimmtem Maß (sanktionsgemäß) dem juristisch Berechtigten gegenüber einstehen zu müssen, mit dem Ziel, die durch seine Handlung eingetretenen Störungen im gesellschaftlichen Leben zu beheben, einzuschränken, zu kompensieren etc. und zum anderen das verbindliche, staatlich gewährleistete konkrete juristische Recht des Berechtigten, vom Pflichtverletzer die Realisierung der juristischen Sanktionen zu verlangen, so z. B. das Recht auf Schadenersatz gegenüber dem Pflichtverletzer. Das Recht auf Gewährleistung ist dem primären Recht des Berechtigten inhärent. Es wird bei Verletzung ‚lebendig‘, aktiv. Dabei ist anzumerken, daß der Gewährleistungsanspruch, der unabdingbar für ein verbindliches Recht, für seinen juristischen Charakter ist, nicht nur, in jedem Fall mittels rechtlicher Verantwortlichkeit zu befriedigen ist.[7]

Mit der These, daß die Verantwortlichkeit als eine Rechtspflicht zu begreifen ist, ist ein weiteres Problem gestellt: Ist diese verbindliche Pflicht ihrerseits zu gewährleisten? Wie geschieht das? Gibt es auch eine rechtliche Verantwortlichkeit für Verletzung der Verantwortlichkeitspflicht?

Wenn Verantwortlichkeitspflichten (z. B. Schadensersatzpflichten) verletzt werden, hat das weitere juristische Reaktionen zur Folge. Dem Verpflichteten wird nunmehr die Pflicht auferlegt, auch die aus der Verletzung der Verantwortlichkeitspflicht (z. B. auf Schadensersatzleistung) resultierenden Nachteile für den Berechtigten zu ersetzen (z. B. Pflicht zur Verzinsung der Schadensersatzforderung) und schließlich die Pflicht, die zwangsweise Durchsetzung der Pflicht (man könnte auch sagen: des entsprechenden Rechts des Partners) gegen sich gelten zu lassen. Die Entstehung der zuletzt genannten Pflicht ist in der Regel jedoch an die vorherige Durchführung staatlicher Kontrollmaßnahmen gebunden, d. h. an bestimmte rechtlich geregelte Verfahren, in denen die zuständigen staatlichen Organe das Bestehen der Verantwortlichkeitspflicht, einschließlich ihres Umfangs, und gegebenenfalls auch der ‚primären‘ Pflicht feststellen und den Verpflichteten zur Leistung auffordern. Alle diese weiteren Pflichten könnte man wegen ihres akzessorischen Charakters auch als Verantwortlichkeitspflichten begreifen und sie der rechtlichen Verantwortlichkeit zurechnen. Von diesen Pflichten ist jedoch stets das tatsächliche Verhalten abzuheben, auf dessen Herbeiführung sie gerichtet sind. Das gilt auch für den unter bestimmten Voraussetzungen anwendbaren staatlichen Zwang, der zum sozialen Resultat der zuletzt genannten Pflicht gehört und damit etwas Außerrechtliches darstellt. Er ist tatsächliches staatliches Handeln. Er bildet aber zusammen mit der Rechtspflicht zur Duldung der zwangsweisen Durchsetzung vorangegangener Pflichten eine Sanktion, verstanden als Einheit von ‚Juristischem‘ und ‚Faktischem'. Die staatlichen Verfahren zur Streitentscheidung zwischen den Kooperationspartnern z. B. sind dagegen Maßnahmen der Rechtskontrolle und als solche der staatlich-juristischen Gewährleistung zugehörig, aber, nach meinem Verständnis, nicht der Verantwortlichkeit. Sie dienen der Klärung einer rechtlichen Situation und unterscheiden sich dadurch von Sanktionen.

3. Der Bezug von ‚Juristischem' und ‚Faktischem' bei den Sanktionen

Ist die Sanktion eine juristische Kategorie, dem juristischen Überbau zugehörig, oder eine, dem rechtlich geregelten gesellschaftlichen Verhältnis, z. B. einem Kooperationsverhältnis, angehörende Maßnahme? Trägt z. B. die materiellrechtliche Sanktion juristischen oder ökonomischen Charakter, oder beides?[8] In der rechtswissenschaftlichen Literatur wird mit dem Begriff ‚Sanktionen rechtlicher Verantwortlichheit' Unterschiedliches abgebildet, ohne das Abgebildete immer genügend zu definieren.[9] Nachfolgend einige Überlegungen dazu, dem Erkenntnisstand geschuldet, hypothetischen Charakters.

Eine Vielzahl sozialistischer gesellschaftlicher Verhältnisse (ökonomische, ideologische) bedürfen zu ihrer Organisation, Gestaltung und zum sicheren Schutz der Regelung mittels Recht; wobei die Rechte und Pflichten als Arbeitsinstrumente des Rechts fungieren. Die dem Überbau zugehörigen Rechtsnormen, andere juristische Entscheidungen und Rechtsverhältnisse werden durch die zu regelnden gesellschaftlichen Verhältnisse determiniert. Aus ihnen ergibt sich das Regelungserfordernis, was wiederum bedeutet, daß diejenigen gesellschaftlichen Verhältnisse, die die Regelungsnotwendigkeit als objektives Erfordernis enthalten, ohne konkrete Rechtsbeziehungen ihre gesellschaftliche Aufgabe nicht erfüllen können. In diesem Sinne bildet das Soziale, das Faktische (ideologische oder ökonomische gesellschaftliche Verhältnis) und das Juristische (Rechtsnormen, rechtliche Entscheidungen, Rechtsverhältnis, Rechte und Pflichten, dem juristischen Überbau zugehörig) eine dialektische Einheit. In diese gilt es nunmehr die Sanktionen einzuordnen. Das Erfordernis rechtlicher Regelung gesellschaftlicher Verhältnisse (Grundverhältnisse) enthält als ein zentrales Kriterium die Verbindlichkeit[10] dieser Regelung. Verbindlichkeit schließt Sicherung der Verwirklichung der Rechte des Berechtigten und der Pflichten des Verpflichteten, d. h. die Gewährleistung ein. Ein Gewährleistungsfaktor sind die Sanktionen. Sie haben einen Bezug zu den mittels primären Rechten und Pflichten geregelten gesellschaftlichen Grundverhältnissen. Sie sind darauf ausgerichtet, der durch Störungen – hervorgerufen durch pflichtverletzende Handlungen – veränderten Interessenlage im gesellschaftlichen Grundverhältnis zu entsprechen. Der Gewährleistungswirkungsmechanismus – grob verallgemeinert – besteht dabei in folgendem:

– Den ‚primären' Rechten und Pflichten, mit denen gesellschaftliche Verhältnisse geregelt werden (z. B. Leistungsrechte und -pflichten zur Regelung ökonomischer Austauschverhältnisse), ist ob ihrer Verbindlichkeit der Gewährleistungsanspruch von Anbeginn an inhärend, ohne daß konkrete Gewährleistungsrechte und -pflichten (Schadensersatzanspruch und -forderung) mit Begründung der ‚primären' Rechte und Pflichten zur Entstehung gebracht werden. Sie sind nur als Möglichkeiten, für den Fall der Pflichtverletzung in Rechtsnormen und anderen juristischen Entscheidungen statuiert. Sie werden nicht real, nicht ‚aktiv', d. h. sie entstehen nicht als konkrete subjektbezogene Gewährleistungsrechte und -pflichten, wenn die primären Rechte und Pflichten verwirklicht werden. Die primären Rechte und Pflichten werden somit durch mögliche, aber im Fall der Pflichtverletzung zugleich vom Pflichtverletzer unabwendbaren[11] Gewährleistungspflichten gesichert.

– Wird die ‚primäre' Pflicht verletzt, tritt in der Regel im rechtlich zu regelnden gesellschaftlichen Grundverhältnis durch diese pflichtverletzende Handlung des Verpflichteten eine Störung ein (z. B. Störung im Austauschverhältnis durch Verletzung der Lieferpflicht). Die durch die Pflichtverletzung entstehenden schädlichen Folgen sind für die sozialistische Gesellschaft oft irreparabel. Bei solchen Störungen im gesellschaftlichen Grundverhältnis fungiert – dort wo rechtlich vorgesehen – die Sanktion zusammen mit anderen Gewährleistungsfaktoren als Reaktion auf diese Störung.

Dabei besteht ihre Aufgabe vor allem darin, auf den Pflichtverletzer dahingehend einzuwirken, daß er die nachteiligen Auswirkungen seiner Pflichtverletzung im gesellschaftlichen Grundverhältnis korrigiert, die Störungen im planmäßigen Ablauf der gesellschaftlichen Beziehungen beseitigt bzw. hemmt, einschränkt bzw. kompensiert. Die durch Pflichtverletzung ausgelösten Sanktionen, Ausdrucksformen der Art und Weise und des Maßes rechtlicher Verantwortlichkeit, sind also darauf gerichtet, dazu beizutragen, den Pflichtverletzer zu veranlassen, das geforderte Verhalten noch zu erbringen, die verletzte Pflicht noch zu erfüllen, das verletzte Recht wieder herzustellen, den entstandenen materiellen Schaden in Realisierung des soziale Gerechtigkeit ausdrükkendem Leistungsprinzips, zu ersetzen. Wenn eine Beseitigung der negativen Wirkungen im gesellschaftlichen Grundverhältnis nicht mehr möglich ist, werden dem Pflichtverletzer andere Sanktionen auferlegt (Entzug des Erziehungsrechtes, der Fahrerlaubnis, Strafen, Disziplinarmaßnahmen etc.). Diese Sanktionen haben vorwiegend die Aufgabe, den Pflichtverletzer künftig zu Einsichten in gesellschaftlich notwendiges Verhalten zu führen und so weitere Störungen in rechtlich geregelten Grundverhältnissen zu vermeiden (prophylaktische Wirkung der Sanktionen infolge von begangenen Pflichtverletzungen). Dies ist von der Wirkung der Sanktionen zu unterscheiden, die rechtmäßiges Handeln des Verpflichteten dadurch stimulieren, daß sie Motivationen und Einstellungen zur Sanktionsmeidung erzeugen. V. Scherz belegt mit einer empirischen Studie[12], daß es bei der von ihr untersuchten Sanktionsarten 20 Prozent der Verpflichteten sind, die noch nicht in Einsicht in die Notwendigkeit, infolge sozialistischen individuellen Rechtsbewußtseins ihre Pflicht erfüllen, sondern infolge der Motivation, Sanktionseintritt zu vermeiden.

Betrachtet man den geschilderten Wirkungsmechanismus der Sanktionen als Reaktion auf Störungen im rechtlich geregelten gesellschaftlichen Grundverhältnis, darauf ausgerichtet, die Störung im Interesse der planmäßigen Gestaltung der gesellschaftlichen Verhältnisse der Mitglieder der sozialistischen Gesellschaft wieder zu beheben bzw. zu minimieren, so ist zu schlußfolgern, daß dieser Mechanismus auf der Einheit von ‚Juristischem' und ‚Faktischem' der Sanktionen beruht, auf der Einheit von der Rechtspflicht zur Sanktionslei-

stung (dem politischen Verhaltensmaßstab) und von der Sanktionsleistung selbst zur tatsächlichen Beseitigung, Minimierung der Störung.
Von dieser Betrachtungsweise der Sanktion als Einheit aus gewährleisteten verbindlichen Pflichten zur Sanktionsleistung – statuiert in Rechtsnormen und anderen juristischen Entscheidungen – und aus tatsächlichen, durch den Verpflichteten unabwendbaren Sanktionsleistungen ökonomischen, disziplinierenden, strafenden Charakters, ‚lebt' auch die oben angeführte Wirkung der Sanktionen für rechtmäßiges Verhalten, durch das Motiv des Verpflichteten, Sanktionen zu vermeiden. Sie wird u. a. durch Kenntnis der rechtlichen Sanktionsregelung und durch Wissen um die strikte Verwirklichung sozialistischer Gesetzlichkeit bei der Umsetzung der Möglichkeit in die Wirklichkeit – unter bestimmten Voraussetzungen auch mittels staatlichen Zwangs – erzeugt. Der Verpflichtete will ja gerade das ‚Faktische' vermeiden, den Entzug der Fahrerlaubnis, die Zahlung von 1000,– M Schadenersatz, die Verbüßung von drei Jahren Freiheitsentzug. Diese Sanktionswirkung. rechtmäßiges Verhalten durch Sanktionsmeidung zu stimulieren, wird in der Literatur oft als die Hauptfunktion der Sanktionen charakterisiert.[13]
Unter der Sicht der weiteren Gestaltung der entwickelten sozialistischen Gesellschaft sind auch fürderhin praxiswirksame theoretische Untersuchungen der Wirkungsweise von Sanktionen[14] notwendig. Dabei ist auch die Art und Weise und das Maß des Einstehenmüssens für Pflichtverletzungen immer wieder aufs neue herauszufinden, die am geeignetsten sind für die Ausprägung des subjektiven Faktors, für die Befriedigung des sozialistischen Bedürfnisses nach zuverlässigem Schutz unserer Rechtsordnung, für die weitere Ausprägung von Rechtssicherheit, Gerechtigkeit, Gesetzlichkeit und damit für die planmäßige, störungsfreie Ausnutzung objektiver Gesetzmäßigkeiten für die immer bessere Befriedigung der Bedürfnisse der Werktätigen unserer sozialistischen Gesellschaft.

Begriffsbestimmungen zur rechtlichen Verantwortlichkeit

Rechtspflicht (konkrete): Konkretes, bestimmtes Maß des von einem bestimmten Rechtssubjekt verbindlich geforderten Verhaltens, dessen Verwirklichung vom sozialistischen Staat gemeinsam mit den anderen Organisationen der politischen Organisation zu gewährleisten ist, unter bestimmten Voraussetzungen auch zwangsweise. Der konkreten Rechtspflicht ist ein durchsetzbarer Befolgungsanspruch inhärent. Sie entsteht bzw. wird begründet (aufgehoben/geändert):
a) in Konkretisierung der in Rechtsnormen statuierten allgemeinen Rechtspflicht (– durch Eintritt der in Rechtsnormen vorgesehenen Bedingungen, – durch Erlaß einer, die Rechtsnorm konkretisierenden staatlich-rechtlichen Entscheidung);
b) in Verwirklichung eines in der Rechtsnorm statuierten Rechts konkrete Rechtspflichten eigenverantwortlich zu begründen, d. h. durch die vom Gesetzgeber in den Rechtsnormen als objektive Bedingung formulierte eigenverantwortliche Entscheidung der Rechtssubjekte.
Konkrete Rechtspflichten sind zusammen mit konkreten Rechten als juristischer

Inhalt konkreter Rechtsbeziehungen das ‚unmittelbar' regelnde Element im rechtlichen Regelungssystem, über das die Rechtsnormen als Grundelement rechtlicher Regelung wirken.
Konkrete Rechtspflichten sind nicht nur auf die Ausprägung von Disziplin, Sicherheit und Ordnung, sondern auch von Schöpfertum ausgerichtet. Dialektisch mit konkreten Rechten verbunden, dienen sie der gesellschaftlichen Gesamtfunktion des sozialistischen Rechts in der sozialistischen Gesellschaft.
Rechtspflichtverletzung: Fehlverhalten (Tun, Unterlassen, Dulden) eines juristisch Verpflichteten, das zu einer von ihm zu verantwortenden nicht- bzw. nichtgehörigen Erfüllung oder Einhaltung seiner Rechtspflicht führt; wobei ‚zu verantworten' heißt, es mußte von ihm nach dem Gesetz ein anderes Verhalten verlangt werden. Dieses Fehlverhalten, in seinem sozial-negativen Inhalt stark differenziert, verletzt juristische Rechte, verstößt gegen rechtlich geschützte Interessen der Arbeiterklasse und deren Verbündeten, wirkt störend, hemmend, schädigend auf den Ablauf rechtlich geregelter sozialer Prozesse ein und beeinträchtigt die Nutzung der Vorzüge der sozialistischen Gesellschaft durch die Werktätigen.
Rechtliche Verantwortlichkeit: Rechtspflicht eines Rechtssubjekts zum Einstehen in bestimmter Art und Weise und in einem bestimmten Maß für eine Rechtspflichtverletzung und damit für eine eingetretene Störung in rechtlich geregelten gesellschaftlichen Verhältnissen, in planmäßiger Interessenwahrnahme und Bedürfnisbefriedigung, dem gegenüber, dem gegenüber die verletzte Rechtspflicht besteht (unmittelbar geschädigter Berechtigter, Staat, Gesellschaft).
Rechtspflichtverletzungen fungieren als rechtserhebliche Tatsache für das Entstehen bzw. Begründen konkreter Verantwortlichkeitsrechtsbeziehungen (eigenständiges konkretes Rechtsverhältnis, zusätzliche Rechtsbeziehung in einem bereits bestehenden konkreten Rechtsverhältnis, andere konkrete Rechtsbeziehungen). Juristischer Inhalt dieser Verantwortlichkeitsrechtsbeziehungen sind die konkreten Verantwortlichkeitspflichten des Pflichtverletzers gegenüber dem juristisch Berechtigten und die Rechte des Berechtigten auf Realisierung der Verantwortlichkeitspflicht gegenüber dem Rechtsverletzer. Aus dem Rechtscharakter der Verantwortlichkeitspflicht resultiert, daß auch diese Pflicht verbindlich ist, d. h. daß der Verantwortliche sie nicht abwenden kann, sondern erfüllen muß – wobei zur Realisierung von Verantwortlichkeitsmaßnahmen (Sanktionen) auch dazu befugte Staatsorgane tätig werden können bzw. müssen –, und daß ihre Verwirklichung zu gewährleisten ist, unter bestimmten Voraussetzungen auch zwangsweise, in einem rechtlich geregelten Verfahren (rechtliche Verantwortlichkeit für Verletzung der Verantwortlichkeitspflicht). Rechtliche Verantwortlichkeit ist dem System der Gewährleistung des sozialistischen Rechts zugehörig.
Soziale Funktion der rechtlichen Verantwortlichkeit:
– ideologische Einwirkung auf Rechtsbewußtsein und Handeln zur Freisetzung sozialistischer Triebkräfte (Verantwortlichkeitsrezeption zur Ausprägung von Verantwortungsbewußtsein für pflichtgemäßes Verhalten; verhaltensorientierende, stimulierende, disziplinierende, politisch-moralisch bewertende, erziehende Wirkung);

– Stimulierung zu pflichtgemäßem Verhalten des Verpflichteten zur Verhinderung von Störungen in rechtlich geregelten gesellschaftlichen Verhältnissen – auch durch Erzeugung von Motiven und Einstellungen, Sanktionen zu vermeiden –, zu Rechtsverletzungen vorbeugendem Verhalten;
– Reaktion auf Störungen in rechtlich geregelten Abläufen durch Pflichtverletzungen (Einwirkung auf Pflichtverletzer mit dem Ziel, nachteilige Auswirkungen zu korrigieren, Störungen im planmäßigen Ablauf sozialer Gesetze zu beseitigen, zu hemmen, einzuschränken, zu kompensieren: Pflichterfüllung noch sichern, verletztes Recht wieder herstellen, entstandenen Schaden ausgleichen, die Gesellschaft und ihre Mitglieder vor weiteren Rechtsverletzungen schützen etc., wenn Beseitigung der negativen Wirkung der Pflichtverletzung nicht möglich ist, Einwirkung mittels anderer Sanktionen, die vorwiegend zu künftigen Einsichten in gesellschaftlich notwendiges pflichtgemäßes Verhalten erziehen sollen);
– juristischer Gewährleistungsfaktor für die Verbindlichkeit des, der Rechtspflicht korrespondierenden juristischen Rechts;
– rechtlich-staatliches Leitungsinstrument zur Gewährleistung sozialistischer Gesetzlichkeit, Rechtssicherheit, Gerechtigkeit und damit zur planmäßigen Durchsetzung objektiver Erfordernisse in der sozialistischen Gesellschaft.

Juristische Sanktion: Rechtlich vorgesehene verbindliche Verantwortlichkeitsmaßnahme (Rechtsfolge) zur Einwirkung auf die gesellschaftliche Stellung des Rechtspflichtverletzers, seine Person, sein Vermögen, deren Verwirklichung durch den sozialistischen Staat zu gewährleisten ist. Als Ausdrucksform der Art und Weise und des Maßes des Einstehenmüssens des Verpflichteten für eine Rechtspflichtverletzung, ist die juristische Sanktion der rechtlichen Verantwortlichkeit inhärend, ihrem Inhalt zugehörig. Als Verhaltensmaß des Einstehenmüssens ist sie eine juristische Kategorie, die mit der tatsächlichen Sanktionsmaßnahme (z. B. Schadensersatzforderung/Schadensersatzleistung) die Sanktion für Rechtspflichtverletzung, begriffen als dialektische Einheit von beiden, von rechtlichem Verhaltensmaß und tatsächlicher Maßnahme, ausmacht.

Anmerkungen

1 Vgl. T. Schönrath, Freiheit und Recht in der sozialistischen Gesellschaft, in: Zur marxistischen Rechtskonzeption, Berlin 1979, S. 84 ff.

2 T. Schönrath, Zur staatlich-juristischen Gewährleistung des sozialistischen Rechts der entwickelten sozialistischen Gesellschaft, Staat und Recht, 2/1984, S. 91 ff.

3 Vgl. T. Schönrath/U. Uhlmann, Zur Spezifik der juristischen Verantwortlichkeit bei der Durchsetzung der objektiven Gesetze in der sozialistischen Gesellschaft, Karl-Marx-Universität Leipzig, Wissenschaftliche Zeitschrift, Gesellschafts- und Sprachwissenschaftliche Reihe, 3/1975, S. 291 ff.; Autorenkollektiv, Zur Wirksamkeit rechtlicher Sanktionen bei der weiteren Gestaltung der entwickelten sozialistischen Gesellschaft, Berlin 1978; T. Schönrath, Rechtliche Verantwortlichkeit für Rechtsverletzungen in der sozialistischen Gesellschaft, in: Grundprobleme der rechtlichen Verantwortlichkeit, Abhandlungen der Akademie der Wissenschaften der DDR, Veröffentlichungen der Wissenschaftlichen Räte, Berlin W 1/1982, S. 7 ff.

4 Würde man dies aus dem Inhalt der Verantwortlichkeit als juristischer Erscheinung herausnehmen wollen, würde man wesentlich Juristisches herausnehmen.

5 Vgl. T. Schönrath, Zu den Aufgaben des Normativaktes im sozialistischen Rechtsbildungsprozeß, in: Komponenten der Rechtsbildung und ihr Einfluß auf die gesellschaftliche Wirksamkeit des sozialistischen Rechts, Materialien des III. Berliner rechtstheoretischen Symposiums, Berlin 1980, S. 196 ff.; T. Schönrath, Zum Verhältnis von regulierender und schützender Funktion des sozialistischen Rechts und zur Bedeutung von sogenannten Sanktionsnormen im System der Rechtsnormen, in: Die funktionale Charakteristik des sozialistischen Rechts, Martin-Luther-Universität, Wissenschaftliche Beiträge 1980/39 (B 14), Halle 1980, Bd. 2, S. 45 ff.

6 Bei der materiellen Verantwortlichkeit treten die Verantwortlichkeitspflichten in der Regel neben die ‚ursprünglichen' Leistungspflichten, da Leistungsstörungen in bezug auf wiederholbare Leistungen in der Regel als Leistungsverzögerung erscheinen. Das ermöglicht es auch, z. B. das Kooperationsverhältnis in den meisten Fällen, wenn auch mit bestimmten zeitlichen Abstrichen, doch noch zu realisieren. Nur dort, wo die Leistung infolge der Störungen für den Berechtigten ökonomisch nutzlos geworden ist, tritt die Verantwortlichkeitspflicht (z. B. Schadenersatzpflicht) an die Stelle der ‚ursprünglichen' (primären) Pflicht, ohne damit ihren akzessorischen Charakter zu verlieren. Vgl. T. Schönrath, Zum juristischen Charakter der Verantwortlichkeit für Rechtspflichtverletzungen, Protokollband der Konferenz des Instituts für Wirtschaftsrecht der Hochschule für Ökonomie „Bruno Leuschner" Berlin zum Thema „Wirtschaftsrechtliche und international-wirtschaftsrechtliche Verantwortlichkeit" am 22./23. 10. 1986, Heft 62, Teil II, S. 181.

7 T. Schönrath, Zur staatlich-juristischen Gewährleistung des sozialistischen Rechts der entwickelten sozialistischen Gesellschaft, a. a. O., S. 19.

8 Vgl. V. K. Mamutov, Zur Erhöhung der Wirksamkeit der wirtschaftsrechtlichen Verantwortlichkeit, in: Wissenschaftliche Zeitschrift der Hochschule für Ökonomie „Bruno Leuschner" Berlin 2/1985, S. 61 ff.

9 Sanktion (fürderhin mit „S" abgekürzt) = Element der Gewährleistung der Verantwortlichkeit, nicht Wesenselement der Verantwortlichkeit; S = rechtliche Verantwortlichkeit; S = Rechtsfolgen der rechtlichen Verantwortlichkeit; S = Rechtsfolgen für Rechtspflichtverletzungen; S = negative und positive Stimuli; S = Verhaltensmaß-Forderung; S = tatsächliche Maßnahme; S = Androhung staatlichen Zwangs; S = Rechtsfolge, die Zwangselemente potentiell enthält; S = tatsächliche Maßnahme staatlicher Zwangsanwendung; S = Rechtsfolge und ihr Vollzug mittels eines rechtlich geregelten Verfahrens; S = in Rechtsnorm statuierte Rechtsfolge; S = im Rechtsverhältnis realisierte Rechtsfolge etc.

10 Vgl. T. Schönrath, Die Verbindlichkeit des sozialistischen Rechts, Habilitationsschrift, Leipzig 1967; T. Schönrath, Zur Rechtspflicht im Sozialismus, Schriftenreihe Methodologie der marxistisch-leninistischen Rechtswissenschaft, Leipzig 1985, S. 107 ff.

11 Die Unabwendbarkeit der Sanktion durch den Pflichtverletzer ergibt sich aus der juristischen Verbindlichkeit der ‚primären' Rechtspflicht, wie der ‚Sanktionspflicht', z. B. der Schadensersatzforderung. Sie ergibt sich aus dem dieser Pflicht inhärenden Befolgungsanspruch. Aus dieser Unabwendbarkeit der Sanktion leitet sich jedoch nicht zugleich eine Rechtspflicht des geschädigten Berechtigten ab, sein Recht — z. B. sein Schadensersatzanspruchsrecht — tatsächlich zu nutzen. Verbindlichkeit des Rechts des Berechtigten heißt nicht, daß er es verwirklichen muß, so wie der Verpflichtete seine Pflicht, sondern, daß der sozialistische Staat dem Berechtigten, wenn er sein Recht wahrnehmen will, ihm die Nutzung sichert, gewährleistet. Ein anderes Problem ist, wenn gesellschaftliches Interesse an der Nutzung des Rechts besteht, mit vielfältigen Stimuli auf den Berechtigten zwecks Nutzung seines Rechts eingewirkt wird.

Vgl. zur Verbindlichkeitsproblematik der Rechte und Pflichten, T. Schönrath, Die Rolle der subjektiven Rechte und Pflichten bei der Organisierung gesellschaftlichen

Handelns in: Objektive Gesetze, Recht, Handeln, Berlin 1979, S. 111 ff.; Besteht ein notwendiges gesellschaftliches Interesse, daß z. B. Wirtschaftseinheiten ihre Rechte bezüglich der Korrektur von ökonomischen Verlusten wahrnehmen (Volkseigentum, gesellschaftlicher Gesamtarbeiter etc.), so sind sie rechtlich dazu zu verpflichten (vgl. z. B. § 16 des Vertragsgesetzes (VG). Diese Rechtspflicht ergibt sich nicht aus der Unabwendbarkeit der Sanktionen durch den Pflichtsverletzer.

12 V. Scherz, Rolle von Einstellungen und Motive zu juristischen Sanktionen im individuellen Rechtsbewußtsein und ihre Bedeutung für rechtspflichtgemäßes Handeln. Dissertation, Berlin 1985 (unveröffentlicht).

13 Für die Ausgestaltung der juristischen Sanktion ist dabei bedeutsam, wie diese Wirkung erreicht werden kann. Stimuliert die Sanktion zur Unterlassung von Pflichtverletzungen? Muß ihr Inhalt als Drohung wirken, als unvorteilhaft gelten, unangenehm sein. Ist die Sanktion Antistimulus der Begehung einer Pflichtverletzung, Kontermotiv gegen Pflichtverletzung das bewußt werden läßt, daß es vorteilhafter ist, daß es sich lohnt, von einer Pflichtverletzung abzusehen, Pflichtverletzungen nicht zu begehen, als sie zu begehen etc. Ich stimme mit O. E. Lejst, Sanktionen und Verantwortlichkeit im sowjetischen Recht, Moskau 1981 (russ.), darin überein, daß solche absoluten Auffassungen nicht genügend auf die Wirkung der Rechtspflichten (primären) bezüglich rechtmäßigen Verhaltens, über die die Sanktion ja erst mit den gesellschaftlichen Verhältnissen verbunden sind, orientieren und daß das Motiv des „Vorteils“ z. B. bei fahrlässigen Pflichtverletzungen kaum eine Rolle spielt. Auch kann diese Konzeption zu einer „überhöhten Strenge“ der Sanktion führen. Damit vertrete ich aber nicht die Meinung, daß dem Aspekt der Unvorteilhaftigkeit einer Sanktion keine Rechtspflichtverletzungen vorbeugende Wirkung zukommt. Bedeutsam ist, welchen Grad von Unvorteilhaftigkeit die jeweilige Sanktion aufweisen muß.

14 Vgl. zu den anderen Funktionen der Sanktionen, K. F. Gruel, Die Rolle der Sanktionen des sozialistischen Rechts und ihre Gestaltung in Rechtsnorm, Dissertation, Babelsberg 1973 (unveröffentlicht); U. Uhlmann, Zur Funktion der juristischen Sanktionen bei der Gestaltung der entwickelten sozialistischen Gesellschaft in der DDR, Dissertation Leipzig 1974, (unveröffentlicht); O. E. Lejst, Sanktionen und Verantwortlichkeit im sowjetischen Recht, a. a. O.; R. W. Bauer, Die stimulierende Rolle von juristischer Verantwortlichkeit und Sanktion, in: Objektive Gesetze, Recht, Handeln, Berlin 1979, S. 153 ff.; T. Schönrath, Rechtliche Verantwortlichkeit für Rechtsverletzungen in der sozialistischen Gesellschaft, a. a. O.

Walter Schönrath

Zum Problem der Pflichtverletzung als Voraussetzung für die rechtliche Verantwortlichkeit

Die bisherige Diskussion in der Arbeitsgruppe hat Einigkeit darüber gebracht, daß die Verletzung einer Rechtspflicht Voraussetzung, und zwar unabdingbare, für den Eintritt der rechtlichen Verantwortlichkeit ist. In diesem Sinne ist nur verantwortlich, wer eine ihm konkret in Raum und Zeit obliegende Rechtspflicht, die auf der Grundlage des Gesetzes infolge Gegebenseins der dort vorgesehenen rechtserheblichen Tatsachen entstanden ist, verletzt hat. Diese Auffassung impliziert, daß einerseits die rechtliche Verantwortlichkeit nicht die notwendige Folge einer jeden Pflichtverletzung darstellt und andererseits das Tragen von Risiken bei rechtmäßigem Verhalten nicht als Verantwortlichkeit begriffen werden soll.[1]

Kein Einvernehmen herrscht dagegen über die bestimmenden Merkmale der Pflicht, der Pflichtverletzung und der Verantwortlichkeit. Der Kern der Differenzen liegt darin, daß die Frage nach den Ursachen der bei der Pflichterfüllung auftretenden Störungen, d. h. die Frage danach, ob vom Verpflichteten überhaupt ein anderes Verhalten, als er es an den Tag gelegt hat, verlangt werden konnte, und mithin die Frage nach der Vorwerfbarkeit seines konkreten Verhaltens, an unterschiedlicher Stelle plaziert wird: bei der Pflicht selbst, bei der Pflichtverletzung oder bei der Verantwortlichkeit.

Trotz dieser divergierenden Ansichten sind sich alle mehr oder weniger darin einig, welche Bedingungen für das Eintreten der verschiedenen rechtlich für den Fall von Störungen bei der Pflichterfüllung vorgesehenen Folgen jeweils gegeben sein müssen. Die Unterschiede bestehen also vornehmlich in der Bewertung der Verhaltensweisen des Verpflichteten sowie in der Charakterisierung der rechtlich vorgesehenen Störungsfolgen. So werden z. B. bestimmte Verhaltensweisen von manchem als Pflichtverletzung betrachtet, von anderen als rechtmäßiges Verhalten, und bestimmte Rechtsfolgen entsprechend als Sanktionen gegen Pflichtverletzungen oder als Folgen rechtmäßigen Verhaltens. Zu messen sind die verschiedenen Konzeptionen daran, wie sie es vermögen, eine gerechte, leistungsbezogene und -fördernde Bewertung des Verhaltens des Verpflichteten zu erzielen, d. h. den juristischen Maßstab an das Verhalten so anzulegen, daß dies mit der gesellschaftlichen Realität in Einklang steht, dem Verpflichteten nichts anlastet, was nicht von ihm gefordert werden kann, und klar das vorwerfbare vom rechtmäßigen Verhalten trennt. In diesem Sinne gilt es, die Vor- und Nachteile der Konzeptionen nüchtern gegeneinander abzuwägen und daraus sachlich begründete Schlußfolgerungen zu ziehen.[2]

Die Diskussion zeigt, daß Mißverständnisse schon dadurch erzeugt wurden, daß Pflicht gleich Pflicht gesetzt, zu wenig zwischen ihnen differenziert und auf diese Weise das Gemeinsame vom Unterschiedlichen nicht deutlich genug abgehoben wird. Meines Erachtens muß man unter dem Aspekt der hier behandelten Problematik vor allem zwei große Gruppen von Pflichten unterscheiden.

Die erstere bilden solche Pflichten, die gegenüber einem ganz bestimmten Berechtigten bestehen und auf die Erbringung eines bestimmten einmaligen oder mehrmaligen Tuns, also die Erbringung einer bestimmten Leistung gerichtet sind. Sie entstehen in der Regel durch Willensakte der Beteiligten (Vertrag) und erlöschen, wenn die Leistung erbracht worden ist. Ihnen entspricht ein ebenso bestimmtes Forderungsrecht auf der Seite des Berechtigten. Solche Leistungspflichten existieren im Rahmen konkreter Rechtsverhältnisse, und man findet sie insbesondere in nationalen und internationalen Wirtschaftsbeziehungen sowie in zivilrechtlichen Verträgen.

Die andere Gruppe wird aus Pflichten gebildet, die nicht einem ganz bestimmten Berechtigten, sondern einer Vielzahl solcher Berechtigter oder der Allgemeinheit gegenüber bestehen. Sie sind nicht auf die Herbeiführung eines bestimmten einmaligen oder mehrmaligen Erfolgs gerichtet, sondern fordern ein ständiges Verhalten, das zumeist derart bestimmt ist, daß bestimmte negative Erfolge vermieden werden sollen (Strafrecht, Ordnungswidrigkeitsrecht, außervertragliche Schadenszufügung im Zivilrecht). Diese allgemeinen Verhaltenspflichten entstehen mit der Geburt bzw. Erreichung eines bestimmten Alters, durch Teilnahme am Straßenverkehr und auf ähnliche Weise. Sie existieren vorwiegend außerhalb von konkreten Rechtsverhältnissen und erlöschen nicht durch pflichtgemäßes Verhalten, weil das ständig aufs neue gefordert wird.

Am meisten verbreitet ist die Auffassung – sie hat auch Eingang in die Gesetzgebung, insbesondere in das Zivilgesetzbuch (ZGB)[3] und das Vertragsgesetz (VG)[4], gefunden – daß die Vorwerfbarkeit des Verhaltens erst bei der Verantwortlichkeit zu prüfen sei.[5] Diese Konzeption geht notwendig von einem Pflichtbegriff aus, der auf die rechtliche Fixierung und Forderung eines bestimmten Verhaltens abstellt, ohne zu berücksichtigen, ob der Verpflichtete sich im konkreten Fall überhaupt so verhalten konnte. Darum wird auch jede Differenz zwischen dem in der Pflicht festgelegten und dem tatsächlichen Verhalten als Pflichtverletzung angesehen.[6] Nachdem sie konstatiert worden ist, erfolgt die Prüfung der Vorwerfbarkeit des tatsächlichen Verhaltens mit der Folge, bei Vorliegen der Vorwerfbarkeit entweder die rechtliche Verantwortlichkeit überhaupt oder bestimmte Formen der Verantwortlichkeit (im Wirtschaftsrecht z. B. Vertragsstrafe und Schadensersatz) als gegeben anzusehen.

Das Problematische dieser Auffassung besteht darin, daß der Verpflichtete, obgleich man ihm im Ergebnis des Prüfens der Vorwerfbarkeit seines Verhaltens bestätigen muß, daß er sich den gesellschaftlichen Anforderungen gemäß verhalten, also alles zur Erfüllung seiner Pflicht getan hat, was von ihm verlangt werden konnte, dennoch als Pflichtverletzer behandelt wird. Das bedeutet, ob man will oder nicht, einen Vorwurf gegen ihn und damit eine unzutreffende gesellschaftliche Bewertung seines Verhaltens. Das gilt für beide Gruppen von Pflichten, für die Leistungspflichten ebenso wie für die allgemeinen Verhaltenspflichten. Getrennt für beide knüpfen sich daran weitere Problemhaftigkeiten.

Bezogen auf die Leistungspflichten vermag diese Konzeption nicht zu erklären, was mit ihnen — die im Falle ihrer Erfüllung erlöschen — wird, wenn die Erbringung der Leistung trotz Befolgung der gesetzlichen Anforderungen durch den Verpflichteten unmöglich ist und gegebenenfalls bleibt.
Im Gesetz über internationale Wirtschaftsverträge (GIW)[7] und in den Allgemeinen Lieferbedingungen des RGW (ALB/RGW)[8] ist für diesen Fall vorgesehen, daß die Leistungspflicht während der Zeit einer solchen Behinderung ruht. Wenn die unabwendbare Gewalt länger anhält, wird beiden Partnern das Recht eingeräumt, sich aus dem Vertrag zu lösen.[9] Also hat auch der Verpflichtete die Möglichkeit, sich von seiner Pflicht zu befreien. Im Gesetz über internationale Wirtschaftsverträge ist darüber hinaus auch das automatische Erlöschen der Leistungspflicht für den Fall festgelegt, daß der Leistungsgegenstand infolge der Einwirkung unabwendbarer Gewalt untergegangen oder so stark in Mitleidenschaft gezogen worden ist, daß seine Wiederherstellung wirtschaftlich nicht vertretbar wäre.[10]
Das Zivilgesetzbuch, dessen Regelung konsequent nach der hier referierten Konzeption ausgerichtet ist, betrachtet die unmögliche Leistung als pflichtverletzende Nichterfüllung und sieht dafür als Sanktion den Wegfall der Gegenleistungspflicht vor, ohne sich über das Schicksal der Pflicht, deren Erfüllung unmöglich geworden ist, zu äußern (§ 90 ZGB). Aber damit löst man das Problem nicht; denn die Feststellung der Pflichtverletzung — auf deren Problemhaftigkeit bereits hingewiesen wurde — beantwortet nicht die Frage, welche Auswirkung die Nichterbringbarkeit der Leistung bei rechtlich nicht zu beanstandendem Verhalten des Verpflichteten auf die Pflicht selbst hat, mit anderen Worten, ob der Berechtigte vom Verpflichteten nach wie vor etwas verlangen kann oder nicht. Auch nach der ZGB-Regelung kann er es tatsächlich nicht. Also impliziert sie das Erlöschen der Leistungspflicht. So betrachtet gerät jedoch die gesamte Konstruktion aus den Fugen. Der Wegfall der Gegenleistungspflicht erscheint nunmehr einfach als die Folge des Erlöschens der Leistungspflicht und nicht mehr als Sanktion. Im übrigen liegt eben darin, daß in gegenseitigen Verträgen die bei nicht vorwerfbarer Unmöglichkeit der Leistung in bezug auf die Gegenleistungspflicht notwendig werdenden Rechtsfolgen ebenfalls als Sanktionen bezeichnet werden und auf diese Weise die gleiche Grundcharakterisierung erhalten wie die durch rechtlich vorwerfbares Verhalten ausgelösten Folgen, eine weitere Schwäche dieser Konzeption. Das ist die Konsequenz der Auffassung, daß jede Leistungsstörung Pflichtverletzung und jede sich gegen den Verpflichteten richtende Rechtsfolge der Pflichtverletzung rechtliche Verantwortlichkeit sei.
Um möglichen Mißverständnissen vorzubeugen, möchte ich noch einmal betonen, daß die Ausführungen über das Erlöschen der Pflicht sich ausschließlich auf Leistungspflichten, nicht aber auf allgemeine Verhaltenspflichten beziehen. Was die letzteren betrifft, so ist die hier in Rede stehende Konzeption mit der Wirkung verbunden, daß zwischen rechtswidriger und rechtmäßiger Pflichtverletzung unterschieden wird.[11] Eine solche Begriffsbildung und -verwendung ist in sich widersprüchlich. Die Verletzung einer Rechtspflicht steht immer im Gegensatz zur Rechtsordnung, bedeutet stets eine Verletzung des sozialistischen Rechts; denn eine verbindliche Verhaltensanforderung des Rechts wurde

nicht eingehalten. Steht ein Verhalten aber im Einklang mit dem sozialistischen Recht, was soll dann mit der Feststellung einer Rechtspflichtverletzung ausgesagt werden? Deshalb impliziert die rechtswidrige Pflichtverletzung eine überflüssige Doppelung und die rechtmäßige Pflichtverletzung im Grunde eine Rücknahme der Pflichtverletzung. Auf diese Weise kann den Mitgliedern der sozialistischen Gesellschaft kaum eine eindeutige Orientierung für ihr Verhalten gegeben werden. Eine Pflichtenkollision läßt sich auch anders, weniger gekünstelt und widersprüchlich, lösen, indem man diejenige Pflicht, die gegenüber einer anderen zurücktreten muß, im konkreten Fall insoweit als gegenstandslos, als suspendiert oder einfach als eingehalten ansieht. Ein Transportarbeiter, der als Werktätiger in einem VEB Kraftverkehr im Auftrag eines Bürgers einen Umzug durchführt und ein Kind, dessen Kleidung in Brand geraten ist, mit einer zum Umzugsgut gehörenden Decke vor weiteren Schäden bewahrt, handelt nicht rechtswidrig, sondern dem sozialistischen Recht gemäß. Daran zweifelt niemand. Aber warum muß man sein Handeln als bewußtes Verletzen der ihm in bezug auf die sorgfältige Behandlung des Umzugsgutes obliegenden Pflicht bewerten?[12] Dafür gibt es meines Erachtens keinen Grund. Der Transportarbeiter handelt gegenüber dem Bürger, der Eigentümer der Decke und Vertragspartner des VEB Kraftverkehr ist, nicht pflichtwidrig; denn er hat sich dieser Decke rechtmäßig bedient, und der Bürger hätte sich der Inanspruchnahme der Decke nicht widersetzen dürfen. Im Gegenteil, er hätte sie dem Transportarbeiter reichen müssen, wenn er dabei gewesen wäre und der Arbeiter für die Rettungstat vielleicht am günstigsten gestanden hätte.[13]
Ein Teil der Schwierigkeiten, die mit der Konzeption verbunden sind, die die Frage nach der Vorwerfbarkeit nur unter dem Gesichtspunkt des Eintritts bzw. der Befreiung – ganz oder teilweise – von der Verantwortlichkeit in Betracht zieht, würde dadurch behoben werden, daß man die Vorwerfbarkeit in die Prüfung der Pflichtverletzung einschließt.[14] Behandelt man die Vorwerfbarkeit als konstitutives Merkmal der Pflichtverletzung, wäre letztere niemandem anzulasten, der sich den Anforderungen des Rechts gemäß verhalten hat. Der Ausgangsthese entsprechend, daß rechtliche Verantwortlichkeit rechtliches Reagieren auf Rechtspflichtverletzungen sei, bliebe sie von vornherein auf rechtlich vorwerfbares Verhalten beschränkt. Da aber dieser Konzeption derselbe Pflichtbegriff zugrunde liegt wie der vorher diskutierten, stellt sich nach ihr jede Differenz zwischen der in der Pflicht vorgenommenen Verhaltensfixierung und dem tatsächlichen Verhalten des Verpflichteten zumindest als eine Nichterfüllung der Pflicht dar, die sich bei gegebener Vorwerfbarkeit zur Pflichtverletzung qualifizieren würde. Eine Suspendierung bzw. ein Erlöschen der Leistungspflicht vermag jedoch mit diesem Pflichtbegriff – wie bereits ausgeführt wurde – ebenso wenig zufriedenstellend erklärt zu werden, wie z. B. die Bewertung des Verhaltens eines Verpflichteten einer allgemeinen Verhaltenspflicht im Falle der Pflichtenkollision.
Von mir wurde darum in der Arbeitsgruppe der Vorschlag unterbreitet, das Problem der Vorwerfbarkeit bei der Pflicht selbst zu stellen, d. h. in den Begriff der Pflicht die Anforderungen mit aufzunehmen, die in bezug auf die Erbringung des in ihr – der Pflicht – fixierten Verhaltens gestellt werden und deren Nichteinhaltung das tatsächliche Verhalten des Verpflichteten zu einem

vorwerfbaren machen, weil er sich anders hätte verhalten müssen.[15] Die Pflicht enthält danach zwei Komponenten: erstens die Fixierung, d. h. die formale Beschreibung des geforderten Verhaltens, und zweitens das Maß der Anforderungen an den Verpflichteten zur Erbringung des fixierten Verhaltens. Dieses Maß ist für die verschiedenen Gruppen von Pflichten unterschiedlich bestimmt.

Bei den Leistungspflichten wird eine nach objektiven Kriterien bemessene Leistungsfähigkeit gefordert.[16] Ihre Grenze wird im Gesetz über internationale Wirtschaftsverträge z. B. durch Umstände markiert, die „bei Vertragsabschluß weder voraussehbar waren, noch bei Beachtung der im internationalen Handel üblichen Sorgfalt abgewendet werden konnnten" (§ 293 Abs. 1 GIW). Sie kann durch vertragliche Vereinbarung sowohl herunter- als auch hinaufgesetzt werden. So ist es z. B. in Außenhandelslieferverträgen möglich, die Grenze derart festzulegen, daß der Lieferer unter allen Umständen leisten muß. Entspricht der Verpflichtete den in der betreffenden Pflicht enthaltenen Anforderungen an seine Leistungsfähigkeit und ist es ihm dennoch nicht möglich, die in der Pflicht fixierte Leistung zu erbringen, hat er tatsächlich alles getan, was von ihm gefordert werden konnte. Mehr kann von ihm also nicht verlangt werden, und die Folge ist, daß er von seiner Leistungspflicht vorübergehend oder endgültig frei wird. Eine Pflichtverletzung ist dann nicht gegeben und auch keine Nichterfüllung, da die Pflicht selbst weggefallen ist. Selbstredend bleibt hier für rechtliche Verantwortlichkeit — und damit für Sanktionen — kein Platz. Folgerichtig ist nach dieser Auffassung jede Nichterfüllung der Leistungspflicht gleichbedeutend mit Pflichtverletzung, die in der Regel Verantwortlichkeit auslöst. Dagegen sind Nichterbringung der Leistung und Nichterfüllung zu unterscheiden.

Das erste bezeichnet die Nichtrealisierung des in der Pflicht fixierten Verhaltens — also des Nichtübereinstimmens mit der ersten Komponente der Pflicht — und das zweite dies in Verbindung mit dem Zurückbleiben hinter den in der Pflicht markierten Anforderungen an die Leistungsfähigkeit des Verpflichteten, d. h. das Nichtübereinstimmen mit beiden Komponenten.

In bezug auf die allgemeinen Verhaltenspflichten stellt das Maß der Anforderungen an den Verpflichteten zur Erbringung des in der Pflicht fixierten Verhaltens in vielen Bereichen des sozialistischen Rechts stärker auf die konkreten Bedingungen des Verpflichteten ab als bei den Leistungspflichten. Ansonsten gilt jedoch bis auf eine Besonderheit das, was für die Leistungspflichten gesagt wurde. Die allgemeinen Verhaltenspflichten erlöschen im Gegensatz zu den Leistungspflichten nicht durch die Erbringung des in der Pflicht fixierten Verhaltens und folglich auch nicht in dem Falle, wenn der Verpflichtete trotz aller durch die Pflicht gebotenen Anstrengungen das Verhalten nicht erbringen kann. Wie soll man sein tatsächliches Verhalten, gemessen an der Pflicht, bewerten? Eine Nichterfüllung kann man das ebenso wenig nennen wie im Bereich der Leistungspflichten; denn vom Verpflichteten wird rechtlich nicht mehr verlangt, als er getan hat. Meines Erachtens entspricht es durchaus der Realität, wenn man konstatiert, daß der Verpflichtete sich im Rahmen seiner Pflicht bewegt und sie mithin unter den gegebenen Bedingungen eingehalten hat.

Ich bin mir darüber im klaren, daß diese Konzeption in mancherlei Hinsicht

ein Umdenken erfordert, und darin liegt ihre Problemhaftigkeit. Andererseits treffen aber die gegen sie vor allem erhobenen Vorwürfe nicht zu.
Es wird ihr entgegengehalten, der Pflichtbegriff müsse objektiv gefaßt werden und gleichermaßen der Begriff der Pflichtverletzung, und dies wird mehr oder weniger mit der Behauptung verbunden, daß jegliche Abkehr vom bisherigen Pflichtbegriff eine solche Objektivität in Frage stelle und die Verbindlichkeit des sozialistischen Rechts gefährde.[17] Auf die Unzulänglichkeit dieses Pflichtbegriffs ist bereits ausführlich eingegangen worden. Sie resultiert insbesondere daraus, daß er sich auf eine Beschreibung des vom Verpflichteten zu erbringenden Verhaltens beschränkt, die von den tatsächlichen Bedingungen des Erbringens dieses Verhaltens abstrahiert, d. h. jeden Realitätsbezug unterläßt, obwohl niemand bestreitet, daß auch in der sozialistischen Gesellschaft das Erbringen von in Pflichten fixiertem Verhalten gestört und gänzlich unmöglich werden kann.[18] Was als objektiver Pflichtbegriff ausgegeben wird, erweist sich so bei näherem Hinsehen wohl mehr als ein formaler, von der sozialistischen Wirklichkeit abstrahierender. Entsprechendes gilt für den Begriff der Pflichtverletzung. Inwiefern die hier vertretene Konzeption die Verbindlichkeit des sozialistischen Rechts beeinträchtigt, vermag ich nicht zu erkennen, und auch die Vertreter der Gegenmeinung haben das bisher nicht konkret dargelegt.[19]
Auch der Einwand, die Konzeption lasse sich mit der Vermutung der Verantwortlichkeit nicht vereinbaren[20], erscheint mir nicht als zutreffend. Da die Verantwortlichkeitsvermutung mit der Möglichkeit, sich von ihr zu befreien, verknüpft ist, wenn der Verpflichtete alles getan hat, was von ihm verlangt werden konnte, mit anderen Worten, wenn die Vorwerfbarkeit seines Verhaltens fehlt, wird primär eigentlich die Vorwerfbarkeit vermutet. Auf die Konzeption des Verfassers angewandt bedeutet das, daß der Verpflichtete so lange als Pflichtverletzer und somit als Verantwortlicher behandelt wird, bis der Gegenbeweis geführt wird. Dabei spielt es keine Rolle, ob die Beweisführung mißlingt oder gar nicht erst angetreten wird. Ist aber die Vermutung widerlegt, erfolgt bei Leistungspflichten die Feststellung, daß sie während einer bestimmten Zeit ruhte oder zu einem bestimmten Zeitpunkt erloschen ist, bei allgemeinen Verhaltenspflichten, daß der Verpflichtete sich der Pflicht gemäß verhalten hat.

Begriffsbestimmungen zur rechtlichen Verantwortlichkeit

Rechtspflicht: ist eine verbindliche Verhaltensanforderung, die auf der Grundlage von Rechtsnormen, d. h. unmittelbar aus der Norm oder vermittelt durch weitere rechtserhebliche Willensakte des Staates oder von Rechtssubjekten, entsteht, die einem konkreten Rechtssubjekt auferlegt ist, in der das geforderte Verhalten sowie das Maß der an den Verpflichteten zu stellenden Anforderungen zur Erbringung dieses Verhaltens festgelegt sind und deren Einhaltung vom sozialistischen Staat gewährleistet wird.
Rechtspflichtverletzung: ist das Nichterbringen des in der Pflicht fixierten Verhaltens infolge Zurückbleibens hinter dem in der Pflicht festgelegten Maß der an den Verpflichteten zu stellenden Anforderungen zur Erbringung dieses Verhaltens.

Rechtliche Verantwortlichkeit: ist gleichbedeutend mit dem rechtlichen Verantwortlichsein für eine Pflichtverletzung, und das ist das rechtlich vorgesehene Einstehenmüssen für eine Pflichtverletzung, das dadurch realisiert wird, daß dem Pflichtverletzer Sanktionen auferlegt werden.

Juristische Sanktion: ist die für den Fall der Pflichtverletzung rechtlich vorgesehene Maßnahme rechtlicher oder tatsächlicher Art, die zur Einwirkung auf die Person des Pflichtverletzers, seine gesellschaftliche Stellung oder sein Vermögen bestimmt ist, durch ihre Androhung den Verpflichteten zur Einhaltung seiner Pflicht bewegen soll und deren Vollzug, erstens der Androhung Nachdruck verleiht und sie damit erst wirksam macht, zweitens erzieherisch auf den Pflichtverletzer auch im Hinblick auf sein künftiges Verhalten einwirkt, drittens den mit der Pflicht angestrebten Erfolg, soweit dies möglich ist, doch noch eintreten läßt und viertens bei dem von der Pflichtverletzung Betroffenen gegebenenfalls einen Vermögensausgleich herbeiführt.

Anmerkungen

1 Wo im einzelnen die Grenze zwischen der Verantwortlichkeit und dem Tragen von Risiken zu ziehen ist, bedarf allerdings noch weiterer Diskussion.

2 Dabei soll in der Regel nur insoweit auf konkrete Meinungen eingegangen werden, als sie veröffentlicht worden sind.

3 Zivilgesetzbuch der Deutschen Demokratischen Republik vom 19. 6. 1975, GBl. I Nr. 27, S. 465.

4 Gesetz über das Vertragssystem in der sozialistischen Wirtschaft — Vertragsgesetz — vom 25. 3. 1982, GBl. I Nr. 14, S. 293.

5 Vgl. G. Pflicke/E. Süß, Zu den Voraussetzungen der materiellen Verantwortlichkeit aus Wirtschaftsverträgen, in: Wissenschaftliche Zeitschrift Hochschule für Ökonomie „Bruno Leuschner“, Berlin, 2/85, S. 53 ff. sowie die dort angeführte Literatur; ferner: Autorenkollektiv, Gesetz über internationale Wirtschaftsverträge, Kommentar, Berlin 1978, S. 375 ff.; J. Göhring, Zur Bedeutung des Tatbestandsmerkmals ‚rechtswidrig‘ für Schadenersatzleistungen wegen Verletzung vertraglicher Pflichten, in: Neue Justiz, 12/82, S. 552 f.; A. Marko, Das Merkmal ‚rechtswidrige Schadensverursachung‘ in § 330 ZGB und seine Konsequenzen für die erweiterte zivilrechtliche Verantwortlichkeit, in: Neue Justiz, 9/83, S. 362 ff. sowie die dort angeführte Literatur.

6 Ebenda.

7 Gesetz über internationale Wirtschaftsverträge — GIW — vom 5. 2. 1976, GBl. I Nr. 5, S. 61.

8 Allgemeine Bedingungen für die Warenlieferung zwischen den Organisationen der Mitgliedsländer des RGW (ALB/RGW in der Fassung 1979) vom 12. 10. 1979, GBl. II Nr. 6, S. 81.

9 § 293 GIW; vgl. auch § 294 GIW; §§ 68, 70 ALB/RGW i. d. F. 1979.

10 § 293 Abs. 3 GIW.

11 Vgl. A. Marko, Das Merkmal ‚rechtswidrige Schadensverursachung‘ ..., a. a. O., S. 562 ff.

12 Vgl. J. Göhring, Zur Bedeutung des Tatbestandsmerkmals ‚rechtswidrig‘ für Schadenersatzleistungen wegen Verletzung vertraglicher Pflichten, a. a. O., S. 552, der dieses Beispiel in die in der Neuen Justiz geführte Diskussion zur Verantwortlichkeitskonzeption des Zivilgesetzbuches eingebracht hat. Der Meinungsstreit offenbart das ganze Dilemma dieser Konzeption.

13 Die Pflicht zur sorgsamen Behandlung des Umzugsgutes wird nur verletzt, wenn der Transportarbeiter bei der Inanspruchnahme des Umzugsgutes für die Rettungstat die ‚Angemessenheit' nicht beachtet (§ 355 Abs. 1 ZGB).

14 Vgl. hierzu insbesondere den Bericht „Konferenz zu Problemen der wirtschaftsrechtlichen und international-wirtschaftsrechtlichen Verantwortlichkeit", in: Wirtschaftsrecht 1/86, S. 22 ff.

15 Geschehen 1982 in einem nichtveröffentlichten der Arbeitsgruppe erstatteten Forschungsbericht.

16 Vgl. §§ 82 ff. Vertragsgesetz; §§ 293 Gesetz über internationale Wirtschaftsverträge; §§ 90 und 330 ff. Zivilgesetzbuch. Bedingt durch den Entwicklungsstand der Warenproduktion hatte sich erstmalig bereits im römischen Recht eine doppelte Anforderung an die Leistungsfähigkeit des Teilnehmers an der Warenzirkulation herausgebildet, die objektiv und nicht durch die individuellen Fähigkeiten und Verhältnisse des Verpflichteten bestimmt war. Die eine bezog sich auf die Person des Verpflichteten, die andere auf seine Vermögensverhältnisse. Als Pflichtverletzung galt eine Nichtleistung, die auf Nichteinhaltung der Sorgfalt eines ordentlichen Hausvaters (diligentia boni patris familias) – der der Verfügungsberechtigte über das Familienvermögen und somit der typische Teilnehmer am Warenverkehr war –, also auf Verschulden des Verpflichteten, oder auf einen Mangel an Geld bei ihm beruhte. Ein entsprechender Maßstab fand sich in der Regelung von BGB und HGB. In persönlicher Hinsicht stellte er auf die Wahrung der im Verkehr erforderlichen Sorgfalt bzw. der eines ordentlichen Kaufmanns ab. Die vermögensmäßige Anforderung erreichte dagegen nicht die Klarheit des römischen Rechts, auch wenn sie den für die kapitalistischen Produktionsverhältnisse typischen Fall erfaßte (§ 279 BGB).

17 G. Pflicke/E. Süß, Zu den Voraussetzungen der materiellen Verantwortlichkeit aus Wirtschaftsverträgen, a. a. O., S. 56.

18 Ebenda; vgl. auch den Bericht „Konferenz zu Problemen der wirtschaftsrechtlichen und international-wirtschaftsrechtlichen Verantwortlichkeit", a. a. O.

19 Ebenda, G. Pflicke/E. Süß, Zu den Voraussetzungen der materiellen Verantwortlichkeit aus Wirtschaftsverträgen, a. a. O.

20 Ebenda, S. 57.

Dietmar Seidel

Spezielle Aspekte strafrechtlicher Verantwortlichkeit im wirtschaftlichen Bereich

Die Zusammenhänge zwischen einer effektiven Wirtschaftsleitung und dem Schutz des Volkseigentums und der Wirtschaft sind ebenso unübersehbar, wie jene zwischen uneffektiven und in den Extremformen kriminellen wirtschaftlichen Fehlleistungen. In Übereinstimmung mit sowjetischen Politökonomen bezeichnen wir daher den konsequenten Kampf gegen wirtschaftliche Verluste jeder Art als den „von der anderen Seite heranführenden Weg zur Erhöhung der Effektivität der gesellschaftlichen Produktion“.[1]

Dieser Kampf ist weder auf das Strafrecht begrenzt noch in erster Linie mit strafrechtlichen Mitteln siegreich zu gestalten. Aber auch das Strafrecht ist gefordert, seinen spezifischen Beitrag im politisch-rechtlichen Gesamtkonzept der sozialistischen Gesellschaft zu leisten, um jenen Auftrag zu erfüllen, der vom X. Parteitag der SED in die Forderung nach einer Erhöhung der gesellschaftlichen Wirksamkeit des sozialistischen Rechts insgesamt gekleidet wurde.[2]

Die Fixierung und Durchsetzung rechtlicher Forderungen muß dabei stets den grundlegenden Zielen des Sozialismus, der Verwirklichung der ökonomischen Strategie im Interesse und zum Wohle der Menschen verpflichtet sein. Dies nur kann der Maßstab sein, an dem die soziale Qualität einer jeden Entscheidung und Handlung im Bereich der Volkswirtschaft und auch anderswo zu messen ist und mit dessen Hilfe u. a. die komplizierten Entscheidungserfordernisse des wissenschaftlich-technischen Fortschritts zukunftsorientiert zu bewältigen sind. Und dies schließt a priori ein, die Dialektik und Dynamik des Wirtschaftslebens auch dergestalt zu erfassen, die neuen Anforderungen im Handeln der Menschen an Maßstäben zu messen, die dem Neuen auch tatsächlich entsprechen. „Was gestern noch gut war, reicht heute nicht mehr. Dazu gehören die Kraft und der Wille, Widerstände zu überwinden, überholte Maßstäbe zu korrigieren, gegen veraltete Denk- und Verhaltensweisen aufzutreten und sie zu beseitigen.“[3]

Im wirtschaftlichen Leitungs- und Entscheidungsprozeß existieren bestimmte Grundkriterien, die das kriminelle Wesen bestimmter wirtschaftlicher Fehlverhaltensweisen charakterisieren. Als derartige Grundkriterien können gelten:

— Der schwerwiegende Bruch mit gesellschaftlich und rechtlich normierten Handlungserfordernissen, der keine gesellschaftlich anerkennenswerten Aspekte besitzt .Charakteristisch ist, daß derartige Pflichtverletzungen in ihrer schädigenden Wirkung die Tätigkeit mehrerer Wirtschaftseinheiten erheblich stören und gesamtwirtschaftliche Prozesse beeinträchtigen.

- Die Mißachtung gesamtgesellschaftlicher und volkswirtschaftlicher Interessen zugunsten betrieblicher Ziele und Aufgaben, wobei ein eklatanter Bruch mit grundlegenden planwirtschaftlichen Prinzipien und Anforderungen auftritt.
  Derartige Verhaltensweisen werden im Kern durch einen verantwortungslosen Mißbrauch der übertragenen Vertrauensstellung gekennzeichnet, indem pflichtwidrig wirtschaftliche Entscheidungen getroffen, unterlassen oder Gesetzlichkeitsverstöße über z. T. lange Zeit geduldet, unterstützt und selbst begangen werden.
- Die Mißachtung grundlegender Bestimmungen und Prinzipien des sozialistischen Rechts und der sozialistischen Gesetzlichkeit, wobei mit der pflicht- und rechtswidrigen wirtschaftlichen Entscheidung und Handlung prinzipielle Handlungsanforderungen des sozialistischen Rechts mißachtet werden.
- Die Herbeiführung bedeutender wirtschaftlicher Schäden oder einer erheblichen unmittelbaren Gefahr für Leben und Gesundheit von Menschen oder für bedeutende wirtschaftliche Sachwerte, wobei als wirtschaftliche Schäden alle materiellen und ideellen volkswirtschaftlich negativen Auswirkungen sowie entstehende Gefahrensituationen für bedeutende volkswirtschaftliche Werte bzw. das Leben und die Gesundheit von Menschen zu erfassen sind.

Neben dem Maßstabproblem, oder besser: dem Maßstabproblem immanent ist das Problem der Pflichten, ihre Wahrnahme sowie der Voraussetzungen und Kriterien pflichtverletzenden Handelns. Wenn davon auszugehen ist, daß gerade bei der Bewältigung der wissenschaftlich-technischen Revolution eine hohe Dynamik und ein schöpferisches Handeln unverwechselbare Kennzeichen verantwortungsvollen Verhaltens sind, so wird offensichtlich, daß die Frage nach der optimalen Pflichterfüllung und den Kriterien der Pflichtverletzung stets anhand komplexer Wertungskriterien beantwortet werden muß. Der Philosophiekongreß unseres Landes hat diesbezüglich klare Positionen entwickelt und unmißverständlich betont, daß neben hohen Ansprüchen an Disziplin, Zuverlässigkeit, Ausdauer und Gewissenhaftigkeit des Einzelnen zunehmend solche Eigenschaften wie Initiativbereitschaft, Reaktionsschnelligkeit, Risikobereitschaft und Entschlußkraft unverzichtbare Elemente menschlichen Handelns sind. „Es wäre einseitig und schädlich, nur bestimmte Eigenschaften menschlichen Verhaltens positiv zu werten und andere demgegenüber gering zu schätzen" — betonte völlig zu Recht E. Hahn.[4]

Für die rechtliche Wertung menschlichen Handelns und initiativreichen Entscheidens verlangt dies u. a., daß ein solches komplexes Pflichtverständnis Platz greift, daß der neuartigen Problemsituation z. B. im Zusammenhang mit wissenschaftlich-technischen Neuerungsprozessen umfassend gerecht wird; daß alle Probleme und Kriterien rechtlicher Verantwortlichkeit vor allem im Zusammenhang mit kreativen und risikohaften wissenschaftlich-technischen Entscheidungen äußerst differenziert festgestellt und festgelegt werden; und daß nicht zuletzt bei rechtlichen Wertungen fundamentale Erkenntnisse der marxistisch-leninistischen Philosophie etwa zu den Zufalls- und Wahrscheinlichkeitsproblemen umfassend Berücksichtigung finden.[5]

Zu inhaltlichen Elementen des Vorsatzes und der Fahrlässigkeit im Zusammenhang mit fehlerhaften und rechtswidrigen Verhaltensweisen im wirtschaftlichen Bereich.

Die Prüfung und Feststellung strafrechtlicher Verantwortlichkeit im Zusammenhang mit wirtschaftlichen Fehlleistungen ist also ein komplizierter und auch komplexer Prozeß, der keinerlei Vereinfachung verträgt und sich auch nicht nach dem üblichen Schema „Pflichtverletzung — Schaden — Kausalität — Schuld" abarbeiten läßt. Beginnend bei der Frage, ob eine bestimmte Verhaltensweise in der Bandbreite möglichen wirtschaftlichen Disponierens als pflichtwidriges sozial negatives Verhalten zu werten ist, bis hin zur Schuldfeststellung im Hinblick auf den verursachten Schaden, ist das Grundkonzept als § 5 StGB[6], daß schuldhaftes Handeln nur vorliegt, wenn trotz vorhandener Möglichkeiten zu gesellschaftsgemäßem Verhalten in verantwortungsloser Weise der gesetzliche Tatbestand einer gesellschaftsgefährlichen oder gesellschaftswidrigen Handlung verwirklicht wurde, auch im Bereich der Wirtschaft konsequent zu verwirklichen.
Dies erfordert in jedem Fall ein hohes Maß an Wissen und Können der die Entscheidung treffenden Werktätigen, und es setzt voraus, daß spezielle wirtschaftliche Erfordernisse ihre sachadäquate Berücksichtigung erfahren. In keinem Fall ist es gerechtfertigt, etwaige, meist partielle Schäden zum alleinigen Wertmaßstab zu nehmen; stets sind die objektiv erforderlichen Aktivitäten und damit verbunden speziellen subjektiven Handlungsanforderungen in ihrer Komplexität, Kompliziertheit und vielleicht sogar Einmaligkeit in die soziale und rechtliche Bewertung des Gesamtverhaltens umfassend einzubeziehen. Die Prüfung und Feststellung der Verantwortungslosigkeit des Handelns erhält durch die Würdigung der wirtschaftlichen Dispositionserfordernisse eine entscheidende Qualität.
Die vorsätzliche Schadensverursachung im Zusammenhang mit wirtschaftlichen Entscheidungen und Handlungen beinhaltet vor allem deshalb eine Reihe komplizierter Probleme, weil das Typische bei der Verursachung wirtschaftlichen Schadens im Gefolge wirtschaftlicher Fehlleistungen oft oder zumeist gerade darin besteht, daß eine direkte subjektiv-kriminelle Ausrichtung und Zielsetzung auf die Herbeiführung wirtschaftlicher Schäden nicht bestand. So liegen Gründe dafür, daß letztlich ökonomische Schäden entstanden sind, u. a. in solchen Faktoren wie ungenügender Ermittlung der Ausgangsdaten, der Vernachlässigung rechtlicher Forderungen verschiedenster Art, der überstarken Bindung an die individuelle Nutzenserwartung, im betrieblichen Überschätzen der Bedeutung der gewählten Entscheidungsalternative, in Fehleinschätzungen schädlicher Folgen usw. Auch ist festzustellen, daß Leiter und andere Werktätige bei wirtschaftlichen Entscheidungen mit Schadensfolgen die bewirkten Gefahren und negativen Konsequenzen leichtfertig-verantwortungslos in ihrer Eintrittswahrscheinlichkeit unterschätzen und so eine ausgesprochen verantwortungslose innere Position zu zwangsläufig eintretenden gesamtwirtschaftlichen Nachteilen beziehen. Die unterschiedliche subjektive Einstellung und Haltung zu der Frage, ob im Ergebnis z. B. einer Mißbrauchshandlung wirtschaftliche Schäden entstehen können oder nicht, bildet so ein entscheidendes

Kriterium dafür, ob Schuld und Verantwortlichkeit vorliegen; dieses Kriterium differenziert im Grundsätzlichen auch den Vorsatz von der Fahrlässigkeit. Es ist dies ein wichtiges psychisches und soziales Bezugsproblem, keineswegs aber ein reines Strukturelement. Die soziale Wertigkeit des gesamten Entscheidungsprozesses, darin eingebettet auch die Frage nach der inneren Haltung zu einem möglichen Schaden, gestattet die Feststellung der bewußtseinsmäßigen Einstellung zu diesem speziellen Fakt.
Die bloße Beteuerung, den Schaden nicht angezielt bzw. nicht bewußt und in dem Sinne direkt vorsätzlich herbeigeführt zu haben, ist in dem Moment strafrechtlich kaum beachtenswert, wenn elementare Mängel bei der Entscheidungsvorbereitung und -realisation vorliegen und dem für die Entscheidung Verantwortlichen anzulasten sind. Wenngleich nicht verkannt werden darf, daß es viele Probleme und Grenzfälle gibt, ist unseres Erachtens davon auszugehen, daß die Vorsatzform des § 6 Abs. 2 Strafgesetzbuch — der dolus eventualis oder indirekte Vorsatz — im Hinblick auf die Herbeiführung volkswirtschaftlicher Schäden auch bei dem hier zur Rede stehenden Typus von Handlungen Platz greift.
Auch für die Fahrlässigkeit gilt das tragende Prinzip, daß nur eine verantwortungslose Entscheidung zum Handeln, zur Tat, jene soziale Disqualität erreicht, die mit dem Begriff der Straftat gekennzeichnet wird.
Fahrlässige kriminelle Schuld ist weder auf pflichtwidriges äußeres Verhalten reduzierbar, noch durch bloße kausale Bezugnahme auf fixierte Pflichten feststellbar. Die kriminelle Fahrlässigkeit ist durch die Verantwortungslosigkeit der Entscheidung zum Handeln inhaltlich sozial bestimmt. Bei aller Differenziertheit der verschiedenen Fahrlässigkeitsformen liegt der Kernvorwurf, der dem Handelnden zu machen ist, darin: Pflichten verantwortungslos verletzt und schädliche Folgen herbeigeführt zu haben, die unnötig sind, wenn Pflicht- und Verantwortungsbewußtsein das Handeln bestimmt hätten. Diese spezielle Erscheinungsform verantwortungslosen Handelns enthält neben dem objektiv Fehlerhaften im Handlungsvollzug egozentrische Elemente, Komponenten der Rücksichtslosigkeit und Selbstüberschätzung. Der Disziplinbruch kann auch Ausdruck mangelnder Bereitschaft zur Sorgfalt und Achtsamkeit oder Ablehnung vorgegebener Verhaltensparameter in bestimmten Sozialbereichen sein.
Der in § 9 Strafgesetzbuch enthaltene Begriff der Pflichten ist gerade hier der rechtliche Ausgangspunkt zur Prüfung der Art und Tiefe des Disziplinbruchs. Er ist in jedem konkreten Fall inhaltlich zu bestimmen; erst mit seiner Hilfe wird es möglich, Ausmaß und Tiefe der subjektiven Pflichtwidrigkeit zu erkennen und zugleich die objektive Funktion zur Gewährleistung eines weitgehend störungsfreien Ablaufs aller sozialen Prozesse sichtbar zu machen.
Im Hinblick auf wirtschaftlich relevante Entscheidungen und Handlungen, die unter Umständen zu erheblichen ökonomischen und anderen Schäden führten, ist nachgerade typisch, daß in eklatanter Weise Grundanforderungen an Ordnung und Sicherheit, Disziplin und damit auch Folgerichtigkeit im technologisch bedingten Prozeß, an Kontrolle und Überwachung als gefahrvoll bekannter Reaktionsweisen usw. verletzt werden.
Das Kernproblem der Fahrlässigkeit besteht also gerade bei wirtschaftlichen und wirtschaftlich relevanten Entscheidungsprozessen in der Nichtnutzung sub-

jektiv vorhandener Potentiale und vom Gesetz, dem Verantwortungsbereich bzw. der Spezifik der Tätigkeit geforderter sozialer Leistung. Das betrifft in erster Linie die Verletzung von Pflichten, die Akzeptierung von gesellschaftlich schädlichen Wirkungen – welcher Art auch immer – die Nichtnutzung potenter Möglichkeiten einer qualitativ besseren Lösung anstehender Aufgaben und vieles andere mehr. Damit bezieht sich das inhaltlich entscheidende Element der Verantwortungslosigkeit auch bei der Fahrlässigkeit auf jene Faktoren, die für die Bewertung von Entscheidungen und Handlungen prinzipiell Gültigkeit besitzen. Die Praxis indes weist nicht selten aus, daß das diesbezügliche Frageprogramm verkürzt und im Grunde auf die Frage nach einer formellen Rechtspflichtverletzung und nach der Voraussicht von schädlichen Folgen reduziert wird. Diese Einengung, die zwar in vielen Fällen durchaus eine bündige Antwort ermöglicht, reicht jedoch dann nicht aus, wenn die genannten Wirkungsfaktoren wie Wahrscheinlichkeitsprognosen, Schöpfertum, Risikobereitschaft, Zufallshäufigkeit usw. in der Realität eine Rolle gespielt haben und dabei differenziert zu berücksichtigen sind. Durch solche Verkürzungen der Frageteile verschließen wir uns einer, dem Entscheidungs- und Handlungskonzept Rechnung tragenden, umfassenden, rechtlichen und sozialen Wertung, weil wichtige Wertungsbereiche und -elemente gar nicht abgefragt werden.

Einen zweiten bedeutsamen Aspekt bei der Fahrlässigkeit bildet die Voraussehbarkeit und Vermeidbarkeit von Schäden und Gefahren. Hier sind Aspekte des Anforderungsniveaus und der komplexen sozialen Einbettung des Handlungsergebnisses im Zusammenhang mit den individuellen Qualitäten der handelnden Persönlichkeiten zu beachten.

Das Handeln nach den Wertmaßstäben der sozialistischen Gesellschaft in Übereinstimmung mit dem eigenen internen Verhaltensmodell ist ein kompliziert aufzuhellender Prozeß; jedoch nur, wenn wir ihn aufhellen, gelingt es uns, die objektiv soziale und subjektiv interne Negierung gesellschaftlicher Anforderungen wirklich zu erkennen und der rechtlichen Bewertung zugrunde zu legen.

In den Fällen der bewußten Pflichtverletzung nach § 7 Strafgesetzbuch ist die Voraussehbarkeit mit dem leichtfertigen Vertrauen auf den Nichteintritt der Folgen das entscheidende rechtliche Kriterium für kriminell fahrlässiges Handeln. Die Erfahrungen bezüglich fahrlässiger Schadensverursachung in der Wirtschaft und Analysen besagen, daß der § 7 Strafgesetzbuch relativ selten angewandt und in nicht wenigen Fällen auch auf § 8 Strafgesetzbuch ausgewichen wird. Es scheint, daß das Problem des Nachweises der Folgenvoraussicht dafür ein entscheidender Grund ist. Einerseits zu hohe, andererseits unreale und auch fehlerhafte Anforderungen an dieses Kriterium bewirken, daß bestimmten Tätern mit äußerst skrupellosem internen Verhaltensmodell Zugeständnisse gemacht werden, was in der Konsequenz zu einer fehlerhaften Wertung ihres Verhaltens führt. Zum Kernstück erhebt das Gesetz bei § 7 Strafgesetzbuch das leichtfertige Vertrauen darauf, daß die Folgen nicht eintreten werden. Diese Leichtfertigkeit kann erstens darin bestehen, daß der Handelnde eine gefährliche Situation selbst herbeiführt, obwohl dazu kein zwingender Grund bestand. Sie kann zweitens darin bestehen, daß der Täter in einer gefährlichen Situation, die er selbst nicht herbeiführte, auf das Eintreten oder